新四军和华中抗日根据地历史研究全书

凝聚在统一战线旗帜下

——鄂豫边区的民主人士与新四军

曾求腾 文道贵 等 ◎著

湖北省新四军暨华中抗日根据地历史研究会◎编

中国文史出版社
CHINA CULTURAL AND HISTORICAL PRESS

图书在版编目（ＣＩＰ）数据

凝聚在统一战线旗帜下：鄂豫边区的民主人士与新四军 / 湖北省新四军暨华中抗日根据地历史研究会编；曾求腾等著 . -- 北京：中国文史出版社，2024. 12.

ISBN 978-7-5205-4971-4

Ⅰ . K269.506

中国国家版本馆 CIP 数据核字第 202423SE02 号

责任编辑：梁玉梅

出版发行：中国文史出版社

社　　址：北京市海淀区西八里庄路 69 号院　邮编：100142

电　　话：010-81136606　81136602　81136603（发行部）

传　　真：010-81136655

印　　装：北京联兴盛业印刷股份有限公司

经　　销：全国新华书店

开　　本：710mm×1000mm　1/16

印　　张：18.75

字　　数：295 千字

版　　次：2025 年 1 月北京第 1 版

印　　次：2025 年 1 月第 1 次印刷

定　　价：68.00 元

《新四军和华中抗日根据地历史研究全书》

顾问委员会

迟浩田　钱正英　万海峰　傅奎清　魏金山
方祖岐　梁保华　徐光春　陈明义

编审委员会

主　　任：朱文泉

第一副主任：陈昊苏　徐承云

副 主 任：王清葆　张宝康　杨　忠　仇学富　潘永明
　　　　　陈　晋　李忠杰　杨冬权　张晓龙　刘苏闽
　　　　　杨新力　程渭山　郑牧民　曾求腾　马博维
　　　　　康虎振　卢福祥　王同琢　律凤兰　区济文
　　　　　张国正　姜　琳　彭承烈

委员（以姓氏笔画为序）：
　　　　　丁　星　于国家　马博维　王同琢　王清葆
　　　　　王路奇　区济文　仇学富　毋瞩远　卢福祥
　　　　　叶正光　弘　强　朱文泉　刘苏闽　孙文富
　　　　　孙建华　李忠杰　杨　忠　杨冬权　杨朝宽
　　　　　杨新力　吴克斌　张光东　张国正　张宝康
　　　　　张晓龙　陈　晋　陈小津　陈昊苏　郑牧民
　　　　　俞锦方　律凤兰　姜　琳　顾　星　顾小锦
　　　　　徐　红　徐承云　唐庆宁　康虎振　章剑华
　　　　　韩星臣　彭承烈　程渭山　曾求腾　潘永明

编辑委员会

总 序

习近平总书记说:"历史是最好的教科书。"一个没有历史记忆的民族是没有前途的。由南方八省红军游击队组建而成的新四军,是中国共产党领导下的主要抗日武装力量之一,在全民族抗日战争中,与八路军相呼应,与正面战场相配合,驰骋大江南北,纵横华中敌后,在日伪军指挥中枢所在地周围和补给通道两侧的华中敌后地区,开展游击战争,灵活机动,浴血奋战,以弱制强,为赢得中国抗日战争和世界反法西斯战争的胜利作出了重大贡献;依靠人民群众,建立了地跨苏、皖、鄂、豫、浙、赣、湘等广大地区的华中抗日民主根据地。新四军不仅创造了辉煌的战绩,积累了丰富的建政、理财、兴文和统战经验,还为后人留下了宝贵的精神财富。新四军和华中抗日根据地的历史,是中国共产党和人民军队历史不可分割的一部分。

中国新四军和华中抗日根据地研究会成立以来,在叶飞、彭冲、周克玉、朱文泉几任会长的带领下,在新四军和华中抗日根据地历史资料搜集整理和学术研究方面,取得了可喜的进步和丰硕成果。随着中央档案馆大量历史文献的陆续公开,各兄弟新四军研究会一些有价值的回忆史料和专题研究论著的出版,这就有可能也有必要把这些最新成果整合起来,更系统、更全面地反映新四军和华中抗日根据地的历史面貌,科学总结带有规律性的历史经验,形成《新四军和华中抗日根据地历史研究全书》(简称《新四军全书》)。坚持历史唯物主义、辩证唯物主义观点,以实事求是的科学态度,以新四军和华中抗日根据地史为经，以战役战斗、事件、人物为纬，全面规划，通力协作，广泛收集，科学整理，逐步实施，努力打造一部约 200 册规模，系统全面、准确规范、具有权威性的《新四军全书》，发挥存史、资政、育人作用，为实现中华民族伟大复兴的中国梦服务，这是功在当代、利及千秋的重大文化工程，是从事新四军和华中抗日根据地研究者的共同任务，让我们携起手来，去完成这一光荣而艰巨的历史使命。

编撰《新四军全书》，是在党的十八大后，由朱文泉会长发起，已经并将继续得到国家教育部、民政部、中共中央党史研究室、中共江苏省委、江苏省人民政府、军事科学院、原南京军区、南京大学以及北京、上海、重庆、江苏、安徽、湖北、浙江、江西、福建、四川、河南、广西、黑龙江、云南、广州等 15 省、市、自治区新四军研究会的支持。一代代新四军研究人员的辛勤工作，他们的功德将与新四军的名字相联，永载史册。

中国新四军和华中抗日根据地研究会

2013 年 10 月

《新四军和华中抗日根据地历史研究全书》
（湖北部分）

编辑委员会

主 任：曾求腾　张　军

编 委：文道贵　邓正兵　何　平　刘　飞　韩新祥

序

  《新四军和华中抗日根据地历史研究全书》（简称《新四军全书》）是中国新四军和华中抗日根据地研究会正在打造的一部汇集新四军及华中抗日民主根据地历史研究现有成果的丛书，它规模宏大、系统全面、准确规范，由各省市新四军研究会共同编写，集史料性、学术性和权威性于一身。

  湖北省按照中国新四军研究会（新办字〔2017〕13号）文件精神进行了认真研究和合理规划，正在分步实施。我们已报中国新四军研究会10多个书目，决心用五年完成好。

  编撰出版《新四军全书》（湖北部分），有利条件很多。其一是新四军在湖北书写了一段波澜壮阔的辉煌历史。他们所开辟的豫鄂边抗日民主根据地是一块拥有9万多平方公里，1300多万人口，活跃在武汉外围的横跨鄂、豫、皖、湘、赣五省的抗战基地，成为新四军和华中抗日民主根据地中面积最大、人口最多的一个战略区，为中国人民取得抗日战争的胜利作出了重要贡献。

  在这片抗战热土上，以李先念、陈少敏、任质斌等为代表的新四军第五师党政军领导，高举抗日民族统一战线大旗，在日伪顽的夹缝中，将原则的坚定性和策略的灵活性结合起来，以百折不挠的精神和不胜不休的毅力，破关越隘，克难渡险，稳步开拓根据地，逐步建立"三三制"政权，快步发展人民军队，最终实现了对敌占华中重镇武汉的战略包围。这一奇迹的出现，是中国共产党人坚强领导的生动体现，是新四军铁军精神的生动体现，是中国革命事业从无到有、从弱到强、从挫折走向胜利的生动体现。

新四军第五师所创造的这一段历史，为后人留下了宝贵的精神财富。自20世纪80年代初湖北省新四军研究会成立以来，在历任领导及新四军第五师老战士、广大研究工作者的共同努力之下，我们搜集、整理了一批极富历史保存价值的资料，推出了一批极有分量的研究成果，出版了一批质量较高的专题著作。《新四军全书》(湖北部分)即是根据这些年史学界研究的成果和国家解密的一些档案资料，对原出版过的重点书籍进行修订出版，而主要精力，则放在深入挖掘史料和撰写重大题材上，编纂推出一批新的专著，完善史料，弥补研究空白，以更好地实现存史、资政、育人的目的。

事过豪情在，精神代代传。这次汇集出版《新四军全书》(湖北部分)，既是赓续红色血脉、传承红色基因的需要，也是弘扬革命精神、推进新时代中国特色社会主义道路建设的需要。正如习近平总书记一直强调的"要讲好中国共产党的故事"那样，我们编印《新四军全书》(湖北部分)也是为了给大家学习党史、国史，知史爱党，知史爱国，提供一份精神食粮，因为"伟大的抗战精神，永远是激励中国人民克服一切艰难险阻，为实现中华民族伟大复兴而奋斗的强大精神动力"。当前，我国正处于改革开放深化阶段，各种矛盾交错；新冠肺炎疫情之下，又面临着严峻复杂的国际环境，处在世界百年未有之大变局之中。对此，我们必须以坚定的意志、坚韧的毅力，沉着应对来自各方面的挑战。而宣传抗战历史，反映抗战精神，加强爱国教育，以凝聚全国人民磅礴之力，万众一心建设好中国特色社会主义，在当下更有着特殊的意义。

感谢中共湖北省委、省政府的大力支持和关怀，感谢中国新四军和华中抗日根据地研究会各位领导和编辑委员会对《新四军全书》(湖北部分)出版的大力支持和帮助，感谢中共湖北省委党史研究室的鼎力协助和付出，这一切对我们进一步做好新四军第五师历史的整理和研究工作，都是莫大的鞭策和鼓励。

曾求腾

2021 年 3 月 10 日

目录

前　言

　　人心是最大的政治，力量是事业的支撑。

　　中国共产党领导革命、建设和改革开放的伟大实践充分证明，统一战线是中国共产党凝聚人心、汇聚力量的特有政治优势和战略方针，是夺取革命、建设、改革事业胜利的重要法宝。早在 1939 年 10 月，毛泽东即在《〈共产党人〉发刊词》中指出：统一战线、武装斗争、党的建设是中国共产党人在中国革命中战胜敌人的三个重要法宝。这一不刊之论，成为指导中国共产党人化敌为友、化弱为强，不断推动革命事业奋勇向前的金科宝典。全国抗战时期，各个抗日民主根据地从无到有，从小到大，即是长期坚持抗日民族统一战线政策的结果。

　　九一八事变，尤其是华北事变后，中共为停止内战，建立以国共合作为基础的抗日民族统一战线进行了不懈努力；1935 年 12 月中共中央政治局召开的瓦窑堡会议，正式确立了关于建立抗日民族统一战线策略的总路线；七七事变后，全面抗战爆发，国共两党经过艰苦谈判达成合作抗日协议，国民党政府同意改编红军为八路军，改编南方八省游击队为新四军。至此，中华民族正式形成了以国共两党为主体的抗日民族统一战线，一场凝聚各方力量，同仇敌忾、共同对敌的全民族抗战，就此全面展开。

　　在随后的日子里，各抗日民主根据地正是在党的抗日民族统一战线政策的指引之下，团结一切可以团结的力量，不断粉碎日伪进攻，反击国民党顽固派的摩擦挑衅，才逐渐巩固壮大，并成为赢得抗战胜利的战略基地。

　　在这方面，鄂豫边区的创立发展壮大历史，尤为典型。全国抗战初期，我党在鄂豫边区的力量薄弱，党组织被破坏殆尽，根据地荡然无存，只有豫南竹沟、鄂中汤池、鄂东七里坪三个支点，可作战略支撑。但这时竹沟等战略支点，仍处于半合法状态，还经常遭到顽敌"清剿"，中共中央中原局及其豫鄂边区党组织清醒地认识到，要改变上述劣势，走出困境，必须高举中国共产党领导的抗日民族统一战线大旗，认真落实党的各项政策和策略，建立和发展自己的武装，建立根据地，开展敌后游击战争。他们认真学习贯彻中共扩大的六届六中全会精神，按照毛泽东同志《中国共产党在民族战争中的地位》中指出的"为要克服困难，战胜敌人，建设新中国，只有巩固和扩大抗日民族统一战线，发动全民族中一切生动力量。这是唯一无二的方针"的指示要求，开展了广泛而又扎实的抗日民族统一战线工作。当时鄂豫边区的主要负责人，如朱理治、李先念、任质斌、陈少敏、危拱之、刘子厚、陶铸等，都是做统战工作的高手。李先念 1939 年 1 月 17 日率新四军独立游击大队 160 余人从竹沟南下，挺进武汉外围。20 日就在黄龙寺会见国民党信阳县县长李德纯，经过通宵长谈，与其达成了团结抗日的共识。此后，他率领的部队打到哪里，党的工作就延伸到哪里，统一战线工作就做到哪里，一大批顽军伪军官兵在中共抗日民族统一战线政策的感召下，认清大势，终举义旗，从此走上了光明之路。"发展进步势力"，是我党抗日民族统一战线方针的重要内容，在开拓鄂豫边区根据地的斗争中，中共鄂豫边区党政军领导十分重视发展人民武装力量。面对武汉会战后各种自发组织拉起的民间自卫武装和基层党组织建立的零散抗日武装，边区分别对待，一一派人团结、争取，以广泛、深入、扎实的统战工作，先后将鄂南、鄂中、鄂东三地的民间抗日武装逐步统一起来，形成了党领导下的新四军第五师，最终发展为拥有 5 万余人正规军和 30 余万民兵的武装力量，建立起拥有 1000 多万人口的鄂豫边区抗日民主根据地，从战略上配合了华北、华东解放区战场，支持了中原正面战场的作战，在中华民族抗战史上写下了光辉篇章。华中局曾嘉奖第五师"发展工作第一，独立作战第一"，这一切成就的取得，当与有力的统战工作、团结各种力量、发展人民武装，有着极大的关系。

"争取中间势力"，是我党抗日民族统一战线方针的又一重要内容。在抗日民主根据地的拓展过程中，中共鄂豫边区针对本地区的实际，还加强与地方政要、社会名流、乡绅、商界领袖的联系，激发他们的民族意识和爱国精神，保护他们的抗战热情，给他们以实际的帮助和支持。他们受到共产党人的真诚和民族大义的召感，有的将自己掌握的军队交给共产党；有的弃官参加新四军；有的以自己的地位和身份为掩护，开办工厂、学校和合作社，为共产党培养干部；有的捐款捐物捐武器；有的为新四军送医送药送情报，尽其所能为民族抗战做工作，也使鄂豫边区党的事业和军队建设得到了迅猛发展。李先念在关于编写新四军第五师战史和鄂豫边区革命史的几个问题时曾指出："我们始终贯彻执行抗日民族统一战线政策，坚持依靠群众和独立自主的原则，同时很注意团结各方面的抗日力量。""我们和李范一、李相符、李德纯、孙耀华、蔡韬庵等为代表的进步人士实行了真诚合作。在我到鄂豫边区之前，信阳地区的党组织和信阳县县长李德纯合作，已共同组织了一支武装力量。蔡韬庵也有一支二百多人的队伍。李范一、李相符等人组织了第五战区豫鄂边区抗敌工作委员会，给了我们很多的支持和帮助。孙耀华由豫鄂边区抗敌工作委员会委派当了应城县长，在建立应城抗日游击队的过程中，同我们党进行了很好的合作。李德纯等人后来还加入了共产党。"

历史雄辩证明，抗日民族统一战线是抗战胜利的法宝之一，没有抗日民族统一战线，就没有抗日战争的伟大胜利。

本书就是这样一部反映这一时期鄂豫边区爱国民主人士，与共产党真诚合作，支持、帮助、参加共产党抗战的学术著作。这些爱国民主人士或是前清的进士、秀才，或是辛亥革命的功臣，或是国民党政府的官员，或是旧军队中的军人，或是卓有声望的地方耆宿。他们或曾沉浮于宦海，或曾游走于上层，但官场的黑暗、社会的混乱，使他们或远离政治，或失望于现实，可在日寇侵略面前，在中国共产党的抗日民族统一战线政策的感召之下，他们毅然决然地走上了与共产党合作抗日的道路，出力出钱出物帮助共产党抗日，甚至把自己掌握的军队交给共产党，有的还直接参加了共产党，实现了从民主人士向共产主义战士的转变。书稿记述了22位民主人士的人生轨迹，分析了他们思想转变的心路历程，尤其是深入剖析了党的统战工作的方式方法和策略。可以说，鄂豫边区这些民主人士转变的历史，是我党抗日民族统一战线历史的缩影，由此足以彰显我党统一战线政策策略的正确。

本书的写作和出版，旨在完成老一辈无产阶级革命家李先念、任质斌等的遗愿。李先念和任质斌生前提出：新四军五师和鄂豫边地区的发展壮大，与我们正确贯彻党的抗日民族统一战线政策是分不开的，与边区广大民主人士的积极支持是分不开的，应当把这些著名的爱国人士写一写，反映他们的历史贡献。任质斌还亲自整理出了一批民主人士名单，称他们为"挚友"。希望我们今天的工作是对老一辈无产阶级革命家的告慰。本书的写作和出版，还旨在为深化新四军历史研究提供思路。

湖北省新四军研究会成立近40年来，对新四军历史进行了深入研究，出版了大量书籍，发表了很多研究成果，但为民主人士著书立传尚是首次。我党我军的统战工作，民主人士是一个不可或缺的重要方面，研究统战工作和统战中的民主人士是新四军历史研究向更深更广方面拓展的一个尝试。

最后，本书的写作和出版，同时旨在为新时代资政育人提供资料和借鉴。习近平同志指出：统一战线"有用、有大用、有不可或缺的作用"。本书出版可为统战工作提供资料，增加内涵，达到以史为镜、资政育人的目的。

本书提及的"鄂豫边区"，在不同的历史时期存在不同的叫法。1941年以前，大多称为"豫鄂边区"；1941年以后，称为"鄂豫边区"或"鄂豫皖边区"；1944年10月后，称为"鄂豫皖湘赣边区"。本书根据边区所在的主要地域和传统历史习惯，统一称为"鄂豫边区"。本书中的"民主人士"，指的是这一时期有着强烈民族正义感，爱国亲民，帮助、支持中国共产党和新四军，为中华民族和中国人民的独立、解放事业作出过贡献的党外人士。

本书选辑的22位人物，是从当时大批民主人士中遴选的。因时间紧，资料缺，还有大批暂未编入，有待今后进一步收集整理，以便再版。回首鄂豫边区民主人士和新四军的抗战风采，我们深切感悟到中国共产党倡导、促成、维护的抗日民族统一战线的伟大，及其在全民族抗战中发挥的中流砥柱作用。我们现在正迈步于习近平中国特色社会主义新时代，肩负着新的时代使命，也面临着极其复杂的国内外形势，如何在这种复杂形势下完成新时代的使命，实现中华民族伟大复兴呢？一条根本保证即是，在以习近平同志为核心的党中央的领导下，巩固、发展最广泛的爱国民族统一战线，把全民族、全社会的积极性、主动性、创造性充分调动起来，最大限度地凝聚共识、凝聚人心、凝聚力量，有此伟大力量，实现中华民族复兴的中国梦，就一定指日可待！

三次担任边区民主政府县长

　　蔡韬庵（1902—1955），原名蔡煌猷，又名蔡守则，河南省信阳市当谷山村人。1917年秋，到信阳县城上学，考入河南省立第三师范学校附属小学，1921年考入河南省立第三师范学校。抗日战争时期，积极发动游击战争，曾任信南抗日游击总队队长、豫鄂挺进支队二团团长、豫南专署专员等职。新中国成立后历任湖北省财经委秘书、湖北省政府统计局办公室副主任，1955年5月20日逝世。1956年9月，湖北省人民委员会追认他为革命烈士。

他本是一介书生，向以教书为业，然而，日寇入侵，家园沦陷，生灵涂炭，抗日烽火燃起，由此唤醒了他救国救民于水火的夙愿。为保家乡、卫人民，他毅然投笔从戎，在当地建立起了一支抗日武装，主动打击侵略者。跌跌撞撞之中，他逐渐认识到，只有跟着共产党，才能走上一条光明道路。因而，他把那支抗日武装亲手交给了新四军，自己也加入新四军，三次被鄂豫边区信阳县民主政府推举为县长，他就是被李先念常常念及的蔡韬庵。

初步接触马克思主义

1902 年 9 月 21 日，蔡韬庵出生于河南信阳县一个名叫当谷山村的农家，10 岁入学，1917 年进入河南省第三师范学校（校址设在信阳县城）附小，后又考入河南省第三师范学校读书。1926 年从该校毕业后，当上了小学教员。1934 年，他创办信阳豫南中学并任校长。

早在 1921 年中国共产党成立之初，信阳地区就有党组织的活动，蔡韬庵的叔父和胞兄也先后加入了中国共产党。受他们的影响，蔡韬庵年轻时就参加过学生运动，接触到马克思主义。参加工作后，他一度想通过文化教育来培养青年，挽救中国，改造中国，但在和国民党形形色色的人物打交道后，他逐渐认识到，在腐朽的国民党的统治下，"教育救国"无法实现，没有前途；要改变贫穷落后的中国，需要马克思主义的指引，马克思主义才是引导中国走向光明的正确道路。

在豫南中学办学期间，蔡韬庵利用校长身份，暗中帮助在信阳南部山区开展革命活动的共产党员，资助他们书籍和钱物，掩护他们的行动。这个时期，蔡韬庵对马克思主义有了更深的认识，也和我党在信阳地区党组织的领导人结下了友谊。可以说，没有蔡韬庵这样的民主进步人士的帮助，河南信阳地区党组织的活动是难以展开的。

把组建的抗日武装交给新四军

1938 年 10 月，日军进攻信阳，国民党正规军败退逃走，信阳城一片混乱。见此情形，很多爱国人士挺身而出，收集国民党军队溃败时遗弃的枪支弹药，登高呼众，树竿拉旗，成立了多支地方武装，这给蔡韬庵以极大震动。作为一个有着强烈爱国思想的知识分子，凭着他在信阳县的影响力，眼见家乡沦于日军铁蹄之下，他不能置之不理。他决定也要组建武装，保卫家乡。一个好汉三个帮，老家是他最大的依靠。为此，他返回当谷山村，同挚友鲁彦卿、周性初等秘密聚会商议，得到了他们的一致支持。

同年 11 月，他们在当谷山组织了一支以白布蓝条为徽，木炭布为服装的抗日武装。同年 12 月，为形成抗日合力，几支具有代表性的信阳抗日武装领导共同决定，成立豫南地区抗日游击总队，打击敌人，卓有声望的蔡韬庵被推举为总队队长。

总队成立后，他们即向日寇发起进攻。1939 年 1 月上旬，在蔡韬庵的率领下，豫南抗日游击总队利用夜色掩护，袭击了李家寨日军据点。经过三个多小时的激战，他们攻克据点，缴获了一批武器。附近其他抗日武装见状纷纷参加蔡部，豫南抗日游击总队很快壮大到 300 多人枪。

豫南抗日游击总队虽然有一些实力，但在日寇面前，在兵匪林立的各派势力面前，极易被消灭或被吞并，怎么办？和国民党合作吗？蔡韬庵早已看透了那些人，他不会与之同流合污，他决定把队伍交给共产党、新四军。因而在担任总队长期间，他一面对豫南抗日游击总队进行整编，加紧训练队伍，一面派人到鄂东、桐柏山等地寻找共产党和新四军，同时还深入乡村开展抗日救亡的宣传，广泛动员民众支持抗日武装。1939 年 1 月底，蔡韬庵和刚刚从竹沟南下的新四军豫鄂独立游击大队（对外称支队）负责人李先念、周志坚取得联系，表示愿意将所部交给新四军。

这对于力量尚弱的新四军豫鄂独立游击大队来说，十分重要。因此，根据蔡韬庵的要求，豫南抗日游击总队全体加入新四军，被改编为"新四军豫鄂独立游

时任豫鄂边区负责人合影（右一 李先念）

击大队特务大队"，蔡韬庵任大队长。至此，新四军在河南信阳地区力量大增，并得以开辟出一块新的抗日根据地。

三次当选信阳县县长

在信阳地区立定脚跟后，为进一步发展抗日力量，新四军豫鄂独立游击大队主力决定继续南下，并向鄂中、鄂东进军。1939 年 4 月，蔡韬庵被任命为新四军豫鄂独立游击大队留守处游击队大队长，继续留在信阳、罗山一带组织发展群众，动员民众支持抗日斗争。同年 6 月，留守处和游击大队撤退到四望山，编入新四军豫鄂独立游击支队第二团队，蔡韬庵任二大队队长。在四望山期间，他先后带领部队参加了罗山朱堂店和安陆新街战斗，沉重地打击了当地日伪顽军的嚣张气焰，鼓舞了当地民众的抗日斗志。

长期的艰苦斗争，使蔡韬庵身患胃肠等多种疾病。1940 年年初，组织批准他去延安治病。前行途中，因敌情复杂，他滞留信阳南部地区难以成行。这时，为了巩固当地的抗日民主根据地，边区政府决定按照"三三制"原则，建立抗日民主联合政府。同年 12 月，中共信南县委和有关民主进步人士召开军政代表大会，成立了信南县行政委员会，蔡韬庵被推举为行政委员会主席。1941 年 9 月，依据抗日民主根据地的选举条例，蔡韬庵当选为信阳县县长，并在之后的 1942 年 8 月

和 1944 年 9 月又两次当选为信阳县县长。

在县长任上，他建立完善区、乡政权，开展抗日宣传，先后组织农民、妇女、青年救国会和抗日儿童团，建立了半脱产的农民自卫队，吸收聂绍玉、郭淑亮等开明士绅到抗日民主政府工作，并和汪伪暂 12 师副师长饶杰夫建立起了统一战线，同时严厉打击了王占魁、包刚、崔仁甫等地方土顽武装，促进了信南县抗日工作的开展。

为保障抗日民主根据地军民粮食和生活日用品的基本需要，他动员、组织群众努力恢复农业生产，大力发展工商业和城乡贸易。同时，还向其他抗日民主根据地运送急需物资，支持其他地区的抗日斗争。在他的组织和领导下，抗日战争期间，信阳地区的民众动员、文化、教育等方面得到了较大发展，信南地区也成为鄂豫边区最为巩固的根据地，成为取得成绩最多的地区之一。

鉴于蔡韬庵对抗日民主根据地建设所作出的杰出贡献，1941 年 9 月，经信阳、应山地委书记王光力的介绍，蔡韬庵被批准加入了中国共产党，成了在抗日炮火声中成长起来的合格的"共产主义战士"。

加入党组织后，蔡韬庵全身心地投入地方工作，常常废寝忘食、夜以继日，他的身体也越来越差，疾病如毒蛇缠身一般，始终困扰着他。

中原突围时期，组织考虑他生病情况，让他脱离党籍，隐蔽安置。

新中国成立后，蔡韬庵回到老家信阳养病。他后来将自己解放战争期间的这段经历，专门向信阳市委作了汇报，体现了一个共产党员的坦荡与忠诚。

湖北全境解放后，1949 年 9 月，老首长、时任湖北省委书记的李先念邀请蔡韬庵到湖北工作，任湖北省人民政府财经委员会秘书。这期间，他一边养病，一边工作，仍然为党和人民做一些力所能及的工作，直到 1955 年 5 月逝世于武汉。同年，中共湖北省委组织部作出决定，恢复蔡韬庵的党籍，9 月，蔡韬庵被追认为革命烈士。

参考文献

1. 齐光：《风雨沧桑》，武汉大学出版社 1994 年版。

2. 屈德骞主编：《中原雄师——新四军第五师战斗故事集》，武汉出版社 1995 年版。

3. 沈春山、陈益编著：《涨渡湖抗日根据地史稿》，华中师范大学出版社 1991 年版。

4. 马焰主编：《英魂永存》，海洋出版社 1996 年版。

5. 鄂豫边区革命史编辑部编：《新四军第五师抗战历程》，湖北人民出版社 1985 年版。

6. 李克申主编：《江汉军区——1945 年 10 月至 1949 年 6 月》，内部刊印。

7. 李少瑜、雷河清、张广立主编：《湖北抗战》，军事谊文出版社 1995 年版。

8. 鄂豫边区革命史编辑部编：《战斗在鄂豫边区——回忆录之一》，湖北人民出版社 1981 年版。

9. 《王翰传》编写组：《王翰传》，人民出版社 1999 年版。

陈离

『国民党军官中亲共的典型』

　　陈离（1892—1977），字显焯，四川安岳人。1915 年毕业于四川陆军军官学堂。1937 年任国民革命军第一二七师师长，率部出川抗日。1938 年，在滕县与日军作战中右腿负重伤，后率所部驻扎在鄂豫边区，对新四军第五师给予了多方面的帮助，也遭到国民党的猜忌。1949 年 1 月回到川西农村，做川军策反工作。新中国成立后加入民革，任民革中央委员、湖北省副省长、中央农林部副部长等职，1977 年 5 月 3 日病逝。

1892 年 5 月 18 日，陈离出生于川东安岳这个闭塞的小县城。那时候，号为当地望族的陈家，境况已今非昔比，他的父亲，那个昔日衣食无忧的公子，得靠为人代写讼词为业，来养活包括陈离在内的有着六个孩子的一家大小。作为长子的陈离就是在这样清贫的家庭中长大的，这让他从小就养成了同情弱者、善良坚毅的品性。陈离少时，父亲教他文化知识；稍长，他进了新式学堂，初步接触民主自由思想。当时西方列强环伺，国内战乱频仍，中华民族危难深重。在这种背景下，抱着救国救民理想的陈离，初中读完后即毅然投考重庆蜀军将校学堂，后转入成都四川陆军军官学堂第三期学习。从这里炮科毕业后，他加入行伍，几乎参加了四川的历次内战，也凭着自己的智勇，逐步从排长、连长，升到团长、旅长，到 1937 年 9 月出川抗日时，他已出任国民革命军第二十二集团军第四十五军一二七师中将师长。

西安拜见林伯渠，洪洞会晤朱玉阶

早在 1930 年，陈离就与共产党人打过交道，不过那一次交道，让他"吃惊"不小。那时陈离任川军第二十八军（军长邓锡侯）第二混成旅旅长，由于他平时对军队内的中共组织和党员活动基本持开放态度，第二混成旅的中共党组织和党员活动十分活跃，川军中的不少高级将领为此多次告诫他，要他加以注意和防范，而他认为，凭着他和共产党人之间的关系，共产党不会在他的防区内暴动，即使暴动，也会事先通知他的。然而，令他没有想到的是，由于共产党内"左"倾冒险主义"立三路线"的影响，更由于第二混成旅内共产党员徐昭骏、刘的均、刘连波、曹荻秋等的极力策动，驻守广汉的第二混成旅第一团、第二团于 1930 年 10 月 25 日突然宣布起义，加入中国工农红军。时陈离在成都，闻讯大惊。他对身边人吼道："为啥子要这样蛮干？要干也得同我商量一下嘛！"虽然这场起义最后以失败告终，陈离也因第二十八军军长邓锡侯的保护，仅仅落得个"撤职留任，戴罪图功"的处分，但通过这一事件，共产党人对信念的执着和为理想甘于牺牲的

率部出川前，陈离与家人合影

精神给陈离留下了深刻印象。

陈离与共产党重要领导人的交往主要是在抗战全面爆发之后。当时陈离的一二七师从成都出发，前往华北抗日前线，路经西安。

在一二七师活动的地下共产党员张晓峰，把陈离对共产党的态度，向八路军西安办事处的党代表林伯渠作了汇报，林伯渠表达了想见陈离的愿望。后来在张晓峰的安排下，陈、林两人不仅见了面，而且还相谈甚欢，颇有一见如故之感。根据林伯渠的建议，张晓峰被陈离任命为一二七师师部副官，少校衔，负责联络八路军。陈离率部到山西后，张晓峰还受令到汉口去见董必武，并带去了陈离为筹建汉口八路军办事处而捐赠的2000元法币，董必武随即派了三名共产党员到一二七师工作。

忻口会战失利后，一二七师奉命撤退到洪洞和韩侯岭一带进行休整，师部驻在洪洞县城，而此时八路军总司令朱德亦率部东渡黄河，到华北参加抗战，总部亦驻在洪洞。一天，一二七师师部门口走来一位穿士兵装束的中年男子，声称要见陈离师长。卫兵见此人衣着普通，却要见师长，便要他拿名片来。来人告知没带名片，只是要卫兵通报他姓朱，叫朱德。陈离的卫士长正好路过，听见来人说叫朱德，以为是假冒八路军总司令的，便要来人写字条为凭。来人写了字条，卫士长递上后，陈离一看，正是八路军总司令朱德，遂赶紧起身，走到门口迎接。陈离对卫兵的怠慢很不满，正要发作时，被朱德制止。朱德认为，他也是在履行自己的职责，不能挨骂。况且陈离的部队步行几千里来到这里抗日，刚刚才从战场上下来，功劳苦劳都有，更应受人尊重，自己是来看望大家的，谈不上怠慢。

陈离和卫兵都深受感动。在随后的交谈中，陈离向朱德表达了川军将士杀敌报国的决心，朱德则向陈离介绍了八路军游击战的战略思想和作用，并希望陈离无论在何处驻防，都要设法帮助共产党领导下的游击队，陈离慨然允诺。

临别时，朱德听说第二十二集团军的总部也驻在附近，便告诉陈离，护国运动时，他与第二十二集团军总司令邓锡侯就相识相交。"明早你去我们那里吃早饭，饭后我们一起去拜访他。"他邀请陈离说。

次日一早，陈离应约回访八路军司令部，并在那里见到了中共中央军委副主席周恩来、八路军副总司令彭德怀、政治部主任任弼时、副主任邓小平、参谋长叶剑英、副参谋长左权等，双方相谈甚欢。共产党领导人的热情、真诚与朴实，让他油然而生亲近之感。在随后拜会邓锡侯的过程中，朱德又提到了共产党的游击战思想，引起了陈离的极大兴趣。陈离邀请朱德到一二七师做游击战的报告，朱德爽快地答应了下来。

作为游击战的专家，朱德的这场报告自然受到了一二七师官兵的热烈欢迎。朱德走后，该部还以连、排为单位，组织讨论了朱德的讲话。陈离把这些情况，向邓锡侯作了汇报。邓锡侯也兴致大增，遂连续三次邀请朱德为第二十二集团军团长以上的军官讲游击战争的战略战术问题。

支持中共组建独立游击支队

徐州会战期间，陈离作战勇敢，在台儿庄战役中身负重伤。他的右腿被日军机关枪洞穿，幸赖警卫人员拼死相救，张晓峰夫妇悉心护送，几经辗转，才被送往汉口协和医院治疗。

陈离重返部队，已是 1938 年 7 月。这时候徐州会战已经失利，武汉会战刚刚拉开帷幕，一二七师隶属第五战区，正驻防湖北随县高城一带，陈离任第四十五军副军长兼第一二七师中将师长。恰在这时，原来领导过"广汉兵变"的共产党员曹荻秋及原来长期在上海从事工人运动的共产党员郑绍文，也分别被中共中央

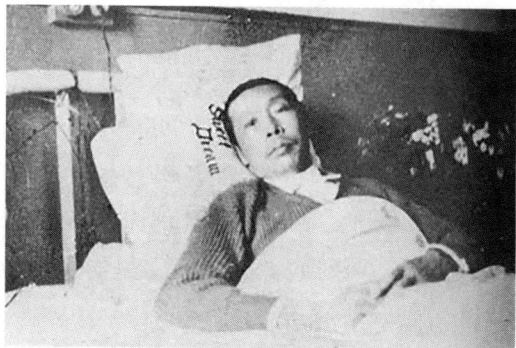

陈离在汉口协和医院养伤

长江局派到第五战区第二十七军干训团任主任政治教官和第五战区第三十三集团军干训团主任政治教官，他们两个都是四川人。也就是说，曹、郑、陈这三位四川老乡，就此在第五战区有了人生的交集。

1938 年 12 月的一天，曹荻秋听说陈离所部驻在高城，便约上郑绍文去拜见陈离。他乡遇故人，自然格外亲。谈起往事时，陈离笑着对曹荻秋说："兄弟吔，你那'一锤子'（指兵变时敲钟为号），要我的命呀，差不多把我的部队敲掉一半呢！"曹荻秋和郑绍文听了哈哈大笑。

郑绍文说："现在是国共合作，我们不仅不去'敲'你的墙，还要来帮你'砌'墙，你有什么需要我们去做的，尽管提出好了。"

陈离说："你这还真说到我的心坎上了。徐州会战时，由于缺乏担架兵，战场救护不及时，我们许多伤员被日军抓住，枪杀了，很痛心！后来我和张晓峰说了，他就去武汉定制担架，并从董必武那里带回几个人，组建了担架连，在战场上发挥了很大作用。只可惜，后来战事紧张，兵力不济，我把担架连也直接派上了战场，担架连的官兵因此大部牺牲了。你们跟老百姓联系得紧，能不能帮我再组织个担架队呀？"

郑绍文说："没问题呀，这事好办，我们会尽快落实的。"

很快地，曹荻秋和郑绍文把陈离要求组织担架队的事，向中共鄂中特委作了汇报，鄂中特委很快抽调党员和积极分子，在陈部成立了担架队。为此，陈离对曹荻秋和郑绍文，尤其是郑绍文给予了很高评价。

不久，中共鄂西北特委派张执一来到高城，找到陈离，希望陈离能提供 1000

支步枪，由中共地下组织掌握，成立一支独立游击支队，在敌后打击敌人。

张执一是湖北汉阳人，原名张忍，大革命时期加入中国共产党，虽在后来革命生涯中被国民党投入监牢多年，但革命信念坚定，他甚至连自己的名字也改为"执一"。武汉会战期间，他和钱俊瑞、胡绳、李相符等党员被中共中央长江局派往第五战区工作，他在那里担任湖北战时乡村工作促进会负责人。

他与陈离谈到组建独立游击支队的事后，陈离答得很爽快："好哇，我来想办法就是了。"

顿了顿，他又说："刚开始拉队伍时，经费肯定紧张，我支持你们三个月活动费吧！"

张执一一听，这太好了，遂说道："陈师长，我代表我们组织感谢你！"

陈离说："感谢啥？都是为了抗日嘛！不过，我可有个条件哟！"

张执一急切地问："什么条件？你说！"

陈离说："既然是以我们四川军队名义组建的游击队伍，那负责人就应该由我们四川人来担任啰！"

张执一说："那没问题！郑绍文来当支队长，如何？"

陈离说："好哇！郑绍文人才难得呀！"

张执一又说："张晓峰担任副支队长，怎么样？"

陈离说："好！他跟随我两年多了，值得信赖。"

张执一回到中共鄂西北特委后，把这些情况转述给了钱瑛书记。钱瑛很高兴，便要郑绍文去做准备。此时郑绍文的公开身份还是第三十三集团军的政治教官，于是郑绍文便去找集团军政训处商量，希望辞职去一二七师工作，哪知集团军政训处也正缺人手，坚决不同意郑绍文辞职。郑绍文无奈，只好把担任支队长的事暂时放了下来。

次年1月，国民党中央在重庆召开五届五中全会，决定成立"防共委员会"，推行"溶共、防共、限共、反共"的破坏国共合作抗日的方针，这次会议是抗日战争进入战略相持阶段之后，国民党对共产党政策发生转变的标志。第五战区内的"溶共、防共、限共、反共"气氛也随之高涨，包括原先成立的钱俊瑞领导的第五战区文化工作委员会和张执一领导的湖北战时乡村工作委员会都先后被撤销。

这时钱瑛被中共中央中原局调任鄂中特委书记，被迫辞去第三十三集团军政治教官的郑绍文也随之从襄樊来到了鄂中。为开展抗日武装斗争，创立抗日民主根据地，钱瑛想起陈离曾答应出枪让郑绍文组建游击支队的事，认为此举如办成，那将对鄂中抗日形势产生极大影响，便嘱咐郑绍文再去找陈离商议此事。郑绍文就邀约在第二十二集团军政治部工作的地下党员胡春浦一起，以集团军视察员身份，去一二七师"视察"。

一番巡视检查后，郑绍文言归正传地问陈离道："陈师长，你之前说让我当游击支队长，这事现在可以兑现了吧？"

陈离以为郑绍文是开玩笑，便说："你现在在集团军里当视察员不是蛮好吗？还当个什么支队长？"

郑绍文一本正经地说："那不一样，当支队长有人有枪的，当支队长好！"

陈离见郑绍文说得严肃，知道他是认真的，就说："唉，老弟，此一时，彼一时呀！现在老蒋到处讲'防共''限共'，搞摩擦，闹分裂，游击支队搞不成了！"

说罢，他看着郑绍文说："实在抱歉啊，你们行动晚了！"

就这样，陈离支持共产党组建独立游击大队的事，流产了。

援助"应抗"武器弹药

抗战全面爆发后不久，以中共中央代表身份回到湖北的董必武，凭着他的社会影响和威望，动员他的老朋友、国民党湖北省建设厅厅长兼省农村合作委员会主任石瑛，在应城汤池举办了农村合作事业指导员训练班，培养新型农村合作事业指导员。训练班由中共湖北省工委副书记兼宣传部部长陶铸主持日常工作，主要招收来自东北、华北、华东地区的流亡大学生及武汉和鄂中地区的知识青年，这些青年知识分子从训练班结业后，大多分到全省各地从事农业合作事业，其中的一些学员，后来在武汉沦陷之前，被鄂中特委组织起来，与原应城县保安大队结合起来，建立了一支拥有六七十号人的汤池抗日游击大队。

当年12月中旬，鄂中特委决定将应城、应山、钟祥等地中共领导或受中共影响的抗日武装，统一整编为应城抗日游击队（简称"应抗"），由孙耀华兼任司令，共产党员张文津任参谋长。

孙耀华是黄埔六期生，后入金陵大学学习，因追求进步，全面抗战爆发后，被鄂中特委通过民主人士李范一，向国民党湖北省第三行政督察专署专员石毓灵，推荐为应城县县长，兼任"应抗"的司令。但这个"应抗"司令当得十分不易，主要是为部队的枪弹粮款发愁。如果说作为县长，粮款的筹集还好办一些的话，枪弹的添置则往往是他无能为力的。1939年1月，陶铸来到随县高城长岗店，孙耀华赶去向他汇报工作。谈及"应抗"武器问题时，陶铸说：驻扎在离这里不远的一二七师，其师长陈离与我党的关系一向友好，你到他那里去化缘，说不定会有收获的。

孙耀华听罢，连忙冒着风雪，赶到了高城，找到了陈离。陈离见孙耀华身着单衣，脚穿草鞋，既惊讶，又感动，连说："哎哟，你这个县长不简单！如果我们当官的，人人都学你的话，抗战何愁没有希望呢?!"

孙耀华告知此行的目的，陈离说："好的，我尽力而为。"

他赠给孙耀华德国造20发快慢机驳壳枪20支、手榴弹和子弹数十箱、电台一部和军用地图若干。孙耀华感激不已。

陈离说："说啥子感谢嘛！前年我与你们朱总司令会面时，他曾希望我不管走到什么地方，都要支持当地共产党领导的游击队，我只是照着他的希望去做罢了，要谢，你们去谢他得了。"说完，哈哈一笑。

临别时，空中北风怒号，雪舞漫天。陈离走出营地，坚持要送孙耀华一程。路上两人边走边聊，十分投机，俨然成了老朋友。到了敌我警戒线时，陈离嘱咐孙耀华注意安全，多加保重，随即两人挥手告别。

这一份深情厚谊，孙耀华一直记着。后来，"应抗"在对敌作战中，缴获了一门平射炮，孙耀华便把它作为回礼，送给了一二七师。

1939年1月17日，为开创鄂豫边区敌后游击战争的新局面，中共中央中原局决定组建新四军豫鄂独立游击大队（对外称新四军豫鄂独立游击支队），派李先念以国民党少将身份，率领160余人从河南确山竹沟出发，挺进鄂中。2月17日下午，已到达随县的李先念在钱俊瑞、郑绍文等人的陪同下，于天河口会晤了陈离。一番寒暄后，众人坐下喝茶，陈离对李先念说："贵军远道而来，在武器装备上有何要求，请提出来，我们设法解决。"

李先念说，目前我部最紧缺的还是电台和地图。

陈离说："这两样东西，国军控制得都很严格，规定要配高级参谋加以保管，保管人员的名单还要上报统帅部，凡丢失的，必受重处。但贵军所需，我心里有数。"

李先念很感谢陈离的坦诚。

不久，陈离设法弄到一部 15 瓦特的电台及有关军用地图交随县地委书记顾大椿转送李先念。

此后，陈离又两次邀请李先念到他的师部住下来，商讨共同作战和配合问题。20 世纪 80 年代，李先念在《关于编写新四军五师战史和鄂豫边区革命史的谈话》中还专门提到了与陈离的友情。他说："川军孙震的部下有一位师长叫陈离，和我还是好朋友。我在他的师部住过好几天，他送给我们地图和一些枪支、弹药等。在当时来说，对我们的帮助是不小的。"

协力反"扫荡"

1939 年 2 月底，日军进攻新四军豫鄂独立游击支队。

驻地随县厉山，一时情势危急。陈离得悉后，即令三八〇团第二营紧急出动，增援新四军。甫到战场，二营轻重武器一齐向敌开火，一下子就吸引了日军的注意力。日军掉转火力对付二营，新四军突围了，二营包括营长罗任飞在内的官兵全部壮烈殉国。

3 月下旬，日军第 3、第 13 师团联合行动，分兵几路围攻第五战区的主力，第二十一、第二十二集团军首当其冲。第二十二集团军的几个师抵挡了一天之后，终因伤亡严重，不得不后撤转移。第一二七师作为集团军的预备队，这时候被紧急派往随县双河、茅茨地区，抢修工事，阻击敌人。日军武器精良，天上有飞机，地面有坦克，一二七师要凭一己之力挡住日军的攻势，几乎没有可能。陈离见状，速派军需处长杨月湘去豫鄂独立游击支队求援，希望新四军能在敌后行动，配合一二七师。杨月湘带领一排人出发后，中途遇到了豫鄂独立游击支队前来联络的人。双方沟通后，新四军联络员见敌人近在咫尺，劝杨月湘等人暂时避往他处，待情况好转后再回去，为杨月湘婉拒。

李先念得到联络员带来的陈离求援消息后，迅即带领所部向安陆赵家棚进发，袭击安陆日军据点，牵制随州之敌。而应城抗日游击队在陶铸、孙耀华等的领导下，也趁应城守敌空虚之机，攻打应城县城。当时应城县城内仅留有日军的一个宣抚班和少量伪军，守城兵力空虚。

陶铸和孙耀华率手枪队从南门城墙缺口登上城楼后，打开了城门，游击队大部随即在冷夜月光中摸索着悄悄向日伪军驻地行进。日伪军当时都还在睡梦中，游击队没费多大功夫就全歼了敌人，并放火烧了日军的营房和弹药库。应山、安陆、云梦等县城也先后遭到了抗日游击队的袭击。

日军第 3 师团和第 13 师团得悉后院起火，被迫从前线回撤，固守据点，第一二七师的当面敌情因此得以解除。

危急时刻的一张特别通行证

1939 年 9 月，因曹荻秋在第五战区的身份已经暴露，中共中央中原局决定派黄宇齐为特派员，到第二十二集团军开展统战工作。黄宇齐是四川江津人，"广汉兵变"时，他本拟参加，但因未赶上起义队伍而作罢，后主要在上海、重庆从事工运和兵运活动。抗战之后，他来到中共中央中原局的驻地竹沟，接受党组织的派遣。

临走之前，中原局代理书记朱理治找他谈话，要求他到第二十二集团军后，应该"同第四十五军副军长兼第一二七师师长陈离进行联系，最好住在他的部队，向他宣传我党的政治纲领及政治、军事路线和对当前局势的看法，要求他掌握好部队，推动川军将领在政治上走向开明和进步；将国民党的各种动态，特别是第五战区司令部对待我党我军的动态，及时告诉我们；在可能条件下，在经济上物质上支援我军"①。

已回到中原局的曹荻秋也向黄宇齐介绍了陈离的情况，并要他去找陈离师部军法处处长杨尚仑，说他是共产党员杨闇公和杨尚昆的亲弟弟，虽未入党，但思

---

① 徐蓬：《桃色将军》，原载于《襄樊文史资料选辑》第 1 辑。

想进步，为人可靠。

黄宇齐听了这些要求和介绍，便去一二七师找到了杨尚仑，又通过杨尚仑见到了陈离，谈到了中共中央中原局对陈离的希望和要求。陈离清楚黄宇齐的"分量"，为避人耳目，保护好黄宇齐，陈离让黄宇齐模仿旧川军师长甘德明的笔迹，写了一封举荐黄宇齐到一二七师谋职的信，以交一二七师存档备查。同时，他安排黄宇齐到副官处担任中尉书记官，以免引人关注。

在一二七师，陈离把国民党发下来的机密文件都及时转给黄宇齐看，黄则把这些文件及时向中原局作了汇报。这时候胡宗南和汤恩伯正在西安举办游击干部高级训练班，蒋介石同意前线各师推荐一名政治上忠于党国的优秀青年干部入班学习。一二七师推荐谁呢？陈离想到了一直在他身边工作的地下党员张晓峰。当初他同意郑绍文组建游击支队时，张晓峰是作为副手人选的，这事虽然因国民党政策有变而夭折了，但他的心结还在，倘使让张晓峰去游击干部高级培训班学习，他回来后再去组建游击队，岂不就顺理成章了？

陈离把想法同黄宇齐说了，黄宇齐一听，认为这是大好事呀，便去向鄂中区委书记王翰说了。王翰认为这事可行，但张晓峰是直属林伯渠领导的，他建议张晓峰去西安向林伯渠汇报。张晓峰去后，林伯渠欣然同意了。张晓峰就此代表一二七师，成了西安游击干部高级训练班的学员。

2009年2月，时年98岁的黄宇齐接受陈离外甥女儿金雷女士的采访时，披露过一件让人惊心动魄的旧事，因系独家资料，笔者照录如下："1939年，我任国民党政府第二十二集团军中共特派员，负责李先念与一二七师陈离的单线联系。有一次，接到命令，去城里找陈离。不料，走漏了风声，敌人得到消息，知道将有共产党的人员来联络国民党的某一个高官，具体是谁他们尚不知道，于是立即全城戒严、严密监视。当我找到陈离时，还不知道全城已戒严。他让我迅速逃离，并毫不犹豫地掏出自己的特别通行证，塞到我手里。凭借这张通行证，我得以顺利逃脱。如果我当时被抓住的话，陈将军也将彻底暴露，因为通行证是他的。陈离将军在危难时刻，将安危置之度外，真的令我十分感动。"

1940年秋，由于日寇的残酷"扫荡"和严密封锁，也由于自然灾害的影响，抗日民主根据地的经济出现了严重困难。中共中央中原局委员郑位三代表中原局转告陈离，希望他能给中原局一定的经费支持。陈离得悉后，想方设法筹集了一万元法币，托黄宇齐转给了中原局。

五千件棉衣

时序转入 1939 年 11 月，这时候新四军豫鄂独立游击支队主力已集中于京山大山头一带休整训练，部队总建制有四个团队和国民革命军第二十一集团军独立游击第五大队 ① 和新四军游击第六大队，总兵力 9000 余人。此时天气转冷，许多干部战士还穿着单衣，而这么多人集中于一地，根据地的供应又十分有限，部队的冬衣便成了大问题。

不得已，支队司令员派人到陈离那里，请求支援。陈离还是像以前一样，答应得十分爽快："好！这事我们设法帮助。"

接着，他把军需处处长杨月湘找来，告知了新四军的请求。

陈离说："老杨，新四军的事，要尽量想办法呀！"

杨月湘说："办法倒是有两个，但要费点神。"

陈离说："有哪两个办法？"

杨月湘沉思片刻道："一是去年的棉衣，官兵只穿了一冬，脏的洗一洗，破的补一补，还可用；二是把今年做棉衣的钱挤些出来，买些新棉衣，一并给新四军凑个五千件棉衣，应该没问题。"

陈离说："费神在哪里呢？"

杨月湘说："费神在棉衣交接上，五千件棉衣，不是个小目标，而且沿途要经过别的部队的防区，有较大的风险。"

陈离说："那咋办？"

杨月湘沉思了一会儿，说："我有一办法，不知当行不当行，说出来师座您定夺。"

① 该部由共产党领导。在 1939 年 9 月 1 日发生的夏家山事件中，该部遭到国民党军队的袭击，百余名干部战士被杀，损失惨重。

陈离说："你说吧！"

杨月湘说："我们与新四军约定好接收时间和地点，这边我们通过水路，由我带一支小部队，以护送冬衣到前线的名义，押送给新四军，这样应该比较可靠。"

陈离说："行，行！那就赶快行动吧！不过，千万千万小心哪！"

棉衣备好后，杨月湘指挥官兵将棉衣装上木船，从老河口沿汉水启程东下，三七九团李团长带一个连沿途护送。船队到宜城雅口上岸后，改用马车运抵枣阳之南。在枣南，中共随枣地委组织部长余益庵率一个连的战士接收了这批宝贵物资，豫鄂独立游击大队缺少冬衣的问题因此大大缓解。

党外布尔什维克

身为国民党的高级将领，陈离却在与共产党人的接触中，越来越深切地感受到共产党人的忠诚奉献、勇敢牺牲精神，越来越由衷敬佩这个组织的凝聚力、号召力和组织力，于是，加入这个组织的想法越来越强烈。1940 年冬，他把这个想法对黄宇齐说了，并表示："本部将撤回襄樊整训，所换下的四五百支旧枪，也想送给新四军。"

此事关系重大！黄宇齐即刻回到鄂中，向中共鄂豫边区委员会作了汇报。当时豫鄂边区委员会由陈少敏、李先念、陶铸、杨学诚、任质斌等组成，大家经过细致审慎的讨论，认为陈离政治上坚定、思想上进步，是我党的忠实朋友，论入党的条件，完全合格，但鉴于他的地位特殊、作用特殊，为了他的安全，也为了长期隐蔽地发挥他的作用，还是以不入党，以党外布尔什维克的身份为党工作为宜。至于枪支问题，因数量较大，难保不走漏风声。为保证陈离的安全和地位，暂不接收。

黄宇齐把中共豫鄂边区委员会的意见向陈离做了转达，陈离表示理解，也感谢共产党对他的爱护，并说会在今后一如既往地支持共产党的事业。

向新四军通报重要情报

1940年11月14日，国民政府军事委员会军令部遵照蒋介石的命令，制定了《剿灭黄河以南匪军作战计划》和《解决江南新四军方案》，接着密令第三十一集团军汤恩伯部、第二十一集团军李品仙部和鲁苏战区韩德勤部共约20万人，准备向华中地区的八路军和新四军进攻。

在豫鄂边区，12月下旬，汤恩伯所部的第二十九军陈大庆部，配属国防部直属的孙树伦领导的轻快装备特工队，在第三十一集团军副总司令王仲廉的指挥下，已开进随县的环潭和枣阳的吴家集地区，企图在地方部队的配合下，围剿大洪山地区的豫鄂挺进纵队①。为防止泄露消息，王仲廉是到达地方后才告知地方部队的。陈离接到命令后，首先想到的是新四军的安危，便问已从西安游击培训班回来的张晓峰："新四军知道这事吗？"

张晓峰说："事发突然，我想新四军肯定不知道这个消息。"

陈离说："这样吧，你现在马上到大洪山去，速报新四军，让他们快速转移。"

张晓峰二话不说，带着两个士兵，化装成到汉口买药的郎中，就从襄樊出发，赶往大洪山。三人一路上连走带跑，当天就到达随县洛阳店。安顿好两个士兵后，张晓峰去找人联络，最后在一个茶馆找到了新四军的一位排长。张晓峰告诉排长，他有急事要向司令部报告，请带我去见司令部的同志。

排长一脸的疑惑，围着张晓峰，盯着看。

张晓峰急了，就说："你要是不相信我，就把我捆起来，送到司令部吧！"

排长不敢怠慢，真的让部下捆了他，把他押到了山里。这时黄宇齐回鄂中汇报工作，正住在司令部里。见士兵押着五花大绑的张晓峰，他赶紧上前为张晓峰松了绑，两人笑着相拥，一场误会就此解开。

张晓峰向在场的刘少卿、郑绍文、王翰、黄宇齐报告了汤恩伯部将来"围剿"大洪山的紧急情报。众人大惊，连夜派人向在安陆活动的李先念司令员报告这一

---

① 1940年1月，豫鄂独立游击支队整编为豫鄂挺进纵队。

重要消息。李先念立即部署，将豫鄂挺进纵队的主力全部转移到平汉路以东的地方，摆脱了国民党军队的包围圈。几天后，当王仲廉率部赶到大洪山时，大洪山已看不到新四军大部队的任何影子。

项乃光叛变与陈离去职

1939年深秋的一天，在老河口镇，一位身缀国民革命军第七十七军一七九师少校肩章的青年军官，踏入第五战区政治部主任韦永成的办公室，说有要事报告，韦永成接待了青年军官。来人自我介绍说，他名叫项乃光，是中共鄂西北特委委员，今天特来向李司令长官（李宗仁）自首。韦永成一听，此事非同小可，便急忙报告了李宗仁。李宗仁见过项乃光后，项把自己知道的中国共产党的党内机密，尤其是插入第五战区的中共党员和与共产党有联系的国民党军官的情况，一股脑地告诉了他。这就是党史上有名的"小项叛变"事件。

项乃光何许人也？他的叛变与陈离去职又有何关系呢？

项乃光是辽宁开原人，1915年生，毕业于北平东北大学。加入中国共产党后，他长期做东北军工作，曾任中共东北军工作委员会书记。七七事变后，他到中原局工作，任中原局友军工作部部长，中共鄂西北特委委员，因年轻，能力较强，党内同志昵称他为小项。但就是这个被党内同志看好的"小项"，却经受不住艰苦环境的考验，以追求"个性解放"和"思想自由"为借口，投奔了国民党，使党在东北军、西北军和川军的秘密活动遭受了严重挫折。"小项叛变"成为抗战以来，继张国焘投敌之后的又一重要事件。

李宗仁与蒋介石有矛盾，加之这事出在他的地盘上，搞大了于他自己也不利，于是很长时间他想大事化小，但蒋介石知道后，兴奋不已。蒋把项乃光召到重庆，进一步询问了中共在国民党内的活动情况和国民党人与中共的联系情况，决计采取行动。国民党军统局副局长戴笠更是如获至宝，他给了项乃光一个少将职衔，还专门拨了一辆汽车供其使用，让其到处演讲，污化共产党。1941年初，戴笠还指令他重返鄂西北，开展特务活动，鄂西北地区的党组织因此遭到了更大破坏。

第三十三集团军第七十七军副军长兼一七九师师长何基沣是中共特殊党员，

虽然项乃光不知其党员身份，但他知道何基沣支持共产党。于是，何基沣成为项乃光叛变后遭蒋介石解职的第一位国民党高级军官。他被送往重庆中央训练团受训，接受审查。好在后来他坚不吐实，加上第七十七军军长冯治安等人力挺，才有惊无险，官复原职。项乃光当然也知道一些陈离与共产党的亲密关系，但他能坐实的却只有陈离手下的一个个共产党员名单。结果，黄宇齐、张晓峰，包括倾向共产党的杨尚仑等，都被供了出来。

李宗仁这次也藏不住了，他把陈离找去，拿着一份文件对陈离说："陈师长，蒋委员长说你是'桃色'将军，我开始以为是你爱跳舞，有桃花运，却没想到是指你接近'共党'，靠近赤色的'桃色'呀！"顿了顿，他又说："根据政治部掌握的情况，你师有异党分子。按五届五中全会的决定，你要迅速处理，不然大祸临头呢！"

在如此严峻的形势下，陈离只好礼送张晓峰、杨尚仑、黄宇齐、张鹏翼等共产党员和倾向共产党的人员离开一二七师。而陈离呢，最终也因容纳共产党在一二七师活动，同样被蒋介石召到重庆中央训练团受训，并被解除一切职务。

抗战胜利前夕，陈离出任成都市市长。他体恤民情，同情学生运动，保护进步报刊，最后又被国民党免职。

解放战争期间，陈离积极策反四川军阀刘文辉、邓锡侯、潘文华等人，为解放四川作出了重大贡献，他自己也终于回到人民的怀抱，成为新中国建设的重要领导干部。周恩来曾说，陈离"是国民党军官中亲共的典型"；邓小平曾说，陈离"是共产党的老朋友、真朋友，是可以患难与共的"；抗战中得到陈离很多帮助的李先念，更是称陈离为"好朋友"。这些可以说是对陈离一生亲近共产党、帮助共产党的最好评价。

参考文献

1. 金雷：《陈离将军》，团结出版社 2012 年版。

2. 朱玉主编：《李先念传》（1909—1949），中央文献出版社 1999 年版。

3. 《陈离：别样川军别样人》，和讯网 2019 年 1 月 14 日。

4. 顾大椿主编:《郑绍文回忆录》,国防大学出版社2000年版。

5. 徐蓬:《桃色将军》,原载于《襄樊文史资料选辑》第1辑。

6. 《拼将热血报中华——忆抗日爱国将领何基沣将军》,北方网2004年7月5日。

7. 李宗仁:《李宗仁回忆录》,广西师范大学出版社2005年版。

　　黄曙晴（1896—1950），字晓光，湖北省黄陂县（今武汉市黄陂区）祁家湾人。民主人士。1931年，进入湖北省地方行政人员训练班学习。结业后，先后担任云梦县义堂区、道人桥区、黄陂县长岭区区长。1937年全面抗战爆发后，在黄陂北乡矿山一带组织自卫武装进行抗日活动。1939年底，率领部队加入新四军。后出任黄陂县县长、孝感县县长、安（陆）应（山）县县长。1945年，调任鄂豫皖湘赣边区临时参议会秘书长。1946年6月，参加中原突围。任豫鄂陕第三专署副专员。1949年，随军进入武汉。1950年1月，任武昌县湖业管理局局长。同年11月病逝。

贫寒塾师走上从戎路

1896 年，黄曙晴出生在湖北省黄陂县祁家湾黄寨村一户贫寒人家。黄家无田无地，只有一栋简陋的房子。黄曙晴兄弟四人，靠父亲黄保租种地主的田地和做些小摊贩生意维持全家生活。黄曙晴在很小的时候，一边帮助家里做些事情，照顾弟弟，参加力所能及的生产劳动，一边断断续续地在村塾就读，接受初步的启蒙教育。

俗话说，穷人的孩子早当家。1914 年，黄曙晴 18 岁那年，经媒人介绍，与邻村一个叫钟华清的女孩结婚，开始独立生活。成家以后，黄曙晴一边帮助妻子从事生产劳动，一边在村里开设一间学馆，以教书为业，利用自己有限的知识教育农家子弟。黄曙晴爱护、善待每一个学生，对待工作一丝不苟，教育学生非常认真，受到学生喜爱；他体恤民情，生活简朴，对贫苦学生主动减免学杂费，也不接受节日礼物，颇受乡里乡亲的推崇。

那时，中国处在北洋军阀统治时期，各个派系军阀割据一方，拉夫派丁，连年混战；地方土豪劣绅仗势欺人，巧取豪夺。祁家湾虽然临近汉口，交通便利，但由于天灾人祸，田地荒芜，农村经济也是一片凋敝，黄曙晴的家境越来越清苦。先是大哥常年在外乞讨，大嫂被迫改嫁，侄子活活饿死。接着，三弟离家出走。黄曙晴被迫带着一家六口人，在亲朋与四邻的接济下，依靠他教书、妻子耕织等艰难维持生计。子女四人，除长子黄群九岁入学读书外，其余虽到学龄，但均辍学在家参加生产劳动。

1931 年，南京国民政府颁布各县区公所组织条例，对县以下基层行政组织进行改革，撤销既有闾邻等自治组织，推行保甲制度。由于推行"新政"，需要招考地方行政人员。黄曙晴为生计所迫，依靠亲朋资助，考进了湖北省地方行政人员训练班。原本以为就此能够谋得一个职位，但结业后半年仍找不到工作，他只得一面教书，一面到武汉找同乡会活动。后黄曙晴由湖北省政府保安处中将处长、黄陂同乡范熙绩的牵线，在该处中将参谋处处长、云梦人丁炳权的帮助下，被介绍到云梦县县长、丁炳权二兄丁铮域那里谋得一份差事，并先后在云梦县义堂、道人桥两个区担任区长。黄曙晴家境自此才得到较大改善。

1935年，丁铮域调任黄陂县县长。黄曙晴带领全家人回到黄陂县长轩岭，被就地安排为长轩岭区区长。不久，大儿子黄群也在黄陂县政府谋得一份职员差事。

1937年七七事变后，日本帝国主义发动了对中国的全面进攻。1937年8月，进攻上海。12月，进占蒋介石国民党的统治中心南京，屠杀中国军民30万人，国民政府被迫把首都迁到武汉。在中华民族生死存亡的危急关头，国民党虽然组织了一些英勇的反击战役，但总体上丧师失地、节节败退。1938年5月，日军占领津浦铁路重镇徐州。10月，进攻广州、武汉。

七七事变爆发之时，黄曙晴又由丁铮域介绍到武汉警备区当三等秘书，参加抗日救亡工作。1938年7—8月，由南京迁来武汉的国民党政府又准备逃往重庆，武汉进行大规模的人口疏散。黄曙晴为形势所迫，乃愤而弃职，回到家乡黄陂。

武汉会战，国民党军队丢盔弃甲、一溃如水。黄曙晴既怒愤于日寇亡国灭种的侵略暴行，又慨叹于政府的腐败无能，于是决定书生报国、投笔从戎。黄曙晴带领一批热血青年，四处搜集国民党溃军丢弃的枪支弹药，组织起一支自卫武装，在黄陂北乡矿山一带开展抗日救亡活动。

1939年初，黄曙晴领导的队伍发展到200人枪，由于给养困难，单靠筹款无济于事。他打听到附近方家潭一带有一个游击支队，司令尹昌彦，也是打着抗日旗号。于是，他主动派人前去同尹谈判，愿意接受其改编，条件是真抗日，受编不受调，发足给养。尹为壮大自己势力，对黄所提条件全部接受，并委任黄曙晴

抗战初期武汉地区群众的抗日救亡运动

为独立团团长。半年之后，黄曙晴发觉尹是与日军有勾结的汉奸，毅然脱离其节制，将部队转移到（黄）陂孝（感）边地区固守操练。不久，黄曙晴部队又被收编到国民党鄂东行政督察专员兼游击总指挥程汝怀所属徐少阶部队，编为第三支队，黄曙晴担任支队长。

1939年1月，李先念率领160余人的新四军独立游击大队，从河南竹沟出发，向豫鄂边敌后挺进，会合了一些零散的抗日力量，组建新四军豫鄂独立游击支队，在豫南、鄂东和鄂中发动群众，开展统一战线，打击日伪军，迅速扩大了影响，建立了敌后根据地。5月，活动于平汉线两侧的新四军鄂东第六游击大队在第五游击大队配合下，由罗厚福、官楚印带领，一举歼灭驻黄陂县蔡店李新湾的伪军第八军李汉鹏部，俘其旅长以下300余人，拔除了日伪在游击区的据点。可是，徐少阶却下令黄曙晴带领第三支队向东阳岗一线袭击新四军，彻底暴露了国民党假抗日、真反共的面目。那时，黄曙晴的部队中已有中共地下党员在活动，宣传"中国人不打中国人"的主张，受到士兵拥护。因此，黄曙晴以"未发给养"为由，拒不执行徐少阶命令。于是，徐少阶暗中勾结驻礼山覃寿桥部，以黄是"共党嫌疑分子""勾结共匪企图叛变"为由，分进合围，解除了黄曙晴的武装。虽经黄陂县县长田江昌出面调解，并委他为黄陂县第四区区长，但他拒绝履任，带领一家人赋闲在黄陂北乡汪家畈。当年阴历年底，由第五、第六大队合编的新四军豫鄂挺进纵队第一团队再次挺进到黄陂北乡。黄曙晴主动出面与部队联系，就抗日事宜取得谅解，由此带领全家参加了革命。

安应群众心中的"黄公坝"

黄曙晴参加中国共产党领导的新四军及其革命斗争，掀开了他的人生履历的光辉一页。其时，李先念领导的新四军豫鄂独立游击大队在鄂中京山县养马畈正式建军。按照中共中央中原局"创立坚强的游击队伍，建立豫南、鄂中、鄂东抗日根据地，并使之打成一片，这是鄂豫边、鄂中以及鄂豫皖三个区党委最主要的任务"的指示，豫鄂边区党组织及其游击武装开展武装斗争，建立各种救国会组织，发动群众进行农业生产，加强根据地民主建政工作，呈现出一派热火朝天的

《豫鄂边区施政纲领》

鄂豫边区民主选举场景

全民抗战气氛。在这里,黄曙晴的思想受到深深的触动,真正地感受到了共产党是抗日民族统一战线政策的坚定执行者,是为人民谋利益的。新四军是真正抗日的部队,是人民的保护神。因此,他更加相信共产党,以更大的热情积极投入到边区根据地火热的革命洪流之中。

1940年4月,黄陂县召开全县人民代表大会,选举产生了黄陂县人民政府。人民政府是"三三制"的抗日民主政权。黄曙晴当选为县长。同年12月,孝感县人民政府成立,黄曙晴担任孝感县县长。与孝感县毗邻的安(陆)北二区(赵家棚)划归孝感县属,黄曙晴大儿子黄群担任安(陆)北二区区长。后来,安(陆)北从孝感县属析出,成立县级行政办事处,黄群任办事处主任。从此有黄氏"父子县长"之称。

1941年初,(黄)陂孝(感)行政公署成立,黄曙晴任行署主任。4月,豫鄂边区在京山县向家冲召开第二次军政代表大会,正式选举产生豫鄂边区行政公署。豫鄂边区行政公署下设鄂东、信(阳)应(山)、天(门)汉(川、阳)、襄(河)西四个行政办事处和安陆、应山、云梦、孝感、随(县)南、京山等六个直属县。(黄)陂孝(感)行政公署即行撤销。黄曙晴调任边区军政联合办事处秘书长,以加强边区的政权建设。

1942年8月,鄂中地委报豫鄂边区核准,将安陆、应山、孝感三县接壤的安北、应南、孝北地区合并成立新的安(陆)应(山)县,县政府驻赵家棚黄家柏树湾。安应县下辖五个区,一区在孝(感)北,二区在安(陆)北,三、四、五区在应(山)南。王良担任县委书记。同时成立县指挥部,县委副书记汪立波担

鄂豫边区开展大生产运动

任指挥长兼政委。安应县地理位置适中，交通便利，群众基础好，是边区根据地的核心区。

安应县委成立后，根据"三三制"原则，选举黄曙晴为抗日民主政府县长。同时，各个区乡也按照这一原则选举产生了区乡政权，使党的抗日民族统一战线政策得到了很好的贯彻执行。

安应县成立前后，正遇上边区大旱之年，全县持续干旱，200万人口受灾。农业生产和军民生活安全受到严重威胁。为战胜60年未遇的罕见旱灾，县委决定组织群众开展水利建设，提高生产自救能力。早在1941年8月，当时的安（陆）北工委就召开区乡干部和农民积极分子会议，研究讨论解决群众生活和兴修水利、发展农业生产等问题。安（陆）北工委书记汪立波指出："安应地区年年受旱，水利设施太差。从现在起，开展一个兴建水利的群众运动。虽然大部分田地属于地主，我们穷人出力，难道地主就不能出钱出粮？"

他的发言得到了大家的赞同。会议决定把度灾荒与兴修水利结合起来，提出"有田出粮，无田出力，以工代赈，共度灾荒"的口号。会议还具体规定：以村为主兴修水利，谁修谁受益。粮食自筹，当日兑现。出工的报酬按劳力的强弱分成三等。挑100斤以上者每人每天3升米，挑100斤以下者2升米，未成年的孩子1升米，遇有特殊情况，经群众评议后可酌情增减。

随后，安（陆）北工委又召开了一次爱国民主人士会议，80余人到会。汪立波向大家讲明了兴修水利的好处和按照田亩多少进行合理负担的政策，得到了与会民主人士的支持。当年11月，赵家棚西边胡王薛村前面的一条小河流上的水坝率先动工。接着，又在这条河上的河山杨、李家嘴两处同时开工建设两座堤坝。三座水坝在次年春天即发挥作用，受到老百姓的好评。

1942 年 8 月，安应县委、县政府成立后，决定因势利导，在去年兴修水利的经验的基础上，把水利建设推向新的高潮，在全县开展更大规模的兴修水利运动。县长黄曙晴积极落实县委决策，组织政府人员拟订全县修建 1000 口塘堰、100 座堤坝的水利工程计划，通称“千塘百坝”计划。

很快，安应县委、县政府成立了由县长黄曙晴、县委副书记汪立波等组成的水利建设指挥部，具体实施“千塘百坝”计划。

“千塘百坝”运动中修建的水利工程

黄曙晴根据边区田赋政策，按照“有田出粮，无田出力，以工代赈”的原则，细化群众的合理分摊比例，将水利工程受益的灌溉地区的田亩分成三等九则，做到既合理负担，又保障水利工程顺利施工。安应人民群众有了三座大坝的示范经验，积极支持、参与水利工程建设。

安应县“千塘百坝”运动得到了边区党、政、军领导的高度重视与关怀。边区党委从边区建设银行拨出 300 万边币（合稻谷 1200 万斤）给安应县，用作水利建设经费。驻扎在当地的新四军第二军分区部队和鄂中地委机关也参与、支持工程建设。工程建设期间，李先念曾多次亲临水利工地视察，指导工程建设、慰问劳动群众，并亲自参加劳动。他指出：“修塘筑坝这办法好，既修了水利，又度了荒年，是一举两得的好事，合乎人民要求的，今后要推广。”他还强调要注意质量。塘要挖深，坝要筑高、培厚、夯紧，只有这样才能多装水，不漏水，寿命长。① 经过连续几个冬、春的奋战，安应县同时开工的 300 多处工程大部分竣工，共修坝 106 座，挖塘 1063 口，胜利地完成了这个宏大的水利建设工程。

安应县自从大搞水利建设后，大多数水利设施蓄水能力大为提升，基本能够保证农业生产大旱年景能减灾、小旱之年能免灾。由于灌溉得到保障，农业生产连年夺取了大丰收。《七七报》曾报道："我们边区由于党政军民一起动手，兢兢业业进行生产运动，尤其是今年春耕水利建设，加之中夏风水调顺，得以在今年获得数十年来空前普遍的丰收。"

"千塘百坝"工程竣工之时，安应县委、县政府召开了隆重的庆祝大会。县委书记胡山代表县委和政府，向参加修建"千塘百坝"的军民和全县人民表示热烈的祝贺和感谢，并对槎山乡等一批先进集体和个人典型予以慰问、表彰。黄曙晴县长抑制不住内心的激动，在庆功大会上即兴吟诗赞颂道：

> 晴和跨马越山巅，坝上霓裳舞正妍；
> 馥馥他时渗五桂，源源此际话双泉。
> 峰高万寿层层秀，烛秉千秋日日燃；
> 有志乘槎看面目，暂将乐兴寄前川。

短短八行诗，既描绘了"千塘百坝"竣工后的山清水秀，又抒发了根据地军民的战斗豪情。1944 年春，安应县水利工程建设的成绩受到了鄂豫边区行政公署的表彰。

边区"千塘百坝"运动的消息传到延安后，《解放日报》和延安广播电台均作了报道，把安应人民在敌后坚持兴修水利的经验向全国各解放区作了介绍。后来，当地直接得益于水利工程的农民群众，还把孙家畈、赵家棚等两处水坝亲切地称为"黄公坝""汪公坝"，表达对黄曙晴、汪立波等县领导和政府的感激之情。

---

① 李先念不仅当时十分关心边区的水利建设，直到新中国成立后，他还于 1952 年 9 月、1983 年 6 月等多次提到安应的"千塘百坝"情况；1988 年 4 月还曾亲自到赵家棚实地考察过，表达他的关怀之情。

黄曙晴担任县长期间，还十分重视军拥民、民拥军，建立良好的军政军民关系。老百姓中流传着这样一个故事。

1942年农历腊月三十的晚上，正是老百姓欢度除夕之时，罗厚福带领新四军战士执行紧急任务路过安应县一个村庄时，天色已晚，他怕大年三十搅扰了乡亲们的好梦，就严令战士们不得跟老百姓叫门进屋。于是，战士们就在屋檐下、草堆旁和衣而坐，裹着稻草抱团取暖，度过了一个难忘的除夕之夜。

初一大清早，村民马大爷看到新四军战士们脸上乌紫，冻得直抖，又心疼又好气，连连责怪："为什么不叫门，为什么不叫门啊？"

战士们听了，回报以微笑："大爷，这是纪律。"

"纪律？也不能挨冷受冻啊！"马大爷越说越气，"不知老罗怎么搞的？我找老罗算账去。"

等马大爷找到罗厚福时，他早已被乡亲们围得水泄不通，七言八语："你为什么事不让战士们进屋？""只准战士们保护我们过年，不准战士们进屋，这是哪儿来的道理？""老罗，你太狠了，这样搞，冻坏了战士们，我们可不依啊！"

面对乡亲们的责问，罗厚福只是嘿嘿地干笑，一言不发。马大爷看到这番情景，只好自言自语感慨道："从来没有见过这样好的军队。"

这个故事很快传到了安应县县长黄曙晴的耳朵里，他也十分感动，当即题诗写道：

苍苔夜冷雪纷飞，忽报将军征战回。

驻马怕惊乡老梦，安卧声息嘱从微。

1944年初开始，中国抗日战争转入战略反攻阶段。

为了将安应建成巩固的战略后方，县委、县政府根据边区党委、行署和鄂中地委的统一部署，积极组织人民群众开展互助合作和减租减息运动，为夺取抗战的最后胜利积累物质基础。

1944年初，安应县委、县政府决定以槎山乡为试点，大力提倡开展生产互助合作运动。主要内容就是宣传动员农户生产互助，成立换工组、变工队，调剂耕牛、农具、劳力的余缺，给军烈属代耕等。特别是在"抢救黄谷"时节，仅槎山乡就集中了160架水车翻山车水抗旱，充分体现出互助合作、组织起来的力量。在槎山乡试点下，安应县大都实行了农业互助合作，确保农业增产增收。

减租减息方面，根据边区政府"二五减租"、分半减息的政策，黄曙晴指示县政府发出布告，明确规定减租减息具体办法。为了使减租工作做到普遍彻底和细致，安应县在乡成立了乡评租委员会，由各阶层人员联合组成；在保成立保评租委员会、佃户会及模范小组。确定减租的工作重点是做到普遍彻底，实行"二五减租"，取消一切额外剥削，退押金，重新订立契约。

他们的具体做法是：第一，选择四五户积极的贫农或佃户，组成"模范小组"，到各家各户进行宣传，协助调查那些阻碍减租的分子。第二，由各阶层佃户参加，组成佃户会，划分佃户小组，"模范小组"的成员大多兼任佃户会的小组长。佃户会由农救会会长领导。佃户会成立后，就着手进行登记佃户家种业主多少田、承担多少租额、业主是城里的还是本地的等情况。第三，召开保内群众大会，推选代表成立保评租委员会，制定减租办法、措施、纪律等，申明如有明减暗不减的，将以破坏法令论处，对抗拒双减的士绅进行有节制的说理斗争。第四，成立乡评租委员会。参加乡评租委员会的有各保代表、乡内有名的士绅和活动分子等。乡评租委员会主要讨论如何看课、乡内统一的减租办法和标准。

由于各区乡都较好地掌握了减租政策，特别是"三七五"的标准得到了主佃双方的拥护，使广大农民群众得到了实惠。安应县全县36个乡，全面实行减租的有30个乡，减一半的有四个乡，全系敌占区的两个乡未减。

在全面减租的30个乡260个保中，减租业主9166户，共减租谷168万余石，受益佃户16000余户。

减租减息，改善了广大农民的生活，调动了他们抗战、生产、拥军、拥政的积极性。安应县农民说："新四军在这里，我们种田才有劲。""这年要不是新四军在这里，我们真难活命。""现在高利贷取消了，连正租还要减，真希望新四军在这里长待些好。"

安应县在减租斗争中，还进一步发展了党组织，改造了乡、保政权，整顿了农救会和妇救会，加强了自卫队、基干队，充实了乡游击队，农民参加抗战、保卫家乡的热情更加高涨。据安（陆）应（山）县 10 个乡统计，在减租中提拔基干队干部 59 人，发展新队员 289 人，撤换干部 39 人，清洗队员 123 人。20 个乡共撤换乡、保长 71 人，建立保委 162 个，人数 797 人，提拔保农救会会长 34 人，撤换保农救会会长 32 人，建立"模范小组"75 个。[①]

历尽劫难走向新中国

1945 年 8 月 15 日，日本宣布无条件投降。消息传到鄂豫边区后，此时已经调任豫鄂边区临时参议会秘书长的黄曙晴和他的战友们一样非常高兴，心情振奋，深感扬眉吐气。他期盼着：经过八年战乱的人民群众，从此可以阖家团圆、安居乐业。

然而，黄曙晴的这一想法很快为现实所破灭。蒋介石国民党统治集团在美国人的帮助下，不顾全国人民和各民主党派渴望和平、民主的建国愿望，积极准备同共产党及其领导的人民军队打内战。国民党一面对外放出和平谈判的烟幕敷衍老百姓以争取时间，一面积极调兵遣将、向解放区周边大举增兵。首当其冲的是具有战略地位的中原解放区。

1946 年 6 月，蒋介石调集 30 万兵力，重重围困中原解放区部队。其时，黄曙晴奉命随中原军区机关在宣化店集结待命。6 月 26 日，在国民党军队发起总攻前夕，中原部队按照中共中央预先批准的计划，分路实施突围。具体战略意图是：首先由皮定均率领中原军区部队第一纵队第一旅向东行动，造成主力部队向东突围的假象，以迷惑敌人，转移敌人的视线；中原军区部队主力则分为南北两路军向西突围。其中：李先念、郑位三、王震等率领中原局、中原军区首脑机关和第二纵队主力第十三旅、第十五旅第四十五团、第三五九旅和干部旅为北路军，王树声率领第一纵队（缺第一旅）为南路军；张体学率领鄂东军区部队独立第二旅在主力部队突围后挺进大别山腹地，牵制敌人兵力。此外，由黄林率领河南军区部队在平汉铁路西侧掩护北路主力突围作战；王海山率领第二纵队第十五旅大部

---

① 《七七报》，1943 年 12 月 21 日。

分部队随第一纵队行动；罗厚福所率领的江汉军区部队除留少数武装坚持原地斗争外，其余部队转移到襄河以西地区。

按照这一战略部署，黄曙晴所在中原军区机关，跟随李先念、郑位三、王震等率领的北路部队共 15000 余人，于 6 月 29 日快速越过平汉铁路后向鄂豫川陕边西进。

7 月 11 日，鉴于国民党军队追堵日急，为分散敌人兵力，北路部队决定兵分左右两翼展开行动。李先念、郑位三率领中原局、中原军区机关及第十三旅、第十五旅之第四十五团、中原军区警卫团一部执行左翼行动方案，经郧县南化塘、陕西山阳漫川关一线向宁陕方向前进；由王震率第三五九旅、干部旅执行右翼行动方案，取道荆紫关、山阳，向镇安、柞水方向前进。7 月 17 日，北路部队左翼进抵鄂陕边境咽喉要道荆紫关、南化塘一带，遭到胡宗南第一军整编第一师的堵截和其他国民党军队五六个师追击，中原军区机关人员被压缩到玉皇顶下一条深沟里。危急时刻，李先念指挥第十三旅第三十七团主攻，第三十八团、第三十九团侧翼掩护，第十五旅第四十五团断后，经过整夜激战，反复冲锋五六次，硬是从玉皇顶西南一侧杀开一条血路，掩护中原军区机关部队突出重围。7 月中旬，北路部队左翼到达商南县。23 日，中共中央中原局在白鲁础召开会议，根据中央关于“在鄂豫皖川陕广大地境”创立根据地的指示，商量在陕南建立根据地的问题。7 月底，李先念率领部队进入山阳县中村镇附近，先后与迎接中原突围部队的中共商洛工委书记、陕南游击队政委王力等取得联系。8 月 2 日，北路部队左翼与陕南游击队指挥巩德芳游击队在丹凤县留仙坪胜利会师。

再说黄曙晴，当时由于天黑，又下着大雨，他与妻子钟华清等六人被打散，等突围走到陕南山阳县马家店时，却找不到部队的去向。他们只好暂时住在当地一户平常以行医为业的村民何子回家中，以便四处打听部队下落，随时准备归队。直到有一天，黄曙晴碰见第十五旅第四十五团政委秦振，才得知李先念、郑位三、陈少敏等率领的北路部队左翼已突围到达山阳县中村镇附近的张家湾。于是，秦振给黄曙晴 4 万元钱，又给何子回 1 万元，面托何子回护送黄曙晴等人到达中村镇，回归中原军区机关部队。

中原军区北路部队突围到达陕南后，根据形势发展和中央指示，加快与陕南游击队联合创建豫鄂陕边根据地的步伐。9月24日，李先念在丹凤县一个叫封地沟的地方主持召开中共豫鄂陕区委员会扩大会议，宣布成立中共豫鄂陕区委员会、豫鄂陕军区。经中央批准，豫鄂陕边区党委由汪锋任书记、周季方任秘书长，下辖第一至第五等五个地委；豫鄂陕军区由文建武任司令员，汪锋任政治委员，陈先瑞任副司令员，方正平任副政治委员，陈先瑞、闵学胜先后任参谋长，张树才任政治部主任，下辖五个军分区。10月中旬，豫鄂陕边区行政公署在丹凤县蔡川镇上庄子坪成立，主任汪锋、秘书长陈守一，下辖四个专署、一个行政办事处。至此，以商洛为中心区域的豫鄂陕革命根据地初步形成，领导着豫鄂陕边地区的革命斗争。在此期间，李先念、任质斌等中原局领导考虑到黄曙晴已年逾半百，身体又有病，决定想办法把他送到延安去。但后来形势发生变化，黄曙晴去延安一事终究未能成行。

　　豫鄂陕革命根据地是中原突围北路主力的落脚点，也成为未来解放战争转入战略反攻的出发地之一。豫鄂陕边区行政公署一共有四个专署。其中，第三专署管辖商山县、郧山县、郧商县、山阳县、郧均县等五个县级民主政府。第三专署主要是配合第三地委（书记兼军分区政委王力）、第三军分区（司令员周光策）一起开展游击战争，领导辖区各个县级民主政府发动群众、开展生产、帮助部队解决给养支援战争等，及时地解决部队困难。在陕南一年多的岁月里，黄曙晴被任命为第三专署副专员。他不顾年事已高、体弱多病，积极协助专员余益庵开展根据地的各项工作，带领老百姓筹集军需、安置伤病员，作出了贡献。例如，据不完全统计，在第三专署所辖各县中，商山县民主政府想方设法支持和帮助人民解放军及地方游击队筹集粮食，向老百姓征、借粮食和衣被，获得群众积极响应，短时间内收到粮食80万斤、棉花2300多斤和一批土布；郧商县民主政府动员群众利用赶集的机会，到周围国民党军占据的集镇代购土布和棉花，组织妇女为部队缝棉衣、做军鞋。仅小川乡办的一个被服厂就赶制棉服1000多套，组织妇女做军鞋1000多双，部分地缓解了军队缺衣少穿的困难。由于中原解放军北路突围部队、豫鄂陕军区没有野战医院，战时伤病员就只能寄养在老百姓家中，由当地群众掩护照料。第三专署所辖各县群众，纷纷养护我军伤病员。仅山阳县龙山头到梅子岭约百里的地带，群众掩护的伤病员就有近千名。

进入 1947 年，人民解放战争形势开始发生新的变化，国民党蒋介石集团发动的全面进攻并未成功奏效，进攻势头遭到遏制，在多个战场上处于收缩状态。2 月中旬，中原军区主力部队按照党的指示，奉命北渡黄河，开往山西晋城休整，准备积蓄力量，反攻中原。

中原军区主力部队撤离后，敌人纠集万人以上部队"清剿"陕南游击队。黄曙晴由于跟随第三军分区主力转移，没能随主力部队行动。后由于叛徒告密，被商南国民党自卫队及当地还乡团捕获。妻子钟华清亦被俘，惨遭折磨后被敌人活埋。

同年 8 月，中原解放军结束晋城休整，编入晋冀鲁豫军区系列，并回师中原。1948 年 11 月，人民解放军解放河南夏邑县。黄曙晴从该县县政府逃脱。后与许子威、曹冰清等人重逢，回归到革命行列。

1949 年 5 月 16 日，武汉解放，黄曙晴跟随解放大军进入武汉。

1950 年 1 月 6 日，黄曙晴被分配到武昌县工作，并由大冶行政专员公署任命为武昌县湖业局局长。同年 11 月病逝，享年 55 岁。

参考文献

1. 湖北省鄂豫边区革命史编辑部编：《中原突围史》，军事科学出版社 1996 年版。

2. 张肇俊、张军主编：《鄂豫边区政权建设史》，武汉出版社 2006 年版。

3. 文道贵、张广立著：《鄂豫边区民运工作史》，中央文献出版社 2011 年版。

4. 《罗厚福带领新四军战士屋檐雪地度除夕》，荆楚网 2015 年 10 月 28 日。

5. 中共陕西省委党史研究室：《商山丹水写春秋——纪念豫鄂陕革命根据地创建 70 周年》，商洛政府网 2016 年 6 月 30 日。

李德纯（1898 年 12 月—1977 年 8 月），湖北汉阳人（今武汉市蔡甸区），加入中国共产党后，改名朱毅。

1922 年考入广东公立医科专门学校，1926 年投笔从戎，入湘军参加北伐战争，先后任国民革命军湘军教导团卫生队队长，第十四军军医医院院长。1927 年蒋介石叛变革命后，愤然离开军队。1928 年赴日本明治大学专攻政治经济，1931年九一八事变后，弃学回国，投入抗战运动，在国民革命军第一战区长官司令部任秘书。1938 年春，任国民党信阳县县长，1939 年 4 月率部参加新四军并加入共产党。9 月，赴皖南新四军军部工作，任新四军教导总队队务处处长，1940 年 7月从皖南军部调苏北指挥部陈毅处工作。任新四军军部税务总局局长，直属财经经济部长，苏中行政公署财经处长，二厅厅长，华东局财委会财政部长、财委副主任，财委副书记兼山东矿业公司经理等职。1947 年 3 月奉命率领一批干部到大连，筹组军工生产基地，担任工委书记、大连建新公司经理等职。新中国成立后，历任中南兵工学校校长、中南工业部副部长、地方工业部机械局局长、中央财委工业组副组长、三机部部长助理、国务院参事室副主任等职。1977 年 8 月病逝。

接受中共统战主张

统一战线是我党取得革命胜利的重要法宝。抗日战争时期，我党高举统战大旗，一大批爱国民主人士站在了旗帜下，成为抗日的脊梁。国民党信阳县县长李德纯就是其中的代表之一。

1937 年 7 月 7 日，抗日战争全面爆发。毛泽东在中共扩大的六届六中全会上指出："为要克服困难，战胜敌人，建设新中国，只有巩固和扩大抗日民族统一战线，发动全民族中一切生动力量。这是唯一无二的方针。"[①] 中共河南省委按照毛主席的指示，高举抗日民族统一战线的旗帜，加大了统战工作力度，李德纯成了中共河南省委统战工作的重点对象。

李德纯在大革命时期追随程潜参加北伐战争。蒋介石发动四一二反革命政变后，李德纯离开军队于 1928 年东渡日本，入明治大学专攻政治经济。1931 年九一八事变后，弃学回国参加反蒋抗日活动，1937 年抗日战争全面爆发，追随程潜投身抗战。1938 年春，程潜任国民党第一战区长官司令部长官，李德纯被安置在第一战区长官司令部任秘书。不久，程潜兼河南省省长，遂任命李德纯为信阳县县长。

李德纯本是民族意识强烈又坚持正义的爱国进步人士，大片国土沦于日寇铁蹄之下，亿万同胞流离失所、惨遭蹂躏的现实，愈加激发了他的抗敌热情，他日夜为抗战奔波，赢得了民心，也引起了当时国民党、日本、土匪等多方力量的关注。中共河南省委认为："河南各县县长中，最年轻有为的是李德纯。"必须把他争取过来，为我党和抗战事业发挥他特有的作用。于是党组织对他进行了周密的统战计划。

首先，中共河南省委派省委秘书长危拱之与其接触。

---

① 毛泽东：《中国共产党在民族战争中的地位》，载于《毛泽东选集》(第 2 卷)，人民出版社 1991 年版，第 524 页。

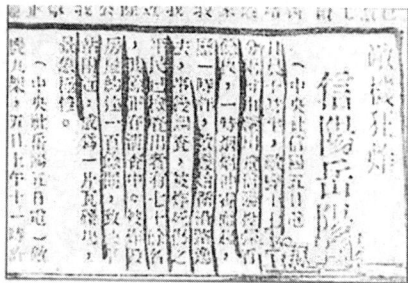

新华社对日军轰炸信阳县城的报道

1938 年 6 月，危拱之随同省委书记朱理治一起到信阳，开展抗日救亡活动，危拱之以率开封孩子剧团到信阳演出的名义与李德纯进行接洽，受到了李德纯的接待。危拱之顺势与他进行长谈，很快拉近了距离。危拱之对李德纯提出了要任用进步青年、发挥来信阳的抗日救亡团体的作用、做好抗战准备的三条建议。李认为建议很好，是对他的善意帮助，表示接受并在实际中采纳。

同年 7 月，时任中共豫南特委组织部副部长的危拱之，以新四军的名义同李德纯商议联合打游击的问题，又得到了他的认可。当李德纯谈及自己的常备队缺少会打游击的干部，请新四军这方面的干部到他的常备队任职时，危拱之表示同意并很快落实。从此，李德纯的常备队里就有了共产党的干部。李德纯从两次接触危拱之的过程中，对我党的抗日主张有了进一步的了解和认识。

1938 年 9 月，日军进逼信阳，用飞机对信阳城区狂轰滥炸，县城一片混乱。这时国民党正规军不战而逃。为稳定民心，李德纯带领常备队和县政府人员站到了抗战第一线，组织开展各种抗日救亡活动，公开宣布"誓与信阳民众共存亡"。在这危难关头，中共河南省委又派豫南特委群工部长文敏生以新四军参谋的身份来到信阳，帮助李德纯出主意，想办法克服困难，同时进一步做李德纯的工作，争取他与新四军一道抗战。此时，处境窘迫的李德纯见到文敏生后，激动地说："关键时刻只有共产党派人来帮我。"

在此期间，日军加紧了对信阳的轰炸，并从东、南、北三面包围了信阳。怎样才能用既有的实力与日军展开长期的斗争呢？文敏生同李德纯分析了当前形势，劝说李德纯：信阳城靠县常备队这点兵力不仅守不住，还有可能被日军吃掉，不如撤出县城，保存实力，把队伍拉到农村打游击，坚持持久战。李德纯接受了文

信阳东门沦陷，日军进入信阳城

敏生的建议。于是，经过顽强坚守后，为防止部队被敌人吃掉，从长计议，李德纯于日军占领信阳城的前两天，即 1938 年 10 月 10 日，带领县政府和常备队人员及在押的 600 余名犯人，撤离信阳，进入西部山区黄龙寺一带，组织开展敌后游击战。

10 月 12 日，日军攻占信阳城，信阳城沦陷。李德纯也刚到黄龙寺，立足未稳，中共河南省委又派豫南民运办事处指导员、共产党员齐光，以国民党中校参谋的身份来到黄龙寺，与李德纯交谈，巧做工作。齐光用国民党另一支武装企图吞并县政府常备队说事，希望李德纯能撤往中共豫南区委所在地尖山，同共产党领导的尖山游击队联合抗日，以保存实力。此时，正好国民党方面让李德纯率部到第五战区有关候编的命令也已到达，是跟国民党走还是跟共产党走，在李德纯犹豫不决之时，河南省委再次派遣文敏生到黄龙寺，与李德纯推心置腹交谈，帮助他权衡利弊决定去向。李经过反复思量，断然拒绝了国民党的命令，决定将县政府迁到红军老游击区附近的北王岗。北王岗靠近竹沟，是竹沟南面的屏障，竹沟又是当时中共河南省委的驻地。李德纯此举，对推动豫南抗日民族统一战线局面的到来，有着重要意义。通过我党反复地、真心诚意地做工作，李德纯思想上发生了很大变化，他通过对共产党的长期认识，确认只有共产党才是抗日的中坚力量，只有共产党才能担当挽救民族危难的重任，终于站在了中国共产党的抗日民族统一战线的旗帜下。

艰难中坚持敌后抗战

李德纯担任信阳县长受命于乱世。当时信阳正遭日军进攻，战乱期间，各种自发组织的部队以不同的面目出现，汉奸、土匪横行，日伪经常四处"扫荡"、骚扰、抢劫，农田荒芜，人民群众横遭涂炭。这给李德纯这个县长造成很大困难。李德纯上任后，在信阳推行开明政治，鼓励群众生产，打击日伪顽势力的破坏活动，稳定民心，他响应中共提出的建立抗日民族统一战线的号召，积极开展抗日救亡运动。

在抗日救亡运动中接纳共产党的活动 中共河南省委认真贯彻中共中央《关于徐州失守后对华中工作的指示》，加大了对豫南及信阳抗战的指导，派遣各抗日救国团体到信阳开展抗日救亡运动。李德纯按照与我党达成的"发挥来信阳的抗日救亡团体作用"的协议，对来信阳的各宣传抗战团体予以支持。例如，1938 年4 月，河南战时教育工作促进团在嵇文甫、范文澜和共产党员冯纪新、刘子厚的带领下，在信阳进行两周的抗日宣传活动；1938 年 6 月，由河南省委秘书长危拱之组建，享有"抗日救亡先锋队"称号的开封孩子剧团，在信阳各地进行巡回宣传演出活动；由荣高棠、张瑞芳等组成的北平学生移动剧团等十余个团体，都得到了李德纯的帮助，解决了食宿和活动场地。这些宣教团体在信阳各地组织群众观看演出，号召人民群众奋起抗日。这些活跃于信阳各地的救国救亡团体，终于用自己的呼声，打破了信阳沉闷的政治局面，激发了信阳工人、学生、市民和广大民众的抗战激情，使信阳的抗日救亡运动达到了高潮，为抗击日本侵略者奠定了群众基础。

李德纯还和我党一道，推进信阳抗日民族统一战线的建立。除支持有关团体进行宣传教育活动外，他还走上街头、乡间，亲自组织政府官员、学生进行抗战救亡宣传，还下令对学生实行战时教育，对工人进行战时训练。李德纯还支持信阳师范学校进步师生成立的"信阳师范战时服务团"，进行射击训练和军事演习，准备战时配合部队作战。正是因为他的努力，当日军向信阳发起进攻时，人民群众纷纷拿起武器投入抗战。李德纯还配合我党做工作，鼓励和支持进步青年和信阳师范的学生参加中共的抗日队伍，信阳很多有识青年成群结队，一批批奔向延安，走上抗战的最前线。

李德纯还下令撤销禁书令，开放集会、结社、言论自由，允许由我党指导下的"战时书报社"（后改名为"战时书报供应所"）在信阳成立，该所经销的《新华时报》《大众哲学》《战斗》《马克思主义基础》《新民主主义论》《毛泽东传》《朱德传》等一大批抗日书报和马列读物，对动员信阳人民奋起抗战起了积极作用。李德纯本人通过购书学习，思想上得到很大改变。

不畏强暴，杀了盐霸李虎臣　1938 年八九月，日本特务机关向信阳派出了 100 多名特务，加上汉奸、土匪、黑恶势力，搅得信阳民不聊生，很不安宁。为保护群众利益，稳定社会秩序，李德纯想了很多办法，对其采取了强硬措施，最典型的就是果断处理了信阳"盐荒"事件。"盐荒"事件为首的是大盐商李虎臣，此人是 C.C 派，幕后有国民党信阳县党部书记长重育民和三十一师师长池峰城的支持，把大批食盐囤积起来，谎称"无货上市"，一些小盐商也纷纷有样学样。由于盐商囤盐不卖，很多群众无盐可食，机关和部队只能淡食，酿成信阳"盐荒"，严重扰乱了民心。

李德纯了解情况后，派人到李虎臣处，晓之以理，反复做工作，动员他出售食盐，可李虎臣自认为有靠山，后台硬，不听劝告，不买县政府的账，坚持囤盐不卖。李十分气愤，下令将其逮捕。这下可捅了马蜂窝，李虎臣的狐朋狗友、军界的头面人物，纷纷找李德纯说情，李针锋相对，态度坚决。国民党三十一师师长池峰城冲着李德纯说："你敢碰他，你的脑袋还要不要？"李德纯毫不示弱地回答："他违法，就要正法，我已做好掉脑袋的准备了。"李德纯一边处理"盐荒"事件，一边向程潜发急电，报告此事。程潜收到电报后，很快回电批示，"就地正法"。李德纯接到回电后，不理睬池峰城等人的恫吓和各方面压力，将李虎臣以"囤盐资敌"罪处决了。杀了李虎臣，震慑了所有盐商，第二天盐商纷纷拿出盐来投入市场，解决了军民淡食的问题，稳定了民心。由于李德纯坚持正义，不畏强暴，深得人民群众拥护，杀了李虎臣也威慑了信阳的一批黑恶势力，信阳的乱局得到好转。

坚守信阳城，与民众共存亡　信阳历来是兵家必争之战略重地，日本为完成夺取武汉，打通南北战场通道，建立战略据点和后方基地的战略方针，必然进攻并占领信阳。李德纯深感责任重大，他决心加大武装力量建设，带领部队与日军作顽强的斗争。

注意抗日武装的组建 上任不久，李德纯就在县里组建了约 400 人的国民抗敌自卫团，并自任司令。他还下令部队加强训练，提高对付日本侵略者的能力。由于他在执政中得罪了军政一批要人和地方一些黑恶势力，他们疯狂地想搞垮李德纯的武装力量。经过密谋，他们指使自卫团副司令李寿凯（C.C 派分子）釜底抽薪，拉走了 300 多人，并企图与李德纯分庭抗礼。李德纯手中只剩下一个中队和公安局的几十名警察。危难之际，李德纯不屈服于他们的压力，又想方设法使队伍扩充到 200 余人，粉碎了黑恶势力的阴谋。为巩固部队，提高部队战斗力，他请共产党派会打游击的干部到自己的队伍里任职，协助指挥，以应对日军的进犯。

红枪会是当地一个较有实力的民间武装，李德纯决心争取过来，使之成为抗日队伍。他亲自拜访了红枪会首领陈显明，晓之以理，说服其参加抗日活动，不久红枪会被李德纯收编。李德纯还注意扩充和收编一些地方武装充实自己，使队伍不断扩大、巩固，成为一支能打仗的队伍。

1938 年 6 月 15 日，日军为夺取信阳这一军事交通战略要地，对信阳进行了首轮战略轰炸，这时，信阳县城已陷入混乱，李德纯带领县政府官员，指挥部队维护秩序，做好防空袭工作。8 月底，日军从安徽六安向信阳发起地面进攻。国民党第一军七十八师为避日军锐气，在固始境内未作顽强抵抗，日军于 9 月 6 日占领固始。这时的李德纯不是像大多数国民党地方政府人员那样随着军队逃往大

1938 年 10 月 12 日，战火正在燃烧的信阳城

后方，而是留在信阳城坚持抗战。9月22日至29日，日空军连续出动20余批次，200多架次飞机对信阳城区轮番进行轰炸，投下了1000余发炸弹，群众死伤2000多人，房屋倒塌，信阳城一片废墟，在信阳即将沦陷的关键时刻，国民党正规军大都不战而逃，地方一些其他武装也都撤离，李在处境危难之际，抱定了"与信阳民众共存亡"的决心，带领县政府和常备队坚守在信阳城。

1938年10月初，信阳县城已被日军从东、南、北三面包围，危在旦夕，李德纯决心坚守。在这关键时刻，我党派出文敏生和他一起分析战区形势，使他看到：死守信阳城不仅守不住，而且还会被强大的敌人吃掉，不如保存实力，到山上打游击，以利长久抗日。这样，李德纯硬是坚持到10月10日才带领有关人员离开县城，把县政府撤至西部山区黄龙寺。10月12日，信阳沦陷，李德纯带领部队与日军迂回开展游击战。他还以县政府的名义成立了抗战动员委员会，自兼委员会主任，并任命文敏生为县政府秘书，余英（共产党员）为军事参谋，广泛开展对日游击战，他还边作战边扩大部队，为长期抗日做准备。

与中共合作组建信阳挺进队

1938年11月，中共河南省委见与李德纯联合组织武装力量的时机已经成熟，遂委派豫南特委统战部长刘子厚等人到北王岗与李德纯商谈。在北王岗西边的一个村子里，他们一连谈了两天，通过刘子厚等人真心诚意地做工作，李德纯思想上发生了很大变化。他认识到，只有共产党才是抗日的中坚力量，只有共产党才能担当起挽救民族危难的重任。他完全接受中国共产党对这支抗日部队的领导。李德纯动情地说："我经过慎重考虑，完全同意与贵党武装合作，共同开展信阳之游击战。"又说："我们一起干，现在大敌当前，只有依靠竹沟，依靠共产党，团结抗日，才能胜利。"[①]部队合编商谈的成功、信阳挺进队的建立，是我党抗日民族统一战线政策成功的一个范例，武汉外围我党的武装力量因此得以迅速壮大。

关于部队组建问题，李德纯说："我的常备队有四个连，每个连有80多人

---

① 《信阳市党史资料》第五辑，第264页。

黄龙寺信阳挺进队指挥部旧址

枪，先编三个连给挺进队。"不久，中共河南省委指示附近的各路部队到邢集参加组建。除危拱之、刘子厚、王海山率领的一个 30 多人的中队外，朱大鹏带领的"七七工作团"部分成员，尖山区委领导的一个中队 30 余人枪，以及在信阳沦陷后辗转于湖北麻城和襄阳等地的战教团 40 余人，奉命从桐柏、尖山、南阳先后抵达。这样，以李德纯常备队为基础，挺进队一下子就聚集了 300 余人。

为了利用县政府的合法名义，更广泛地开展统一战线工作，团结更多的上层人物合作抗日，双方最终达成协议，决定暂不打出新四军的旗帜，而将部队定名为信阳挺进队，李德纯任司令员，归属国民党信阳县政府领导。

在此过程中，中共河南省委充分尊重和信任李德纯，从省委书记朱理治，到在信阳县政府常备队工作的共产党员都十分重视他的意见，从各方面支持关心帮助他，同时进一步做好他的工作，让他更多地了解我党的抗日政策，双方关系十分融洽。

1938 年 12 月中旬，信阳挺进队在邢集召开大会，宣布挺进队正式成立。

开辟四望山根据地，整编信阳挺进队

挺进队组建后，李德纯提出，部队要发展，没有根据地不行。如何发展呢？可分两步进行，"咱们第一步先到黄龙寺，那里地形好，可以打游击，第二步上四望山，把四望山作为我们的立足点。四望山是信阳、应山、随县的交界地，我们可以在这里建立根据地"。李德纯的远见，得到了中共河南省委的充分肯定和接

四望山根据地先锋报社旧址

受。据刘子厚说："在四望山建立根据地，这个主意不是我们共产党人提出来的，是李德纯提出来的，这是他的一个很大贡献。因为从竹沟出发时，只是想到信阳以南打游击，并没有具体地点，李德纯解决了这个问题。"①

此后，按照李德纯的计划，信阳挺进队很快到达黄龙寺。部队到达后，立即开展敌后游击战，取得了辉煌成果。1938 年 12 月下旬，李德纯带领挺进队伏击了200 多名前来"扫荡"的日军，毙伤 10 多人。挺进队还派出群众工作组前往四望山，为建立根据地做前期准备工作。

部队整编完毕后，李德纯马上实施第二步计划，向南发展，开辟四望山根据地。此时派到四望山做前期工作的同志，已为挺进队进驻做好了准备工作，进驻四望山的条件已基本成熟，遂准备向四望山开进。

四望山位于豫南鄂北平汉路西一带，纵横百余里，东望大别山，西连桐柏山，主峰祖师顶，海拔 906.4 米，登峰顶可望河南的信阳、桐柏和湖北的随县、应山四个县市，故名四望山。早在 1927 年冬，这里就爆发了震惊中原的"四望山暴动"，后虽遭反动武装洗劫，但四望山地区的革命火种没有熄灭，群众基础很好，是开展敌后游击战争的理想场所。

1939 年初，信阳挺进队正式开赴四望山地区。途中，挺进队召开当地士绅会

---

① 刘子厚：《抗日战争时期在竹沟》。

四望山信阳挺进队医院旧址

议，动员团结抗战，筹措给养，同时广泛宣传组织群众，以模范的纪律，扩大政治影响，不少抗日武装因此加入其中，规模比较大的有：孙石所率的泌阳自卫队100多人，近80条枪，信阳李应叔带领的100多人枪，张裕生带领的100多人枪，以及任子衡带领的几十人，信阳挺进队将这些部队改编为第二大队。至此，挺进队发展到500多人。

部队扩大后，党组织和李德纯经过协商，将部队整编为三个大队、七个中队和一个警卫排，由李德纯任司令员，王海山、朱大鹏任副司令，危拱之任政治部主任，冯仁恩任参谋长。刘子厚没有职务，李德纯之前专门在县政府设置了一个第一科，安排刘子厚任科长，部队整编后，刘子厚实际上起到了政委的作用。三个大队的大队长分别是李应叔、孙石、任子衡。此后，信阳挺进队不断扩编，又陆续收编了一些地方小股抗日武装，队伍不断扩大。部队到达四望山之后，为了医治一些较重的伤员，建立了卫生所，使在前线负伤的同志得到有效的救治。

李德纯还支持我党在挺进队建立党组织，把挺进队建成抗日人民武装。部队按照八路军、新四军的建制，设立政治部、教导员、指导员，并以"三大纪律，八项注意"教育官兵。整编的同时，还对干部进行审查调整，对不可靠的进行调动，各级正副职干部大多由共产党员和热心抗战的人担任，对收编的部队，采取先集中整训、后分编的办法，对其干部除进行政治教育外，还注意关心生活、融洽感情，对其中的地痞、流氓，明升暗降，调离部队，再把可靠的干部配到部队。至此，这支部队实际上已由我党掌控，成为"实质的新四军"。

部队整编后，为贯彻执行抗日民族统一战线政策，进行了两方面工作：一方面加强部队内部的团结和统一。各部队来的人，原来素不相识，现在为了共同的目标走到一起来了，于是，部队号召大家互相谈心，讲述各自的奋斗历程，彼此学习，取长补短。很快，部队充满了革命大家庭的温暖，大家融合到了一块儿。另一方面，根据四望山及其周围地区国民党军队和游杂武装的不同情况，采取大胆联合和坚决斗争相结合的方针。部队来到四望山后，打听到当地学生黄绍九领导的一支近百人的抗日自卫队就在山上，挺进队派人上山做工作，争取黄绍九加入挺进队，同时，还先后收编了信阳一些地主武装和游杂武装。

对于土匪敌顽武装，挺进队则惩治、打击，消灭了柳林的反动地主武装，击退了敌伪军的几次"扫荡"。到了1939年4月，信阳挺进队已发展为三个支队共2900余人。此后，我军以这支武装为骨干，开辟了以四望山为中心的豫南抗日游击根据地。

率部参加新四军，毅然加入共产党

在与我党干部的接触中，李德纯对我党的认识逐渐加深，他自己本人亦不断发奋学习马列著作，对中国共产党的性质和宗旨，有了比较全面的了解，他的世界观发生了深刻变化。

早在1938年10月下旬，信阳县政府撤到了北王岗之时，李德纯看到国民党在日本侵略者面前一退再退，而共产党所领导的军队不畏强敌，深入敌后英勇作战，心里十分敬佩。在北王岗一带，李德纯有意识地阅读了一些马列主义书籍和我党的报刊文件。通过学习，他对我党的抗战主张有了比较全面的了解，便萌生了加入中国共产党的念头，他曾专程到竹沟新四军留守处，提出这一请求。中共河南省委考虑到统战需要，虽然没有同意他的请求，但给了他很多鼓励和帮助，他牢记在心，同时，省委仍坚持把争取李德纯的进步作为一项重要工作。

信阳挺进队成立后，李德纯的工作更忙了。他将县政府的一些工作交给所设的第一科科长刘子厚，让他代表县政府和县长行使职权；在挺进队，他也主动放权给其他领导。当时，县政府面临许多困难，尤其是财政经济方面，捉襟见肘。为帮助李德纯克服困难，进一步做好对他的统战工作，河南省委提出："对李县长方面：第一，解决他的困难，特别是在经济上，把打汉奸收集来的资财交给他统一分配；第二，一切意见得到他的同意然后执行，把执行情况也报告给他；第三，在行动中要拥护他；第四，不放松地设法教育他，给他各种书籍看，从各方面表现我们的诚意。"①

挺进队到达四望山后，河南省委即向群众宣传李德纯为组织抗战而做的大量工作，同时把发放救济粮、建抗日小学、军民联谊活动等受群众欢迎的工作统统记在县政府名下。此外，为解决县政府的财政困难，挺进队在衣食紧张的情况下，仍将收集上来的资财一概上交县政府，由县政府管理分配，给李德纯最实际的支持。省委的这些举措，李德纯看在眼里，记在心里，他深切感受到了共产党是在真心实意地帮助他。

1939 年 1 月 17 日，李先念率新四军独立游击大队（对外称新四军独立游击支队）160 余人，从竹沟南下，挺进武汉外围。18 日，在信阳北四望山，文敏生等人向李先念汇报了国民党信阳县县长李德纯要求合作抗日的情况，李先念决定拜访李德纯，亲自做他的工作。20 日，在四望山北麓的黄龙寺，李先念会晤李德纯，与他进行了通宵长谈，谈得十分融洽。李先念对他说："你已经不能回信阳了，而且回去又有什么好处呢？……我们是把你当自己人看待的，你想想，西北军第六十八军已经压过来了，你的部队如果不加入新四军，就很危险，因为西北军不敢打新四军，但他们敢打县大队。"②

李德纯接受了李先念的劝说，当即表示与共产党合作抗战到底。随后与李先念达成了三点共识：一是收集地方上的武装，扩大抗日队伍；二是请信阳县政府帮助解决独立游击大队的给养；三是信阳挺进队和独立游击大队在必要时可统一指挥，联合行动。③李先念亲自出面做工作，使李德纯深受感动。事后，他利用县长的权力，为正在开拓豫鄂边区敌后抗战局面的李先念部积极筹集军粮款项，努力落实这些共识。

---

① 危拱之：《关于豫南武装工作补充报告》，1940 年 6 月 7 日。

② 朱玉主编：《李先念传》（1909—1949），人民出版社 1999 年版，第 325 页。

③ 湖北省新四军研究会组编，刘宗武主编：《鄂豫边区统一战线工作史》，湖北人民出版社 2004 年版，第 98 页。

后来，四望山根据地成了朱理治、李先念等中原局和豫鄂边区党委领导和新四军南下武汉外围敌后的桥头堡。到 1939 年 11 月，中共在四望山建立起了一个党政军齐全、活动区域广阔的抗日游击根据地，为我党在豫鄂边开拓了一个较为稳固的立足点，豫鄂边区党委有关抗日游击战争的许多重要会议都是在四望山召开的。

1939 年 1 月，在国民党五届五中全会上，蒋介石作了以防共反共为主要内容的讲话，确立了"溶共、防共、限共、反共"方针，会后国民党设立防共委员会，制定了一系列反共政策，下发反共文件，刚刚接替程潜任河南省主席的刘峙，便有恃无恐地在河南掀起了反共高潮。

李德纯全力维护抗日民族统一战线，与共产党合作抗日，自然引起了国民党顽固派的恐慌，国民党信阳县党部负责人任育民因此向刘峙告了李德纯的状。刘峙早就听闻李德纯与共产党合作之事，现在有了任育民的状子，正好借坡下驴，就下令撤了李德纯的信阳县县长之职，调他到卢氏县当县长。李德纯接到调令后，识破了这一调虎离山之计，感到无比愤慨，决心抗命不从，仍然留在信阳境内坚持抗战。

挺进队党组织一方面将李德纯这一义举电告豫鄂边区党委，并动员群众赴国民党河南省政府请愿，挽留李德纯，以争取挺进队继续发展的时间；另一方面准备在李德纯离职后，争取得到并保全李德纯的全部武装，同时争取李德纯进步，靠拢共产党。

国民党河南省政府态度顽劣，拒绝李德纯继续留任信阳的要求。

李德纯下决心与国民党彻底决裂，参加新四军，跟着共产党抗战到底。

中共豫鄂边区党委决定赞同李德纯的抉择，按照他的意愿送他到新四军军部工作。

1939 年 4 月上旬，李德纯将信阳挺进队 2900 多人的队伍和信阳县政府的印章及大批资财全部交给中国共产党，为不造成国民党顽固派闹摩擦的口实，豫南特委还是把印章退还给了国民党。至此，信阳挺进队这支队伍完全编入新四军，成为新四军的一支新生力量，李德纯也光荣参加新四军，成为新四军的重要一员。

李德纯将部队交给共产党后，进入竹沟。这时信阳县政府抗日挺进队的番号

中共中原局在竹沟机关旧址

不能再用，我党就将挺进队的绝大部分改编为新四军豫鄂挺进支队第二团队，王海山任团长，留下少量部队作为信南的地方武装。不久又以留下的部队为基础，扩编成第三团队，朱大鹏任团长。到新四军第五师成立时，第二团队成为主力部队，第三团队编入十三旅三十八团。信阳挺进队的加入，为新四军第五师的组建奠定了重要基础。

对于李德纯在抗日战争中对豫鄂边抗日游击队和根据地创建所做的贡献，李先念多次给予肯定。1941 年 3 月 25 日，李先念在《八路军军政杂志》撰文《一年来豫鄂边区抗日游击战争》中写道："我们在政治上，不论在任何环境下，都是在进行着和坚持着各党各派各阶层各抗日军队一致团结抗日的方针，在这个方针之下，许多积极的抗日分子与开明绅士乐于与我们合作，如信阳县长李德纯先生。"1982 年 7 月 21 日，李先念在接见新四军第五师战史编辑人员时再次讲道："在我到豫鄂边区之前，信阳地区的党组织和信阳县长李德纯合作，已共同组织了一支武装力量。""在开创豫鄂边抗日游击战争和创建根据地时，我们与李德纯、蔡韬庵为代表的进步势力实行了真诚合作。"

1939 年 4 月上旬，中共豫鄂边区党委决定接受李德纯的要求，送他到新四军军部工作，为确保李德纯的安全，信阳挺进队派朱大鹏、文敏生等率小部队秘密护送他到竹沟。竹沟是当时中共河南省委的驻地，李德纯在竹沟短暂停留期间，集中精力攻读马列主义书籍和我党有关文件，了解我党的政治主张和路线方针，通过学习使自己的世界观人生观发生了质的飞跃。他坚信，只有共产党才是中国人民的希望，才能领导人民大众取得抗战胜利，他再次提出加入中国共产党的要求，决心为革命，不惜牺牲个人的一切，为共产主义理想奋斗终生。经中共河南省委书记朱理治、省委秘书长危拱之介绍，1939 年 4 月，李德纯光荣加入中国共产党。入党那天，李德纯激动地对朱理治说："今天是我新生命的开始，我要将名字改为朱毅。这也是我永远跟着共产党的信念和决心。"从此，李德纯已开始从一名爱国民主人士向共产主义忠诚战士迈进。

担任新四军的财政大管家

李德纯将自己的名字和国民党信阳县县长的官职留给了历史，以共产党员、新四军战士朱毅的名字走向了新的征程。

1938 年 9 月，朱毅从竹沟到达皖南新四军军部，被任命为教导队队务处长。1940 年 7 月，新四军江南指挥部根据党中央关于"发展华中，开辟苏北"的指示，率苏南主力北渡长江，到达江都县吴家桥地区，与挺进队、苏皖支队会合，组成新四军苏北指挥部，陈毅任指挥部指挥，粟裕任副指挥。根据刘少奇的指示，朱毅随陈毅调入新四军苏北指挥部，驻黄桥一带。

就任新四军财政经济部部长 部队进驻黄桥地区后，经费紧张，财经工作面临许多困难。为解决经费来源，11 月，部队设立税务总局。留学日本时，朱毅学习的是政治经济专业，因此，他被任命为税务总局局长。不久，税务总局被改为财政经济部，朱毅任部长。1940 年 11 月，苏北临时行政委员会成立，管文蔚任主任，朱毅改任行政委员会财政处长。由于朱毅是科班出身，又有经济管理经验，业务熟悉，工作出色，因而深受陈毅等领导的信任，陈毅在向管文蔚介绍朱毅时，

1943 年，朱毅与副部长
李人俊、骆耕模合影

称他为"理财专家"。

皖南事变前，新四军由国民政府发饷。1941年皖南事变后，国民党不仅停发了八路军、新四军的军费，而且还对根据地实行经济封锁，搞摩擦对抗，妄图困死、消灭新四军和八路军。新四军在盐城重建军部后，考虑到根据地处于敌顽分割封锁，还没有统一的政权机构这一特殊情况，为适应战时财政经济，保障军需供给，保护抗日根据地人民群众利益，支持地方经济发展，遂特地在军部和苏北区行署设立财政经济部，任命朱毅为部长，李人俊为副部长，后来增加骆耕模为副部长，负责筹粮筹款和财务供给工作。当时新四军的财政经济工作十分困难，朱毅带领财政经济部的同志一道，结合新四军和根据地的实际，创造性地贯彻党中央和毛泽东主席提出的"发展经济，保障供给"的财政经济总方针，开展了财经斗争。通过他们的努力，根据地的财政经济基本保证了军需民用的需要。

全国抗战初期，新四军的部队成分比较复杂，由于没有统一领导的根据地，财经工作比较混乱，后勤保障各行其是的现象比较普遍。为消除乱象，朱毅根据军首长的指示，创建了财经工作相关法令和管理规则，严格财经制度，规范各种供给标准，对部队和根据地行政人员的伙食，包括每天的粮油、盐、柴进行量化。通过这一系列规定和标准的制定，以及财经制度的建立，新四军的财经工作因此走上了正轨，财务管理更加规范、集中、统一，部队和地方人员的开支因此有据可依，有量可计，减少了贪污和浪费现象。同时，朱毅还在部队和地方政府建立了预算制度、审计制度，加强了监督管理，对做得好的单位进行表彰奖励，对存在问题的单位，大胆批评处理，加强和促进了部队和地方的廉政建设。他还针对部队财经管理人员缺乏、管理水平差的实际，组织培训了一批财经干部。为此，他亲自当教员，为受训人员讲解各种财务知识，介绍相关财经纪律和管理制度，这些人员走上工作岗位后，为根据地财经工作走上正轨发挥了重要作用。

设立税收，发展生产　在抗日民主根据地内，财经的来源主要依靠公粮和税收，征集公粮和税收就成了军部财政经济部的一项重要工作。1941年7月，日伪军对盐阜地区展开"大扫荡"后，又向我发起了激烈的税收争夺战。这时朱毅到苏中工作，在敌人频繁而残酷的"扫荡""清剿"中，他根据党中央制定的各项政策和军首长的指示，组织领导苏中财税战士与敌人进行英勇顽强的斗争，一些人

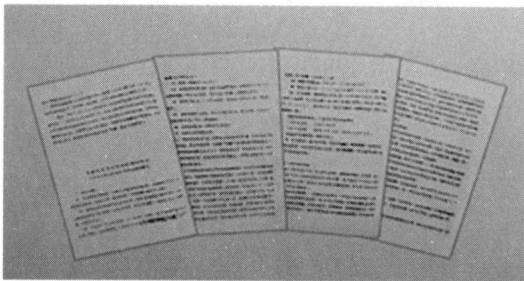

1941 年 5 月 8 日朱毅在华中局
做财政问题报告的文稿

甚至献出了生命。在与敌人进行财经斗争的同时，朱毅还组织制定了苏中抗日根据地的公粮征收条例和商业税收办法，以调动根据地内一切抗日阶层的积极性，打击不法商人偷税漏税等违法行为，保障了根据地的财政来源。朱毅在 1942 年 12 月底撰写的《敌我在苏中的财经斗争》一文中说："敌人用尽方法破坏我们的税收，当时地区被分割封锁，资源出产地筑下了据点，经常军事扫荡和绑架暗杀我税收工作人员。""我们处在这种劣势下，由于依靠广大的人民和农村、正确的政策和领导，以及顽强英勇的经济战士，运用了各种巧妙的经济战术，还是处处获得了胜利。"

在朱毅的努力下，1941 年苏中地区税收款项达 1587 万元，其中上缴军部 470 万元，保证了部队给养。1942 年，在敌人"扫荡""清剿"频繁的情况下，仅夏季就征收公粮 53.6 万担，代金 77 万元，超过 1941 年全年征收公粮的总和。

战火中建立江淮银行 1941 年 3 月，日伪军对盐阜根据地发动大规模"扫荡"，他们除禁运物资外，还把大量贬值的法币和伪币推向根据地，造成根据地货币市场混乱，极大地破坏了根据地的经济发展。为了粉碎敌人的经济封锁和货币干扰，保障军需民用，当月，陈毅、刘少奇等决定筹建自己的银行，发行货币，并指定朱毅、李人俊负责此事。银行起什么名字呢，刘少奇认为，新四军将来是面向大江南北，横跨淮河两岸的，叫"江淮银行"比较合适。于是，银行名称就被定为"江淮银行"。

经过紧张筹建，1941 年 4 月 1 日，江淮银行在盐城成立，4 月 12 日，开门营业。在行政隶属上，江淮银行归新四军财经部领导，对外两块牌子，对内一套班子，朱毅既是财政经济部长，又兼任江淮银行行长，副部长李人俊、骆耕模兼任副行长。江淮银行有近50人，来自三个方面：一是军部调配的党政财经干部；二是上海地下党选送来的熟悉银行业务的同志；三是选调自抗大五分校女生队队员。

陶涛是组建江淮银行的骨干，任会计科长，当时已与朱毅热恋，本来早可以结婚，但为了筹建银行，他们不顾同事劝说，商定银行不建好不结婚，银行成立，就是结婚日。4月4日，江淮银行创立的第四天，朱毅与陶涛向党组织申请结婚的报告，送到了刘少奇手上，刘少奇亲自签了"完全同意"四字，并说："我也要和王前同志结婚了，就和你们一起举行集体婚礼吧。"这样，两对伉俪举行了热闹而简朴的婚礼，现场总共办了两桌饭菜，花了60元，全部由刘少奇自掏腰包。

当时江淮银行的主要职能，一是办理农业贷款，解决农民生产资料；二是向个体工商户发放小额贷款，活跃根据地市场，促进根据地经济的发展，粉碎敌人的经济封锁，为抗战提供坚强的经济支撑。

在筹建江淮银行的同时，江淮印钞厂的建设也在紧张进行之中。由于敌人的封锁和物资禁运，江淮印钞厂的建设遇到了很大困难，朱毅领导大家集思广益，解决了一个又一个问题。

首先是印钞机问题。1941年3月，朱毅派办事缜密的李林去上海，要他将地下党购买好的印钞机秘密运回根据地。由于印钞机体积庞大，李林到上海后，决定分三批运回印钞机。前两次租用外国小轮船运送，都获得了成功，第三批却被日军查获没收，受了些损失，好在头两批已将主要设备运回，对印钞未造成太大影响。

其次是铜版纸问题。有了机器，没有铜版纸也不能印钞，朱毅再次派李林潜入上海购买铜版纸。在地下党的协助下，李林冒着生命危险，与追查的日伪军巧妙周旋，终于穿越封锁线，将铜版纸运回了苏北根据地。

江淮银行制作的抗币

江淮银行员工合影

　　再次是票版问题。票版是印钞的模板，是印钞中必不可少的工具。当时苏北根据地的印钞模板因受损用不了，朱毅想到自己的夫人陶涛是学化学的，就委派她去负责解决这一问题。陶涛立即组织技术人员攻关，他们经过七天七夜奋战，终于把新的票版做了出来。那天正好是大年三十的晚上，兴奋的工人来不及休息，就连夜印制了第一批钞票。

　　印钞厂在战火中诞生，又在战火中艰难生存。1941年7月，日伪军分几路扑向盐城"扫荡"。根据军首长指示，7月20日，成立三个多月的江淮银行随财经部转移至阜宁。9月，由于战略原因，江淮银行被拆分为九个分行，工作人员则分散到各单位，建立江淮银行各分支机构。

　　江淮银行虽然拆分了，但原来隶属于他的江淮印钞厂还存在。印钞厂在东台县境海边刚筹建起来，又遭到敌人大"扫荡"。在反"扫荡"中，工厂的人员、设备几经分散隐蔽、搬迁，反而更加适应抗日游击战争的新环境。大"扫荡"过后，江淮印钞厂搬到阜宁县境，并于1942年7月重新开工，仍用以前制好的江淮银行票版，分别在苏中、盐阜这两个根据地发行。

　　江淮券的印制，有力地保证了抗日根据地的经济发展和人民利益，老百姓高兴地称之为"抗币"。

　　重视发展农业生产，粉碎敌人经济封锁　为粉碎敌人的经济封锁，减轻人民群众负担，发展农业生产是抗日根据地财政经济工作的头等任务。朱毅认为，我们的根据地在农村，要支持长期战争，与敌人进行残酷的经济斗争，必须发展农业生产，增加农民收入，只有增加人民的财富，才能提高人民的负担力。朱毅从财力物力人力上积极支持农业发展。他根据华中局的部署，在农村广泛宣传减租减息运动，动员群众垦荒种地，积极开展水利建设，发展农村副业，帮助农民改良农具和解决肥料等问题，还帮助抗属民兵、农抗会员及贫苦农民解决生产资金问题。他还通过江淮银行发放农业贷款，当时江淮银行的主要职能有三个，其中第一个是办理农业贷款，用于购买种子、耕牛、小型农具和凿井灌溉。据陶涛回忆，江淮银行成立后，马上就拨款 6 万元，帮助盐城县农民购买种子、耕牛、打井灌溉等，还拨款 3 万元，调剂阜宁县农村金融。由于朱毅重视发展根据地生产，使农业生产和手工业得到了较快恢复和发展，人民群众生活得到改善，敌人的封锁不久被粉碎了。

受命组建大型兵工企业，为解放战争筹措军需物资　抗日战争胜利后不久，国民党于 1946 年 6 月 26 日围攻中原解放区，挑起了全面内战，各解放区军民在抗击国民党军队进攻的过程中，急需大量的武器弹药和其他军用物资。我党为提高人民军队的战斗力，加速人民解放战争的胜利，从长远的战略高度出发，决定利用大连（当时称旅大）近代化工业基础好、海上运输条件便利以及当时大连又在苏军军管范围，国民党军队进不来的特殊条件，建立大规模兵工生产基地，进行兵工生产，支援解放战争。1946 年 11 月 13 日，朱德签署中央军委文件，指示各解放区选派人员，携带一部分资金，前往大连开办兵工厂。这是一个具有重大战略意义的光荣任务。

当时牵头组建大连军工生产基地的是东北局和华东局，由华东局派出得力干部负责此项工作。1947 年 2 月，陈毅指示派华东局财委副主任朱毅率领 60 多名干部和部分资金到大连，以官商合办工业股份有限公司的名义，组建军工生产基地，进行军工生产。同期，华中、胶东、晋察冀、辽东、辽南等地也先后派出干部和技术人员共 400 多人参加。这个新的任务对于多年从事财经工作的朱毅来说，既艰巨又陌生，但他毫不犹豫地服从组织安排，当即带领这批干部日夜兼程地赶赴大连。通过认真准备和精心策划，1947 年 5 月，我党我军历史上第一个，也是最大的现代化军工联合企业建新公司在大连正式组建，朱毅披挂上阵，担当重任，被任命为工委书记、建新公司经理。

朱毅一到大连，就夜以继日地工作，他带领来自各解放区的干部和技术人员，对日军留下的工厂进行全面的调查研究，摸清在大连建立军工基地的有利条件和不利因素，为谋划下一步工作打好基础。调查中他们发现，公司开工面临的困难很多，最大的问题是工厂倒闭，设施破旧，恢复生产难度大。大连被日本帝国主义统治达 40 年，出于掠夺需要，日本在大连建立了许多现代化的大型工厂，日本投降时，这些工厂被苏军接管，除已被日方人员破坏、销毁和带走了工厂的大量设备和技术资料外，保留下来的重要企业和大型机械设备，大部分也被苏军拆卸下来，运回了国内。只给我们留下了工厂的空壳和残缺不全的设备，需要进行大量的改组配套，多数工厂破败不堪，加上国民党军队从海陆两方面封锁，原材料运不进来，工厂缺少资金，缺少技术人员，因而要恢复生产，困难重重。

朱毅带领大家在调查研究的基础上，根据上级赋予的任务要求，提出了恢复生产，按近代工业展开建设的方案。一是请求上级将旅大地委刚从苏军手中移交的满洲化学、大华特钢、进和金属制品及曹达等工厂都拨给军工方面经管；二是在甘井子秘密筹建裕华炮弹厂、宏昌引信厂和发射药厂，炮弹引信厂也同时组织施工建设，不对外公开；三是以官商合办的工业股份有限公司名义组建建新公司，负责经营和管理。建新公司上报的这一方案，很快得到上级的批准。通过中共旅大地委与苏军交涉，7 月 1 日，苏军同意将满洲化学、大华炼钢、进和金属制品及曹达六家工厂移交我方，同时建新公司的引信厂、弹药厂等也一并开工建设，建新公司至此开始恢复生产。经过一年多的建设，这家大型综合性兵工企业最后发展为下辖九个分厂，拥有职工 8000 余人的大厂。

朱毅建厂中遇到的另一个困难，就是生产任务紧张。开工不久，上级即要求他们尽快研制出其他解放区无法生产，但在阵地攻坚战中迫切需要的后膛钢质炮弹。这种炮弹生产技术复杂，没有可依托的力量，必须靠自力更生，而炮弹生产，又需要难度很大的研制试验生产过程。在时间紧迫、生产技术缺乏的情况下，朱毅首先重视人才调配，将各解放区抽调来的具有大学学历的技术人才和各解放区派来的自学成才的军工技术专家，安排在急需岗位上，各展所长，发挥骨干作用；朱毅还大胆起用原工厂留下的管理人员和技术专家，发挥他们熟悉环境、技术好的特长，攻坚克难；朱毅对原炼钢化学等工厂中留下的日籍人员，进行深入细致的思想工作，动员他们把掌握的先进技术贡献出来。通过他的工作，一名日籍人员传授了当时属于世界先进水平的硬质合金制造技术，大大加快了炮弹加工生产速度。在公司的评模大会上，这名日籍技术人员被授予特等功臣的称号，另外两名日籍技术人员在钢厂的组织下，成功研制出了铝镍电热线。在我国冶炼史上首次解决了以铝代镍的问题，克服了当时缺镍的困难，有力地保证了炮弹生产。在企业管理上，朱毅在生产调度、技术研究、企业党建、干部培养及其文化建设等方面制定了一系列措施和制度。他把工厂当战场，依靠集体智慧攻克难题，创造出了许多辉煌业绩。工作中朱毅经常夜以继日，不知疲倦地工作和思考问题，常常在半夜里还找公司有关领导商量解决问题。当时的中共旅大地委书记韩光清楚记得，时任公司秘书长的曹鲁曾风趣地对他说："朱老头儿自己半夜不睡觉，还不让别人睡觉。"朱毅还十分重视思想政治工作，注意调动广大干部职工的积极性。他在公司开展了支持前线创模立功运动，公司因此涌现出了大批功臣模范。当时各个分厂如炮弹、引信、钢铁、化学、铸造等厂均承担生产炮弹的各项零部件任务，尤其是炮弹厂、引信厂担负的任务更为繁重，炮弹厂厂长吴屏周、引信厂厂长吴运铎常常无眠无休地带领全厂职工，全力投入试制大炮弹的任务。大连兵工厂试制的75毫米的炮弹，是我军兵工厂第一次组织生产的后膛炮弹，它不同于前膛炮弹，相比之下，其射程远，威力大，结构组成和装配技术均十分复杂，特别是药筒底部压出凸缘，根据设计，需要用600多吨的压力机才能压出来，但当时没有这么大的压力机，朱毅便发动科技人员想办法，提建议，集思广益，集体攻关，终于在1948年1月24日用200吨水压机压出了凸缘，制成了炮筒，使炮弹试制成功。为纪念这个特殊的日子，朱毅兴奋地将75毫米的后膛炮弹命名为一二四式山炮弹。

朱毅特别重视炮弹的质量。他强调每批炮弹都必须是优质的，都必须检验质量是否合格。后膛钢质炮弹试制成功后，公司党委决定，检验任务交给炮弹厂厂长吴屏周、引信厂厂长吴运铎来进行，那一次共发射了七发炮弹。前六发均爆炸成功，但最后一发却不见爆炸，两位厂长即前往观察，不料，他们刚走到附近时，炮弹突然爆炸，吴屏周当场被炸身亡，吴运铎则被炸去左胳膊，其他部位也多处受伤，当场昏迷，送进医院，后来经过医院精心治疗，才幸存了下来。除两位厂长外，还有一批同志也在生产、试验炮弹中负伤、致残。这次代价是沉重的，却

工作中的吴运铎

也证明了炮弹的质量。吴运铎同志伤愈后身残志坚，一直在战斗的岗位上，继续为军工企业拼搏，后来被评为全国劳动模范，被誉为中国的保尔，他写作的《把一切献给党》，激励了一代又一代人。

1948 年初，解放战争转入战略反攻，前方急需炮弹，这时建新公司的生产能力已有了很大提高，他们研制的后膛钢质炮弹（一二四式山炮弹）仅 1948 年就提供了 25 万发，而且全部是优质品，此外，他们当年还为前线提供引信 32 万个，无烟药 110 吨和其他军工产品，有力地支持了前线。这一年 12 月，淮海战役打响，前线指战员们使用大连兵工厂生产的炮弹，仅在消灭黄百韬兵团的战斗中，就打了 8 万余发，为淮海战役的胜利作出了巨大贡献。1949 年 1 月 10 日，淮海战役胜利结束，华东野战军代司令员粟裕在总结淮海战役胜利的原因时指出：华东地区的解放，特别是淮海战役的胜利，离不开山东人民的小推车和大连生产的大炮弹。

1948 年 12 月，党中央决定召开全军军工会议，特别指明朱毅参加，并介绍军工生产经验。这次会议是解放战争进入战略决战阶段，全国即将解放之际召开的一次军工会议。会上，代表们听取了朱德总司令所做的《人民解放战争形势和我军的任务》的长篇报告，之后，各大军区作工作汇报和经验介绍，朱毅所在的建新公司在会上汇报了整整一天，同时还展示了带去的各种实物样品。军委和总部领导、各大军区的参会代表都听得非常认真，看得十分仔细。建新公司在敌人重重封锁、生产非常困难的情况下，艰苦创业，勇于创新，在短期内生产出前方

建新公司英模大会合影

迫切需要的 75 毫米口径的钢质炮弹和其他武器，令大家十分感动。朱德总司令还与朱毅同桌进餐，并当面称赞说："你们建新公司造的炮弹，在几个战场都用上了，前方反映很好。"

党中央对这次会议特别重视，刘少奇、周恩来、朱德三位副主席代表毛主席到会，接见并宴请了与会代表，还作了重要指示。朱总司令的报告和刘少奇、周恩来副主席在会上的讲话，既总结了过去军工生产的成绩，号召加紧生产，使全军军工生产有更大发展，切实保障解放战争的需要，又特别告诉大家，解放军很快就要向全国进军，解放全中国，要求军工要为将来新中国工业建设做好准备，为新中国工业建设当骨干作贡献。

朱毅听到中央首长的讲话后，十分振奋，脑子里出现了全国解放后的建设图景，他深感自己责任重大。

为新中国建设培养人才

军工会议结束后，朱毅接到通知，刘少奇副主席要在家中接见他。朱毅和秘书刘英被接到刘少奇同志家中，受到了刘少奇和王光美的热情接待。刘少奇抗战时期任中原局书记时就认识朱毅，朱毅加入共产党，走上革命道路后，曾在刘少奇身边工作数年，深为刘少奇所器重。刘少奇把朱毅接到家中，首先是对朱毅和建新公司的工作表示赞赏，同时还向他交代新的任务。刘少奇说，大连建新公司支持了人民解放战争，工作做得很好，中央很满意，你们完成了这个阶段的历史任务，但中央还对你们寄予更大希望。

他们两人一问一答，推心置腹，朱毅认真聆听，并让刘英认真记录。刘少奇重点指出，新中国即将成立，我们党的干部熟悉现代工业管理的不多，老解放区没有锻炼干部的条件，大连建新公司是个综合性企业，生产门类较多，是培养工业管理干部的最好场所。要求朱毅要把这方面工作好好抓一抓。朱毅认真聆听，点头接受。最后，刘少奇语重心长地说，我记得你是湖北人，好像你的老家离武汉不远，中南地区矿产丰富，工业潜力很大，但没有得到开发。历史上的汉冶萍公司，早已不存在。这个重任很可能落到你的肩上，希望你在思想上早做准备，将来要带上几千人到中南地区，再创建许多个建新公司。朱毅当即向刘少奇庄重承诺：中央指向哪里，我将竭尽全力完成新的任务。

离开刘少奇住处后，朱毅激动不已。回到大连后，他全身心投入到落实中央首长的指示中，带领大家认真学习苏联和日本的治厂经验，在实践中摸索出了一套符合大型企业发展的科学管理办法，特别是在企业管理、经济核算、合同制度、质量管理、工资管理制度等方面，形成了一套完整的制度和办法，公司建设很快走上正轨。这些制度和办法，为新中国发展工业提供了宝贵经验和成功模式。

公司除抓紧完成年度生产指标外，还配备双套干部，重视岗位培训，为将来建厂提供干部做准备。

朱毅还在公司成立了建新技术学院，自己兼任院长，教师由老军工技术专家担任，有计划地培训公司车间主任及股长级干部，同时还招收一些有发展前途的学生入校学习，以为将来建新厂提供后备力量。朱毅要求大家在岗位上有意识地学习现代工业管理知识，做管理行家，建新公司因此先后向全国各地输送了上千名干部和技术骨干，如沈阳兵工厂、湖北大冶特钢厂、辽阳火药厂等工厂企业，都是由建新公司派出的干部和技术骨干帮助恢复和建设的。

1949年，渡江战役胜利，标志着人民解放战争的胜利已成定局。6月28日，中央军委批示兵工生产以"保留必要者，提高质量，节省经费，以利恢复发展人民经济"为原则，逐步减少弹药生产，积极发展民品生产。朱毅按照上级指示，积极做好转产工作。由于组织严密，建新公司由战时生产转向和平生产比较顺利。1949年，民品生产就达到53.7%，军品生产只占46.3%。从1947年5月建厂到1950

年 12 月撤销建制，大连建新公司前前后后经历了近四年时间，实际生产仅为两年半，生产了山炮弹 545700 发，药筒 26 万个，引信 609000 个，以及一大批火炮、枪支、弹药及其他兵工材料，为解放战争提供了充足的弹药，作出了巨大贡献。

1949 年 7 月，国家开始将工作重心转移到经济建设上，朱毅奉命率领建新公司 108 人南下武汉，组建中南军政委员会重工业部，出任该部部长。之后，他历任中南兵工学校校长、中南工业部副部长、地方工业部机械局局长、中央财委重工业组副组长、三机部部长助理、国务院参事室副主任等职，直到 1977 年去世。

朱毅的一生是战斗的一生，奉献的一生，他向我们展示了坚强的无产阶级党性，揭示了一个真正共产主义战士的人生真谛。他的精神和品格，对建设新时代中国特色社会主义具有很好的启迪意义。

参考文献

1. 朱玉主编：《李先念传》(1909—1949)，中央文献出版社 1999 年版。

2. 张肇俊、张军主编：《鄂豫边区政权建设史》，武汉出版社 2006 年版。

3. 中共河北省委党史研究室编：《刘子厚（传记与年谱）》，中共党史出版社 2005 年版。

4. 中共信阳地委党史资料征编委员会主编：《豫南抗日民主根据地史稿》，河南人民出版社 1988 年版。

5. 中共信阳市委党史资料征编委员会：《信阳市革命斗争史》，河南人民出版社 1991 年版。

6. 陶涛：《朱毅：由爱国的民主主义者到忠诚的共产主义战士》，原载于《中华魂》2006 年第 9 期。

7. 江苏省财政厅、江苏省档案馆、财政经济史编写组编：《华中抗日根据地财政经济史料选编》，档案出版社 1984 年版。

8. 鄂豫边区革命史编辑部编：《中原敌后风云》，湖北人民出版社 1985 年版。

9. 孙少衡：《忆新中国兵器工业奠基人之一的朱毅同志》，原载于《地方革命史研究》2018 年第 3 期。

10. 张珍：《努力建设现代化军事工业基地——对大连建新公司的回忆》。

11. 叶英:《随朱毅同志到党中央汇报大连军工生产》,原载于《中共大连党史》2016 年第 5 期。

12. 何忠诚:《大连建新公司——我党创建的第一个大型兵工联合企业》,原载于《辽宁师范大学学报》(社科版) 1998 年第 6 期。

13. 宋明竞等:《揭开新四军江淮银行的神秘面纱》,中国军网。

李范一（1891—1976），字少伯，湖北应城城关人。早年家贫，得亲戚资助上学，13岁中秀才，后入两湖书院，与董必武等为友，不久加入中国同盟会。武昌首义时，被编入学生军。辛亥革命后，赴美留美，入哥伦比亚大学，先学经济学，后习无线电，1917年毕业后在美国一家五星电器无线电器制造厂工作。1924年回国后参加北伐，任国民革命军总司令部交通处处长；北伐胜利后，先后任南洋大学（今上海交通大学）校长、国民政府军事委员会交通处处长、南京军事交通技术学校校长、建设委员会无线电管理处处长等职；1928年后，先后担任安徽省政府委员兼建设厅厅长、陕西省政府委员兼教育厅厅长、湖北省政府委员兼建设厅厅长。全面抗战期间，与共产党和新四军合作开办训练班，培养游击战争干部；解放战争期间，尽力给予中原解放区军民帮助。中华人民共和国成立后，先后担任燃料工业部副部长，石油工业部副部长，是第一至第四届全国人民代表大会代表，第一届全国政协委员。1976年4月30日，因病在北京去世。

1949 年 9 月 21 日至 30 日，中国人民政治协商会议第一届全体会议在北京举行，中国共产党及各民主党派、人民团体和无党派民主人士等单位的代表共 600 余人参加了会议。会议开幕前，政协筹备会主任、中共中央主席毛泽东接见了各位与会代表。当毛泽东主席握住一位头发花白、身材中等的老人的手时，他用浓重的湖南口音微笑着说："你就是湖北的李先生啊？"老人激动得连连点头回应。

那么，这个被毛主席称作"李先生"的老人到底是谁呢？他做了一些怎样的事情而让毛主席对他有一见如故的感觉呢？

汤池训练班办在了他的农村改进试验区内

这位老人就是辛亥革命的参加者、湖北著名爱国民主人士李范一先生。他在抗日战争中积极与共产党合作办训练班，热心为共产党、新四军培养游击干部；解放战争中，尽力帮助人民解放军，因而他的事迹为毛主席知晓。而这一切，还得从他参与创办汤池训练班说起。

汤池位于应城的西部，为应城、京山、天门三县交界处，东距应城县治 30 余公里，距武汉 130 余公里，历史上以温泉而得名。诗仙李白有诗云，"神女殁幽静，汤池流大川"，写的即是这里的盛景。那么汤池这块温泉之地怎么办起了训练班呢？这个训练班培训什么人呢？怎么又和李范一联系上了呢？说起来这与董必武、石瑛有关。

1937 年 9 月中旬，在湖北各界拥有崇高威望的中共中央代表董必武回到武汉后，立即利用自己的社会影响和广泛的社会关系，与各界人士商议抗日事宜。

在与辛亥革命时期结交的老朋友、时任国民党湖北省建设厅厅长石瑛的交谈中，董必武得知，石瑛还兼任湖北省农村合作委员会主任，负责培训农村合作事业指导员，但令石瑛颇感失望的是，那些指导员中的不少人，只图官位，不务实事，并没有把心思放在扶持农业生产上，因此石瑛建议在共产党的帮助下，用共产党的办法，训练一批农村合作指导员，以组织农村合作社，发放农业贷款，发

长征胜利后到达延安的董必武

展农业经济，支援抗战。石瑛的想法，得到了董必武的赞同。他们俩人初步拟定了约请李范一主持训练班，地址就设在汤池农村改进试验区的工作方案。

石瑛和董必武为什么要请李范一来主持训练班呢？

原来他们三人早就相识，而李范一与汤池又有着很深的渊源。

李范一是应城人，1904 年 13 岁时考中秀才，被乡人称为"神童"，不久他进入两湖书院①深造，并逐步接受民主革命思想，加入中国同盟会。当时，董必武正在湖北文普通学堂学习，两人经过朋友介绍，得以相识、相交、相互赏识。辛亥革命时，两人又同在革命军设在洪山的兵部指挥部共事。可以说，他们是朋友加战友了。

辛亥革命后，李范一去美国留学，学习无线电技术。学成回国时，正值北伐战争期间，他先担任北伐军后方司令部交通处处长，后又担任北伐军前方司令部交通处处长，驻上海。而石瑛在英国学习矿冶专业回国参加北伐后，此时正担任上海龙华兵工厂厂长，李、石二人因此认识。

北伐战争后，李范一曾担任上海南洋公学②校长、安徽省政府委员兼建设厅

---

① 两湖书院：清末湖北最高学府。

② 上海南洋公学：上海交通大学的前身。

厅长、陕西省政府委员兼教育厅厅长、交通部电政厅厅长等职，参与筹建中国第一座广播电台，后又任湖北省政府委员兼建设厅厅长。1935年，因修筑鄂西公路之事，李范一与省主席张群意见不合，被国民党政府解职。李范一一气之下，携家迁居应城汤池，除兼任湖北省农村合作委员会委员外，全部精力均用于农村改进试验区的建设。

其实，早在1933年初，李范一回家乡应城视察农村情况时，就发现汤池温泉周围碎石横斜，杂草丛生，想到这里不仅可以泡澡洗浴，还可利用温泉热量发展农产品养殖业，潜力未可限量。于是，他筹集资金，在汤池租借了100亩土地，安排金陵大学农业专修科毕业的许子威，来此试办农业改进试验区。许子威是中共党员，也是应城人，曾参加过广州起义。抗战全面爆发后，许子威得知董必武回到湖北，在武汉设立八路军办事处，他就动员已对国民党失去信心的李范一，一同来到"八办"，见到了董必武，向董必武介绍了各自情况及汤池农村改进试验区的建设情况。董必武很快意识到，这是一块可以好好利用的阵地。因而当董必武和石瑛商议联合开办农村合作人员训练班时，自然想到了李范一和他的试验区。

1937年12月上旬，石瑛打电话到汤池，邀请李范一到武昌，告知有要事相商。李范一到武昌后，石瑛在家宴请周恩来，让董必武、李范一作陪，席间议定了在汤池举办训练班及请李范一做训练班班主任等事宜。李范一同意做班主任，但希望共产党派人来帮助。

不久，党组织派时任湖北工委副书记兼宣传部部长陶铸前来训练班，负责日常教学管理工作，又派军事教官史剑公来教授游击战争的战略战术。训练班以培训农村合作事业指导员的名义，培养党的游击斗争干部。

1937年12月20日，训练班正式开学。

训练班主任委员

汤池训练班的组织领导机构是班委会，班委会委员由李范一、陶铸、杨显东和教员代表组成，李范一任主任委员，日常具体工作由陶铸负责。训练班的教员由中共湖北省委工委选派，先后去任教的有曾志（曾霞）、潘怡如、许子威、刘顺

汤池训练班的部分教员和学员合影

元、刘季平、黄松龄、陈辛仁、李华、雍文涛、蔡承祖、沈德纯、顾大椿、周钟岳等。

陶铸既讲课，又负责整个班级的日常工作，十分辛劳。李范一对此非常钦佩。他对陶铸说："以前我听你们共产党宣传抗日纲领，我觉得符合民意国情，实为救国之道。现在我亲眼看到你们为挽救民族危亡而踏实工作，堪称楷模。老朽深受教益。"他赞叹道："共产党有这样一批中坚，不愁办不成大事。"李范一书法极有功底，但从不轻易给人题词，陶铸来后，他却书条幅"富贵不能淫，贫贱不能移，威武不能屈，此之为大丈夫也"，贴于陶铸宿舍墙上。

训练班总共办了三期，总计培训学员 245 名。前两期学员大部分是来自东北、华北、华东等地的流亡大学生和武汉地区的大中学生，第三期吸收了一批鄂中的知识青年。为学员开设的课程有：社会发展史、政治经济学、抗日救国十大纲领、群众运动、游击战术、合作社业务与农贷等。李范一亲自讲合作社常识，陶铸讲抗日民族统一战线政策和游击战的战略战术。学员们还经常外出宣传抗日，唱革命歌曲，演抗日救亡戏剧。第三期还不时组织学员夜间集合，进行行军演习。

第一、第二期学员毕业后，多分配到鄂中的应城、天门、京山、汉川、安陆、钟祥、云梦等地工作，通过向农民贷款，帮助发展农业生产，向农民宣传抗日，准备游击战争，保卫家乡。第三期学员毕业后大多分在鄂西北和鄂东南地区工作。作为训练班班主任，李范一不仅热情关心学员们的学习和生活状况，而且为筹措经费费尽心力。他利用社会关系和朋友的帮助，加之石瑛的支持，以及中国银行和中国农民银行的借款，为训练班筹集了得以顺利开办的经费。

主持汤池临时学校

随着汤池训练班影响力的扩大，国民党顽固派的恐慌与阻挠也与日俱增。国民党湖北省第三行政督察专署专员石毓灵、国民党立法委员卫挺生、国民党湖北省党部常委杨子福、中统大头目徐恩曾等曾多次来汤池"巡视""访问"，调查共产党的活动。蒋介石听了下面的汇报，也亲自出面指责汤池训练班影响统一战线。一贯主张"一切经过统一战线"的中共中央长江局书记王明，于是指责陶铸太"左"，他要训练班不讲党的建设，不讲马列主义和游击战争，只讲合作社。国民党特务机关更是不断威胁石瑛，最终迫使湖北省建设厅停发了开班费，因而汤池训练班于 1938 年 3 月第三期结业后被迫停办。

训练班停办以后，各地仍有许多进步青年前来要求学习，李范一担心这些青年失去学习和就业的机会，遂依靠陶铸等人的支持，自筹经费，办了一所临时学校，每日按计划上课，各地需用人才时即派去工作，实际上以这种方式将汤池训练班继续办了下去。之所以称"临时"的，表明它不是长期的，以免国民党顽固派的骚扰。

到武汉沦陷时，临时学校也培养了 300 多名学员，这些学员结业后，通过李范一等人的关系，陆续分配到各县开展工作。他们深入基层，积极联络与党组织失去联系和隐蔽下来的党员，恢复党组织，组织游击武装，为各地开展抗日游击斗争，点燃了火种。

筹建抗日游击武装

上海、南京沦陷之后，日军继续向武汉发起进攻，国民政府虽在武汉周边组织了 100 多个师的军队，对日军进行节节抵抗，但在武器装备、兵员素质明显落后于敌的情况下，武汉沦陷不可避免。1938 年初，为准备武汉沦陷后在应城开展抗日游击战，李范一与陶铸商量后决定，由许子威在汤池米厂的资金中取出 3600元，请董必武托人到香港买了 24 支德国造驳壳枪。

第五战区豫鄂边区抗敌
工作委员会政治指导部
培训班毕业纪念章

武汉沦陷前夕，李范一派许子威到武汉八路军办事处将这些枪取出，存放于米厂。此时，"临时学校"的学员已分散至各地开展工作，李范一就把米厂职工和地方群众组织起来，成立了一支长枪队和一支短枪队，这支武装连同党组织掌握的应城县保安中队共同组建为汤池抗日游击大队，鲁尔英为队长，有70多人枪。这支队伍后来并入应城抗日游击队（简称"应抗"），最终汇入新四军豫鄂独立游击大队，成为新四军第五师的一部分。

在第五战区大力推进国共合作

1938年冬，在共产党和各方力量的推动下，国民党第五战区司令长官李宗仁同意设立统一战线组织——第五战区豫鄂边区抗敌工作委员会，以国民党湖北省第三行政督察专署专员石毓灵为主任委员，李范一为副主任委员，委员中有共产党员、进步人士、顽固分子各二至三人，其职责是在豫鄂边区信阳、桐柏、枣阳、随县、钟祥、京山、应城、安陆、云梦、孝感、应山、天门、汉川等13个县发动和武装民众，支持正规军作战，协助地方政府开展抗日教育和发展生产。

抗敌委员会下设豫鄂边区游击总指挥部和政治指导部，游击总指挥部以石毓灵兼任总指挥，陈超为副总指挥；李范一兼任政治指导部主任，李相符（武汉大学教授、民主人士）为副主任，许子威为秘书长。委员会的住址设在随县大洪山均川镇。

尽管李范一对国民党政权是失望的，但对于这一统战性质的组织还是寄予希望，因而他愿意就任副主任一职。当时他已撤退到宜昌，得知任职命令后，他从宜昌赶到了襄樊。在襄樊，李宗仁接见了他，说："抗战好比一道箍，把国共两党都箍在里面，不能分裂了。希望李先生为国共两党团结抗战而努力。"

1938 年 11 月 17 日，第五战区豫鄂边区抗敌工作委员会召开成立大会。李范一在会上提出请陶铸任政治指导顾问，孙耀华（爱国民主人士）任应城县县长，兼任应城县抗日游击队司令员，得到了会议认同，但提请派共产党员和进步人士去其他已沦陷的各县任县长的建议，被石毓灵拒绝。孙耀华去应城任职时，李范一还写了一幅题字"鞠躬尽瘁，死而后已"，以示勉励。

石毓灵属于国民党的顽固派，一贯反共，豫鄂边区游击总指挥部自然成了国民党人把持的机构，难以有什么作为。政治指导部在李范一开明思想的指导下，情形大不一样。

政治指导部在均川镇贺氏祠堂宣布成立后不久，就搬到大洪山上的长岗店办公。在政治指导部下面工作的主要干部都是共产党员，有些是汤池训练班的学员，如黄心学任政治指导部的组织科长，雍文涛任民运科长，潘乃斌任宣传科长，许子威任秘书室主任，就连他们当时主办的刊物《大洪报》的正副总编辑李苍江、史略也都是共产党员。由于共产党员和进步青年在政治指导部中的主导作用，政治指导部的工作开展得有声有色，他们在改造基层政权、处理民事纠纷、安定社会秩序等方面担当起了政权职能的角色。在李范一的主持下，他们举办了两期军政干部训练班，培训了大批抗日青年。第一期豫鄂边区抗日军政干部训练班，由李相符兼任班主任，这期学员招了 30 多人，除少数是由外县抽调来的，大多是由均川镇附近的小学教师和回乡中小学生组成。所有的学员结业后，都被分配到附近市镇去建立工作据点。第二期第五战区抗日游击军政干部训练班，班主任由李范一兼任，共产党员杨学诚任教育长，招收的学员有 100 多人，大多数是从应城、京山、钟祥等县一般地方干部中抽调而来。李范一、杨学诚等对他们进行了比较正规的军事教育。这两期接受培训的学员后来绝大多数都成为中共领导的抗日军政骨干。

政治指导部的行动，引起了国民党顽固派的关注。1939 年 1 月下旬，随着国民党五届五中全会的召开、国民党反共政策的出笼、全国性反共浪潮的出现，李宗仁的态度也骤然转变。3 月下旬，豫鄂边区抗敌工作委员会被第五战区明令宣布解散，委员会里的大部分同志纷纷转向武汉外围的其他敌后游击根据地工作，李范一在此之前就辞职转向一个新的战场。

临行前，陶铸题诗赠予李范一："烽火漫天杀气浓，垂杨难系别离衷。长岗不住斯人去，仰望高山不见峰。"李范一离开长岗店前，专程去应城县政府所在地——赵新河看望抗日军民。在篝火欢送会上，他发表了热情的讲话，鼓励全体指战员说："你们在中国共产党领导下坚持团结，坚持抗战，反对国民党倒退投敌，五战区把我们分开了，我们的心始终是在一起的。你们在前方浴血抗战，我一定在后方用一切可能机会支持你们，我们来一个殊途同归吧！"

利用茨河手纺织训练所培训抗日游击干部

1939 年初，在豫鄂边区抗敌工作委员会即将解散的前夕，李范一受好友杨显东的邀请和中共党组织的召唤，来到襄樊，参与鄂北手纺织训练所的筹备工作。

原来，武汉沦陷后，襄樊一带成了国民党后方最主要的一个产棉区。当时在鄂豫边区抗敌工作委员会政治指导部下设经济委员会担任副主任的杨显东（主任由李范一兼任），向李宗仁建议设法抢购棉花，以免资敌。李宗仁深以为然，遂致电国民党经济部，经济部又转饬农本局福生总庄办理此事。不久，国民党农产品

鄂北手纺织训练所

促进委员会同意杨显东在鄂北筹建手纺织训练所，并让他担任湖北省"七七"棉纺机推广专员，拨给他一万元推广经费和几名技术员。中共党组织认为，训练所不仅可以以培训农村合作事业手纺织技术指导员的名义，培养抗日干部，还可生产抗战急需的棉布、毛巾、被服等物资，筹集资金，支援抗日。因此，远在重庆的董必武和在鄂北活动的陶铸、张执一等都十分支持杨显东的这一工作。1939年2月，在中共鄂西北区党委统战部部长张执一的主持下，杨显东、李范一等人在襄阳城郊曾家洼召开了鄂北手纺织训练所筹备会议，决定训练所定名为"行政院农产品促进委员会鄂北手纺织训练所"，由杨显东任名誉所长，李范一为该所开办工厂的实际负责人和业务联系人。不久，训练所设址于谷城县茨河镇。

茨河镇在谷城县城东南70里，地处襄阳、南漳、谷城三省交界处，是一座山区小镇。这里有两条街道，称上街和下街，上街有陆路同襄阳相通，但路况极差，下街临汉水通汉口。下街多庙宇公馆，训练所所部即设在下街文昌宫，纺织、织布等实习工厂设在山西会馆，木工厂设在江西会馆，其他庙宇或做宿舍和临时课堂。工厂则设在离茨河约60里地的盛家塘，其主要业务一是仿制"七七"棉纺机，就地推广应用；二是铸造手榴弹壳，战时可转为小型兵工厂。

李范一的主要工作，一是参加训练所学员的培训，二是负责木工厂、铁工厂、纺织厂、织布厂的业务。在李范一的积极运筹之下，一批原来在汤池训练班和第五战区政治指导部学习工作过的学员、同事又来到这些工厂工作；中共鄂西北区委的王翰、曹荻秋、张执一等同志也来厂里活动过，因而这些工厂成为中共党组织的秘密活动基地和发展党组织的重要阵地。工厂的生产规模也在不断地扩大，发展很快。

茨河手纺织训练所共举办了三期，共200多名学员参加培训活动，这些学员结业后，除在谷城等地安装、推广棉纺机械外，还在襄阳、枣阳、宜都、新野等地办了20多个生产合作社，参社社员达数千人，他们成为党组织日后开展游击战争，发展新四军力量的重要来源。

这些自然又会引起国民党当局的注意。时任湖北省政府主席和第九战区司令长官的陈诚，指令湖北省民政厅派王世杰和卢东生到茨河进行检查。尽管他们没有发现共产党活动的任何痕迹，但陈诚仍不放心，他让人带信给李范一，强令李范一从茨河回到了当时省政府的所在地恩施，说要委任他担任要职。为保护工厂不受破坏，李范一回到了恩施。

陈诚见到李范一说："范一先生，你是有事业心的人，现在正值国家危急时刻，你理应同我们合作。我想聘你为湖北省政府委员兼建设厅长，这是你的老本行，怎样？"

李范一看着陈诚说："我做不了建设厅长，当不了官。"

陈诚说："你不愿做建设厅长，干别的工作也行，我都能办到。"

李范一说："你是知道的，我同你们共事多次，都是不欢而散，我是个野人，野惯了，你就不必勉强我吧！"他坚决拒绝了担任国民党的任何职务。

陈诚恼火地责问道："范一先生，你在鄂西北干些什么事啊？"

李范一说："那都是些爱国青年，不愿做亡国奴，又是流离失所的学生，做工靠工资维持生活，这有什么错？"

陈诚变脸说："你既然不愿同我们合作，那也不能离开省政府所在地。"

从此，李范一赋闲恩施，处在国民党的盯梢、监视和软禁之中，除了后来被聘为省临时参议会参议员外，他基本上无所事事。不久，他在恩施龙凤坝水沟旁搭上一处草棚，办水磨厂，代人碾米、磨面、弹棉花、纺纱织布、加工来料，一来给自己找点事做，更主要的是想为到恩施的同志提供一个落脚的地方。

抗战中期，随着国民党顽固派掀起的反共高潮一浪高过一浪，茨河手纺织训练所的处境也越来越危险。1941年1月3日凌晨，国民党谷城县县长王志先受陈诚指令，带兵包围了训练所，查封了各工厂，训练所的教员、学员和各工厂工人共200多人被捕，地下党员吴显忠和肖良恺还被押送恩施监狱。

李范一此时自身难保，得知训练所被捣毁、工厂被查封、同志们被捕，他非常痛心，可又无可奈何。吴显忠、肖良恺被押解恩施，经过龙凤坝时，他除了用腊鱼腊肉招待他们，用悲愤沉郁的话语安慰他们之外，别的实在无能为力，以致不久他终日茶饭不思，几乎病倒。

抗战胜利后，李范一迁到汉口居住，此时内战即将全面爆发，而处在国民党重兵包围圈中的中原解放区的军民，缺衣少食，生活给养十分困难。李范一利用自己的影响和与联合国救济总署湖北分署署长周苍柏、副署长杨显东的深厚友情，为解放区送医送药，支持进步青年前往解放区，利用救济总署难民收容所为新四军第五师突围人员提供住所，动用救济分署的难民船送第五师突围人员去苏北找新四军等，为中原解放区军民坚持斗争、胜利突围作出了自己的贡献。

1949 年解放前夕，为免被国民党挟持到台湾，李范一和家人避入武汉大学。武汉一解放，他即参加军事管制委员会，不顾花甲之龄，开始为建设新武汉、新湖北而奋斗，他这才真正感受到了回到人民怀抱、为人民而工作的快乐。

中央人民政府成立时，李范一被任命为燃料工业部副部长，1955 年调任石油工业部副部长，并被选为第一至第四届全国人大代表。1976 年 5 月 9 日，李范一因病在京逝世，终年 85 岁。

参考文献

1. 政协武汉市委员会文史学习委员会编：《武汉文史资料文库》（第 7 卷），武汉出版社 1988 年版。

2. 胡传章、哈经雄：《董必武传记》，湖北长江出版集团、湖北人民出版社 2006 年版。

3. 曾成贵主编：《红旗漫卷——湖北革命胜迹纪行》，湖北长江出版集团、湖北人民出版社 2011 年版。

4. 马焰主编：《英魂永存》，海洋出版社 1996 年版。

5. 本书编辑组编：《执一不渝，热血洗苍穹——张执一文集》，华文出版社 2006 年版。

6. 李少瑜、雷河清、张广立主编：《湖北抗战》，军事谊文出版社 1995 年版。

7. 湖北省新四军暨华中抗日根据地历史研究会、鄂豫边区革命史编辑部编：《雄师奇观》，武汉大学出版社 1992 年版。

8. 鄂豫边区革命史编辑部编：《战斗在鄂豫边区——回忆录之一》，湖北人民出版社 1981 年版。

9. 鄂豫边区革命史编辑部编：《鄂豫边区抗日民主根据地史稿》，湖北人民出版社 1995 年版。

10. 《王翰传》编写组：《王翰传》，人民出版社 1999 年版。

　　李书城（1882—1965），字晓园，又名筱垣、小垣，1882 年 6 月生于湖北潜江县沱埠垸袁桥村。早年赴日本东京弘文学院留学。协同孙中山发起组织同盟会，参加过武昌起义、北伐战争。1921 年支持和帮助胞弟李汉俊在上海发起建党，中共一大在其家中召开。1932 年任湖北省建设厅厅长、民政厅厅长。全国抗战期间，李书城积极拥护中国共产党提出的建立抗日民族统一战线的政策。

　　1948 年与张难先等在湖北发起反蒋和平运动。1949 年，参加了中国人民政治协商会议第一届全体会议，出席了开国大典，并出任新中国第一任农业部长。1965 年在北京病逝，终年 83 岁。

李书城，1882 年出生于湖北省潜江县，是中国近现代史上著名的民主主义革命者。从青少年时代起，就追随孙中山坚持反帝反封建的斗争。他是同盟会的早期会员之一，为中华民国建立发挥了重要作用、作出了积极贡献。

在中国人民的解放事业中，他也做了许多有益的工作。特别是 1921 年 7 月，其胞弟李汉俊利用李书城的声望和居住在上海法租界比较安全的条件，提出把中共一大会址安排在李书城家，得到了李书城的同意。1921 年 7 月，中共一大在李书城寓所召开，成为中国共产党成立的见证。

全国抗战时期，李书城积极拥护中国共产党提出的关于建立抗日民族统一战线的政策。他利用辛亥革命元勋的声望和在武汉地区的影响，做了许多上层人士的工作，做了许多别人难以办到的事情。

拯救战时流浪难童

1937 年 7 月，抗日战争全面爆发，战火很快由华北危及华中。日军奸掳烧杀，无恶不作，成千上万的父母惨遭杀害，无数儿童沦为孤儿，流离失所。这时从华北、河南逃难来武汉的幼童就有成千之多，社会各界对此十分同情和关注。

民族危亡之际，国共两党结束了十年内战，开始了第二次国共合作，建立抗

辛亥革命时期的李书城

位于上海望志路 106 号、108 号（后改为兴业路 76 号、78 号）的中共一大会址

1920 年，李书城与家人合影（后排右二
李书城、左二李汉俊，前排中李母）

日民族统一战线，枪口对外，抗击日寇。董必武受中共中央派遣，从延安来到武汉，开展统战工作，以实现"动员一切力量，争取抗战胜利"的战略任务。

董必武通过湖北各级党组织，在武汉很快成立了八路军武汉办事处和中共中央长江局，大力开展统战工作。他会见了李书城、石瑛、李范一等湖北知名人士，向他们宣传中国共产党的抗日方针和政策，开展国共合作的必要性和前途，希望他们在抗战中为民族立功。

李书城当即向董老表示："国难当头，抵御外侮，一定竭尽全力。"他建议湖北省政府创建一个"战时儿童保育院"收容流浪的难童，并推荐湖北省乡村工作促进会的干事李伯刚负责做收容工作。

李伯刚是湖北天门人，早年在武昌读中学时结识了恽代英、林育南等人，并参加了恽代英所组织的利群书社，1921 年与恽代英、林育南等人加入中国共产党。随后协助刘少奇从事工人运动，参加领导了著名的京汉铁路二七大罢工。罢工失利后，遭通缉，经李汉俊介绍，隐居在李书城家中。尽管李伯刚已脱离了共产党，但他与中共还是保持着密切联系。李书城复任湖北省政府委员时，安排李伯刚任建设厅工业股长，后改任民政厅救济股长。国民党特务总想暗害李伯刚，但因李书城的竭力掩护而幸免。新中国成立后，李伯刚担任武汉市政协副主席、市委统战部部长等职。

1938 年 1 月，方振武、沈钧儒、郭沫若、邓颖超等 100 多人在武汉倡议成立战时儿童保育会，抢救战区儿童，保护祖国的下一代免遭战争伤害，得到了武汉各界人士热烈支持和赞同。

3月10日，战时儿童保育会在汉口成立，出席会议的社会各界名流700多人。会上选举了李德全为总主席，宋美龄、邓颖超、李书城等51人为常务理事，冯玉祥、李德全等当场答应负责100名难童的生活费，李书城等一些知名人士相继慷慨捐款。

不久，湖北省战时儿童保育院成立，院址设在均县（今十堰丹江口）。经李书城推荐，李伯刚担任湖北省战时儿童保育院第一任院长。

保育院成立不到两个月，就收容了500多名难童，这些孩子分乘多艘木船沿汉江西进抵达均县。保育院里有专人教孩子们识字、唱歌、演戏。孩子们通过儿童演出队，进行抗日救亡的宣传，培养爱国主义精神。武汉沦陷后，这些孩子又被辗转送往重庆。

可以说，这些孩子生活在那个烽火连天的年代，既是不幸的，又是幸运的，因为他们得到了许多像李书城那样具有怜悯之心的人士的帮助和关爱。这些孩子通过培养，有不少后来成了国家有用之才。

发誓不当亡国奴

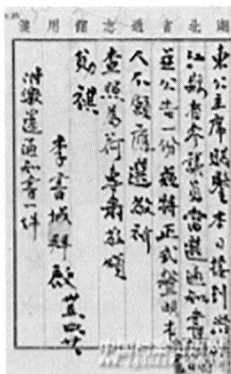

李书城手书

1938年6月，日军集结50余万兵力，进逼武汉。面对日寇重兵压境，要不要部署武汉保卫战，当时在国民党上层有不同意见。有的认为，武汉在政治上不如南京重要，军事上不如徐州重要，经济上不如上海重要，文化上不如北平重要，既然这些重要城市都可以弃守，何必还要保卫武汉呢？

但李书城和许多上层人士认为，武汉地处长江中游的江汉平原，又是中华民国的第二大城市，人口超过200万，长江最大的支流汉水在此汇入长江，平汉、粤汉两大铁路在此交会，因此是中国内陆最重要的水陆交通中心。再加上 1937 年 11 月国民政府宣布迁都重庆，但大部分政府机关和军事统帅部却先迁到了武汉，使武汉实际上成为当时全国军事、政治、经济、交通中心和真正意义上的战时首都。如果武汉这样重要的战略要地不坚守的话，势必助长日寇的嚣张气焰，进而影响抗战大局。

在全国人民的强烈要求下，在包括李书城在内的国民党上层人士的极力建议下，同时也考虑到武汉的重要战略地位，国民党最高军事当局最终决定调集百万大军，以第五、第九战区所属部队为主力，实施武汉保卫战。

武汉保卫战也叫武汉会战，从 1938 年 6 月开始到 10 月结束，共持续五个月之久。这是抗日战争时期中日双方投入兵力最多、战线最长、时间最久、规模最大的一次战役，也是中国军队歼灭日军人数最多的一次战役。武汉保卫战，促进了中国全民抗战局面的形成，此役一结束，中国抗日战争进入了战略相持阶段。

1938 年 10 月，武汉沦陷，国民党湖北省政府西迁鄂西的恩施。当时有人劝李书城在武汉留下来，因为侵华日军中有一些高级将领是他留日时的同学，如果他留在武汉，也不会有人伤害他。

对于这种劝说，李书城坚决拒绝，旗帜鲜明表明立场："我宁愿去摆测字摊，也不愿留在武汉当亡国奴，绝不出卖祖国、出卖祖宗当无耻的汉奸。"他带着全家老幼，随省政府西迁，先到宜昌，再到恩施，后又搬到重庆。

抗日战争时，李书城多次抨击蒋介石妥协投降的政策，批评陈诚腐败无能。而自己所提出的主张却不被重视。于是一气之下，在 1943 年底弃职上了四川峨眉山，住在一小庙中学佛念经。

虽然李书城每天打坐念经，但他知道，靠乞求佛爷是不能救国救民的，所以并未停止政治活动，他多次去重庆，与国民党军事委员会副委员长冯玉祥面谈，要求冯积极抗日。有一次，在招待重庆文化知名人士的宴会上，冯玉祥与李书城的女婿冯乃超同席。

得知冯乃超是李书城的女婿这个关系时，冯玉祥紧握冯乃超的手说："李书城先生真是一个大好人，是一个有骨气的中国人。"

为恢复鄂西经济而奔忙

鄂西山区历来贫穷，素有"地无三里平，人无三分银"之说。省政府设在此地，实属无奈。加之日寇的"扫荡"封锁，经济萧条。

为振兴鄂西经济、支持前线抗日，时任湖北省银行董监会的常务监察、通志馆馆长的李书城决定从理财入手，来实现他的兴办实业计划。

当时，省银行内还拥有一定数量的黄金白银，长期库存未能发挥应有的经济效益。李书城向省政府主席陈诚建议，将省银行所库存之基金投入市场，开办一些实业，支持一些通商贸易，使鄂西经济尽快复苏。同时，还建议国民党中央贸易委员会副主任周苍柏继续担任省银行总经理。

在积极建议的同时，李书城广招各方面的经济人才，分别办起农、工、商、医、供销、建筑等企业，开展土特产的进出口贸易。

特别是，李书城主持开办了一个与银行并行的企业——湖北省平价物品供应处。他约法三章，规定物品供应处的生活必需品一律实行平价供应，严禁商贩哄抬物价。明令每名政府公务人员，每天可领平价米 1.4 斤、苞谷 6 两、油 4 两、糖 2 两；眷属凭人数多少领取同样物资。每年可购平价布两次，每次购布 1.5 丈。

物品供应处所供应的平价猪肉每斤 8 元，公务人员凭购肉票可买到平价猪肉。当时的房租也很便宜，一间像样的房子月租只需 24—30 元。因为开设的供销合作社比较多，物价控制也比较严格，所以普通平民可在乡、镇、保的供销合作社里享受种种便利。

公务人员的月平均收入二三百元，这个标准比陪都重庆同级别人员的待遇还稍胜一筹，实属难得。

经过一年多时间的努力，凋零的鄂西经济有所复苏，人心亦初定，战局亦较稳，鄂西成为阻止日寇西进的重要战略屏障。

长江、汉水流经湖北全境，两岸堤坝年久失修，水患尤为厉害，人民群众深受其害。1943 年 4 月，年已花甲的李书城当选为湖北省水利建设促进会常务理事，为了消除水患，他日夜奔走在荆江两岸、汉水之滨，察看堤情。遇到险处，就及时督导相关部门组织人员抢修。他还多次向省政府提出建设水利设施方案，要求政府开展救济灾民的工作，帮助民众发展生产。这些利民之举，在抗战艰难时期，多少还是宽慰了一些贫苦民众的心。

掩护中共地下组织在汉活动

1945 年 8 月，中国人民历经 14 年艰苦卓绝的抗日战争终于取得了胜利。李书城随湖北省政府迁回武汉。

当他得知国共两党在重庆举行谈判，在重庆将召开全国政协会议时，心里十分高兴，衷心希望国共两党真诚合作，共建一个和平、民主的新中国。

然而，李书城回武汉不久，看到许多异样情况，心里又产生了无限忧虑。

当时，中共南方局根据中共中央的指示精神和抗战胜利后的形势，深刻分析了武汉地区工作的重要性和党组织活动中断的实际情况，决定派人到武汉重建党的组织，重新开辟工作，策略是："国民党公开授受，我们地下接受。"南方局的钱瑛首先将地下党员李声簧（系李汉俊之子、李书城之侄）和赵忍安两人派到武汉。李声簧住在伯父李书城的家里，赵忍安到汉口和成银行当经理，以此作掩护，开展党的地下工作。他们的任务是在武汉建立交通站，向党中央和南方局递送情报，接待来往的工作同志。

1946 年 3 月，钱瑛又派曾惇到武汉，负责中共地下组织的工作。通过李声簧的关系，曾惇认识了李书城，李书城将曾安排在他的随从周惠年家里居住，不久又将曾介绍到武昌一个纱厂任技术员，从此李书城就与武汉的地下党取得联系。

接着，中共从重庆、陕北、上海陆续派了一些党员和进步青年来武汉，也都通过李书城等人的关系，很快被安排在省政府内各个部门担任公职，这样为开展党的地下工作提供了极大方便。

据曾惇回忆说："为了寻找立足点，我们曾千方百计地利用能找到的各种关系，寻找职业，取得合法身份，以便进一步地开展工作。如能得到同情和帮助，这是一种最好的掩护条件。在这方面，李书城、朱裕璧等社会知名人士，曾为掩护我们出过最大的力，甚至担了不少的风险，他们对党的事业是有贡献的，我们永远不会忘记他们。"

李书城在与中共党组织的密切接触中，进一步看清了中国革命的方向。1946年4月，当潜江县选举李书城为省参议员，省政府给李书城送来应选通知书时，李书城拒绝竞选参议员，退回通知书，并附信表明态度。

武汉解放的幕后英雄

1948年12月，随着人民解放战争的节节胜利，国民党统治集团内部矛盾激化，李宗仁、白崇禧与蒋介石之间的矛盾日益尖锐。

时任"华中剿共"总司令的白崇禧，拥重兵于武汉，想排蒋而拥李宗仁上台。

为此，白派桂系军官李品仙（系李书城学生）到武昌珞珈山拜访李书城，请李以其声望在湖北发起和平运动。

李书城虽不愿为桂系的阴谋效劳，但他想到，若是蒋、桂之间发生冲突，会有利于解放军顺利南下，可救人民于苦海，于是他利用这个机会，约请武汉社会各界人士，共同发起"和平运动"。

1949年1月，湖北人民和平促进会正式成立，李书城被推选为主席并主持大会。会议制定了《和平促进会简章》，发表了《湖北人民和平促进会宣言》，宣言呼吁国共双方立即就地停战，保障人民和平安宁的生活。湖北"和平运动"开展后，华中其他省市纷纷响应。

同月，李书城以湖北省人民和平促进会常务干事的身份通过敌人的封锁线，

武昌蛇山南的李书城旧居

北上河南解放区，拜会了陈毅、刘伯承两位将军。近一个月的访问中，他为解放区繁荣兴旺的景象和生动感人的军民关系所触动，返回武汉后，不顾国民党反动派的恐吓和威胁，多次在集会上宣讲解放区的情况，粉碎了敌人"共产共妻"的谣言，宣传了解放区的大好形势。

渡江战役打响前夕，李书城又动员各界人士组织成立了"武汉市临时救济委员会"。他四处奔走，大力活动，有效地阻止了国民党军逃跑时对水厂、电厂和全市交通设施、工厂设备等的破坏。

5月16日，武汉解放了，李书城以无比喜悦的心情，与全市人民一起共享胜利的欢乐。

新中国成立后，中国共产党和人民政府给予他很高的荣誉，安排他担任中南军政委员会委员、武汉市军管会高级参议。1949年9月21日，受毛泽东主席邀请，李书城出席了中国人民政治协商会议第一届全体会议，并在开国大典时登上天安门，与党和国家领导人共同庆祝新中国的诞生。不久，李书城出任新中国首任农业部部长，为新中国经济建设和农业发展鞠躬尽瘁。

1965年8月23日，李书城因病在北京逝世，享年83岁。

参考文献

1. 潜江市政协文史资料委员会编：《李书城传》，中国文史出版社1990年版。

2.《中国档案报》，2019年8月（总第3419期）。

3.《建国以来毛泽东文稿》，中央文献出版社1992年版。

　　李相符（1905—1963），曾用名李士肤，安徽省桐城县（今枞阳县）人。著名社会活动家和林业教育家、中共党员、中国民主同盟创始人之一。1922年，考入山东公立农业专门学校学习。1926年，东渡日本留学。1927年，在日本加入中国共产党。回国后，先后任上海劳动大学、浙江大学、武汉大学教授。全国抗战期间，任第一战区长官司令部政治部豫南民运专员、第五战区豫鄂边区抗敌工作委员会政治指导部副主任。1940年，任四川大学农学院教授。1944年，当选为中国民主同盟四川省支部支委兼组织委员。1946年，任民盟中央委员兼青年工作委员会副主任委员。新中国成立后，历任林业部副部长、北京林学院院长、民盟第一至第三届中央常委，第二、第三届全国政协委员。1963年10月逝世，享年58岁。

从进步青年学生到红色教授

李相符 1905 年 12 月 4 日出生于安徽省枞阳县官埠桥镇一个农民家庭。祖父没有受过教育，但他希望李相符读书，所以在李相符八岁时就把他送到村中私塾读起"人之初"来。

李相符有一位堂叔叫李光炯，是前清举人，同盟会会员。他追求民主、思想开明，在云南、安徽等地大力兴办各种教育，多方延揽名师来校任教或讲学，宣传"教育救国"等民主革命思想。参加过辛亥革命、反对袁世凯复辟帝制以及反对安徽军阀倪嗣冲的斗争，在安徽教育界很有影响，是安徽教育界领袖式人物。李相符九岁那年，李光炯把他接到家里，专门请老师到门下教授课程。在堂叔家的三年半时间里，李相符除了学习"四书""五经"，阅读历史、地理外，还读到了《史记》《三国志》等古籍，增长了不少见识。同时，李光炯的民主革命思想，对李相符年幼的心灵产生了积极的影响，埋下了追求进步的种子。

1917 年，李相符考入桐城县立中学。五四运动时，年幼的李相符跟随五四洪流，走上街头参加游行，演出爱国讽刺剧，大喊"打倒日本鬼子"的口号。

1919 年秋天，李相符转入芜湖市省立第一甲种农校蚕桑科学习。当时的芜湖，得长江交通的便利，是安徽省政治中心，也是新文化运动中心。青年学生、洋车工人中开始出现群众性的进步组织，马克思主义思想在青年学生中也开始传播开来。这期间，李相符看到了芜湖新文化运动领导人物高语罕的一本《白话书

国民党湖北省第三专署所在地——随县
均川镇杨氏祠

信》的小册子，里边有关于劳工神圣、男女恋爱自由、压迫与被压迫等社会问题的讨论："这本书所谈的问题都很有思想，都很有道理。"对李相符的思想产生了极大的触动。芜湖甲种农校这三年，是李相符民主革命思想开始产生的重要时期。

1922 年秋，李相符考入山东农业专门学校。其时，孙中山在苏俄和中国共产党的帮助下，实行国共合作，推行联俄、联共、扶助农工的三大政策，开展反帝反军阀的斗争，中国革命出现了新的面貌。李相符在求学过程中，经常与一些思想激进的青年共同活动。他和许多进步青年都把希望寄托在当时的广州革命政府身上，并加入了中国国民党。1925 年 5 月，上海爆发五卅运动。李相符作为山东农业专门学校学生总代表，积极参加斗争，并成为济南学生总会及济南市沪案后援会的负责人之一。同年夏天，李相符代表山东济南学生会南下安徽，联络扩大反帝、反军阀斗争，遭到山东军阀张宗昌的通缉而无法返回济南，被迫从学校肄业。

恰好这个时候，李相符堂叔李光炯的一位好朋友到日本做中国留学生监督，在其帮助下，李相符来到日本留学。李相符前后在日本七年。其间，他接触到大量的革命理论书籍，比如马克思、恩格斯的《共产党宣言》《资本论》等著作以及考茨基、河上肇所著的革命理论书籍，还有《列宁全集》《斯大林全集》等。这些理论著作对李相符思想变化起到了极大的帮助，也就是在那时，李相符真正认识到了知识分子要走上革命道路，必须要把理论与实践结合起来。

1926 年 2 月，李相符考入日本帝国大学林学科。当时，国内国民革命形势迅猛发展，北洋军阀势力土崩瓦解。李相符虽然远在异国他乡，但是却心系祖国，一边学习，一边声援国内革命斗争。入学后不久，李相符就在留学生和华人中进行革命活动，建立了中国国民党北海道支部，担任支部主任委员。

大革命失败后，李相符对中国国民党及其蒋介石集团极度失望，痛恨国民党右派出卖革命。形势的变化教育着李相符，加深了他对中国共产党的信任与向往，使他认识到只有中国共产党才能领导中国人民完成反帝、反军阀、反封建的历史任务。当年 10 月，他

李相符著作

和北海道国民党支部中几位进步的朋友商议发表反对蒋介石南京政府的声明后，并自行解散了北海道国民党支部。随后不久，李相符来到东京，与中国共产党留日支部接上了关系，并经总支书记王哲民的介绍加入了中国共产党。回到学校后，李相符建立了中共北海道党支部，发展了两名党员，自己担任支部书记，并利用北海道帝国大学中国留学生会及其创办的刊物组织开展各种活动。

1929 年春，李相符毕业后，到东京目黑林场做实习生。平时，除了林场工作，他把主要精力都用在了革命工作上。他负责中国共产党外围组织"中国留学生社会科学研究会"的工作。这个研究会有 200 多名会员，遍及日本各大都市，在中国留学生中有广泛影响。受党组织委托，李相符组织开展了反对国民党反动派的一系列活动，公开喊出"打倒国民党""打倒蒋介石卖国政府"等口号。同年10 月 3 日，国民党政府驻日本大使馆勾结日本政府进行一次大搜捕，破坏了中共党组织，逮捕了李相符等人。

1931 年春，李相符在安徽同乡王庭梅保释下出狱，随即潜行回国，并与党组织取得了联系。之后，为了掩护革命活动，李相符在上海劳动大学任教授。1932年，李相符受党组织委派到陕西西安开展地下工作。次年，由于党组织受到破坏，李相符南下武汉。在与党组织失去联系的情况下，李相符应浙江大学的聘请到浙江大学农学院任森林学教授。1934 年 8 月，应聘到武汉大学农学院任教授，支持青年学生的抗日救亡活动，并秘密从事党的地下工作。

担任民运指导专员

1937 年 9 月，时任中共中央代表董必武受命从延安来到武汉筹办八路军武汉办事处。董必武利用合法身份和他在湖北广泛的社会影响，积极开展党的抗日民族统一战线工作。得知这一消息，李相符找到八路军办事处，与董必武取得了联系，请示工作，要求选派党的干部参与指导。

当时，李相符的公开身份是武汉大学农林系教授，兼任平汉铁路局农林总场场长。农林总场驻地在河南省鸡公山。这座位于豫鄂交界地区的鸡公山，在 1938年武汉沦陷前，不仅设有国民党政府的部分军政机构，而且建立了不少大中专学校和各种抗日救亡团体组织，会聚了一批社会文化名流。特别是民间各种抗日救亡团体，以鸡公山为据点，以抗日教育、举办培训班、创办刊物、文学创作、救护伤兵等形式为抗日服务，一度成为华中地区武汉外围的抗日救亡基地和重镇。

之所以有这个局面，主要是 1935 年华北事变后，东北、华北流亡学生相继内迁、南下，张学良把为东北流亡学生创办的东北中学，由北平西单皮库胡同的原校址迁到河南信阳鸡公山。卢沟桥事变爆发后，全面抗战开始，豫北地区局势遽然紧张。11 月，在国民政府指示下，河南大学的文、理、法三学院和校本部迁往鸡公山。在当时鸡公山上的几所学校中，东北中学规模最大，最初设有初中部和高中部，学生 600 余人，高峰时近 1000 人。河南大学师生也有数百人。东北中学师生不仅普遍具有爱国情结，校园弥漫着浓厚的抗日救国气息，而且还自发成立了中华民族解放先锋队（简称"民先"），开展抗日救亡活动，向群众宣传抗日，为抗战募捐，教唱爱国歌曲。"同学们利用节假日，奔赴鄂豫两省邻县信阳、孝感、武胜关、开封、广水、潢川等城乡和京汉铁路沿线车站，宣传抗日救亡，揭露日寇残酷的暴行。为了纪念'九一八'五周年，1936 年 9 月 18 日早晨，学生们下山到京汉线李新店车站散发传单标语，隔窗向乘客宣传。"伴随一些大中小学的内迁，一大批文化教育界名流，如历史学家范文澜，中共早期领导人之一罗章龙，哲学家嵇文甫，诗人高兰，历史学家金景芳，戏剧家、文学家、《义勇军进行曲》的词作者田汉，诗人臧克家，画家吴作人，等等，或在鸡公山的各类学校任教或短期讲学、做演讲，或做访问、慰劳工作。

鉴于上述形势，董必武指示李相符利用平汉铁路局农林总场这个机构和场长的身份，广泛开展统一战线工作。

那时，中共河南省委根据中共中央长江局的指示精神，决定利用抗日民族统一战线所形成的有利形势，主动寻求国共合作而先后在豫西、豫南和豫东建立了三个民运指导专员办事处。这些办事处得到了国民党第一战区长官司令部的承认，是一个具有统一战线性质的合法组织。民运指导专员办事处以指导民众抗日的名义，把这些爱国青年派往全省各地。民运指导员主要职责是深入乡村、学校、集市等群众中发表抗日演讲，进行抗日宣传活动，具体指导民众的发动、组织，维持抗战秩序。

在中共的统战关系和个人的社会关系帮助下，李相符以民运指导专员的名义，在鸡公山成立了"第一战区长官司令部豫南民运指导专员办事处"，自己亲自担任民运指导专员，并选派了许多武汉大学学生和工作人员到办事处工作。从此，武汉大学教授、平汉铁路局农林总场场长李相符利用民运指导专员的合法身份，以农林总场为据点，吸收一批中共党员和抗日积极分子担任民运指导员，在豫南各县积极从事抗日民众运动，组织民众抗日武装，在豫南、鄂北产生了广泛的影响力。

中共中央长江局和河南、湖北两省的党组织十分重视豫南民运指导专员办事处的合法身份与地位，积极支持李相符开展工作。周恩来、董必武亲自过问专员办事处的工作，派齐光从八路军武汉办事处回到鸡公山参加豫南民运工作的指导，公开身份是民运办事处组织科科长；八路军武汉办事处从河南竹沟给李相符输送了苏韦、齐光、黄心学、周季方、唐治然、石秀夫等一批干部同志；中共竹沟办事处负责人彭雪枫还亲临鸡公山与李相符会面，商谈工作，有力支持李相符开展民众运动。中共河南省委派出党员冯珍、唐滔默、郭思源、张孟浪等，中共湖北省委也派黄心学、苏韦等到李相符的办事处工作。办事处建立了中共党支部，名义上具有统一战线性质，但实际上为中共所掌握。豫南16个县的民运指导专员大多数是共产党员。这些党员同办事处的党内外积极分子一起，深入到豫南的信阳、遂平、汝南、桐柏等县，走村串户，召开座谈会，举办训练班，其中包括农民游击战训练班、青年训练班和妇女训练班等，讲授课程有抗战形势、游击战术、民众动员等，在农民和铁路工人中进行了广泛的抗日宣传，为中共锻炼培训了一大批党员干部。

豫南民运指导专员办事处成立于1938年2月，到11月结束，前后不过10个月。在这短短的时间里，豫南民运指导专员办事处在豫南16个县开展了卓有成效的抗日救亡宣传和农民群众的组织发动工作，不但在鸡公山，还在信阳柳林、谭家河以及汝南、遂平等地举办平汉铁路工人训练班、农民游击战争训练班，培训抗日游击战争骨干，为抗战培育培训了大量人才，有些学生直接从培训班走向抗日战场，有的后来逐渐成长为抗战先锋；民运办事处的党组织和党员同志，在中共河南省委的直接领导下，在当地召开群众大会，利用讲演、歌咏、演剧等形式向广大群众进行抗日宣传，在农村发展党员，建立完善地方党组织；在信阳谭家河、李新店、赵庄等地组建了农民自卫抗日武装。信阳沦为敌占区以后，中国共产党在信阳一带建立了一支武装队伍，坚持敌后斗争，不断壮大力量，最初就是以谭家河建立的党组织为中心开展工作的。经过这些训练班培训的大批青年干部，在发动群众、组织武装部队、开展游击战争、创建华中，特别是豫鄂边区抗日根据地等工作中发挥了巨大作用，创造了条件。

利用"抗委会"坚持鄂中抗日斗争

1938年10月上旬，日寇占领了河南信阳以及大别山主要交通要道，平汉铁路也被截断，武汉危在旦夕。除留下一部分干部转到豫南农村开展敌后武装斗争外，李相符率领豫南民运办事处其余大部分工作人员撤退到湖北孝感花园。

他安顿下来后，就与几位干部来到八路军办事处找到董必武汇报工作情况。董必武告诉李相符，国民党第五战区成立了一个文化工作委员会，钱俊瑞在那里工作，建议他尽快与钱俊瑞取得联系，设法成立一个"合作"的抗日组织，并通过这个组织发动群众、开展武装斗争。

武汉失守后，第五战区司令部移驻湖北襄阳。李相符一行在撤退途中，正好碰到了钱俊瑞领导的第五战区文化工作委员会。于是，民运办事处的工作人员与他们一起工作，撤退到湖北襄阳。

在这之前，中共湖北省委就派刘瑞芳、韦君宜、张光年、左觉农等一批干部到襄阳恢复、发展党的组织。各级党组织健全后，吸收了一大批共产党员，团结了广大基层群众，在鄂西北地区掀起了抗日救亡运动的高潮。

为了落实董必武关于建立"合作"组织指示，争取李宗仁支持国共合作、共同抗击日寇，李相符与钱俊瑞共同起草了一个工作计划。计划要点是：

第一，组织名称：第五战区豫鄂边区抗日军政指导委员会。

第二，主要任务：进行民众抗日组织，发展民众抗日武装，配合正规军作战，协助地方政府进行抗日文化教育，搞好生产……

第三，中心活动地区：东至平汉（京汉）路，南至长江，西至汉水，北至桐柏山脉，委员会暂设在湖北随县专区境内。

第四，委员会设委员5—7人，由第五战区司令长官任命，领导本区一切地方抗日军政工作。委员会设主任委员、副主任委员各1人。委员会下设军事指挥部和政治指导部，分别负责军事和政治工作。军事指挥部设总指挥和副总指挥各1人；政治指导部设主任和副主任各1人。

第五，委员会每月开支经费由战区长官司令部按时拨付。

李相符与钱俊瑞起草好计划后，又经过大家一番讨论，然后由钱俊瑞送交李宗仁。

李宗仁率领部队进入鄂西北地区后，虽然受到人民群众抗战热情的鼓舞，但他意识到其所属部队在鄂西北立足未稳，随时可能遭到日军攻击，面临很大的军事压力。因此，李宗仁此时不得不利用国共合作的政治形势，企图在抗日民族统一战线的旗帜下借用中共的力量，同中国共产党携起手来共同对敌。

11月的一天，李宗仁亲自主持召开高级干部会议，主题就是讨论李相符、钱俊瑞起草的合作计划方案。由于有李相符、钱俊瑞与李宗仁事先的沟通，会议进行得较为顺利。经过讨论，李宗仁把这一组织定名为"第五战区豫鄂边区抗敌工作委员会"（通称为"抗委会"）；抗委会由石毓灵、李范一、李相符、范文澜、陈超等五人组成，李宗仁指定湖北省第三行政督察专署（又称随县专署）专员石毓灵为抗委会主任委员，李范一为副主任委员。抗委会下设军事指挥部和政治指导部。石毓灵兼任军事指挥部总指挥，陈超（李宗仁的高级参议）兼任副总指挥；李范一兼任政治指导部主任，李相符任副主任。抗委会办公地点设在随县专署所在地。

会后，李宗仁把这一决定电示了石毓灵。李相符和陈超带领30多名工作人员乘汽车从樊城赶到随县，与石毓灵交换了意见。11月14日，接到正式委任后，李范一从宜昌、范文澜从信阳分别赶到随县均川镇。11月17日，抗委会有关人士在均川镇杨氏祠召开会议，第五战区豫鄂边区抗敌工作委员会在随县第三专员公署正式成立，并开始办公。

抗委会把一大批有志于抗日的人才会集在自己周围。例如，李范一由湖北应城带来了一批干部（其中有许子威、雍文涛、潘琪等共产党员），他还推荐原中共湖北省委常委宣传部长陶铸任抗委会顾问；李相符带领的随同干部也到了随县大洪山；陶铸、钱瑛也先后到达随县，并以长岗店为基地成立了以钱瑛为首的中共鄂中区党委。这时抗委会的工作实际上已经完全在中共的领导之下了。

抗委会成立后，在中共鄂中区委的领导下，李范一、李相符领导政治指导部在随县及其周围开展了一系列宣传抗日的活动。

一是派出大量工作小队到农村召开群众抗日动员大会，宣传中共制定的抗日民族统一战线方针政策，进行宣传发动工作，成立抗日农救会、妇救会等组织。以均川、长岗店为中心，各个工作小队在随县、钟祥、京山、应城等地区的重要村镇，如张家集、三里岗、长寿店、古城畈、洛阳店、小埠街、黄家集、宋河、平坝等，都派有工作队，群众的抗日热情和自觉性积极高涨。

二是开办干部训练班。第一期干部训练班在均川镇开办，共招收学员 30 多人，学员多数是均川镇附近的小学教师和回乡的中小学学生，也有少数是从外县抽调来的。政治课程分别由政治指导部负责同志授课。李相符亲自兼任班主任，并用日语教学，练习对日宣传口号。学员结业后都被分到附近各市镇去建立工作据点。后来，又在长岗店开办了第二期干部训练班。招收的学员有 100 多人，大多数是从应城、京山、钟祥等县一般地方干部中抽调出来的骨干。这一期学员，无论规模还是质量都高于第一期。杨学诚担任教育长，李范一兼任班主任，对学员进行了比较正规化的军事教育。原计划训练三个月，后因形势变化提前结束。

三是创办、出版《大洪报》，作为抗委会宣传与组织群众的舆论阵地。《大洪报》于 1938 年底创刊，是一张四开油印报纸，由陶铸亲自领导，李相符主编，史略负责编辑工作，参加具体工作的还有黄有权、古寿珠、谭则敏、郭旷良、李琼仪等。在创刊号上，就以头条位置登载了一篇题为《为建立豫鄂边区抗日根据地而斗争》的文章。到 1939 年 5 月，《大洪报》前后共出版 30 多期。

四是实行民主政治改革，建立"三三制"抗日民主政权。政治指导部成功推荐进步人士孙耀华担任应城县县长兼县游击队司令，组织农民抗日自卫队。政治指导部还进行了一些保甲制度的改革，推动民选保甲长。督促地方政权维护商品流通，打击扰民的地痞、兵痞，整顿地方社会秩序。通过这些工作，政治指导部赢得了人民群众的拥护和信任，它的影响一天天地扩大，和老百姓的关系也一天天地密切起来，被群众亲切地称为"正直部"。

　　豫鄂边区抗委会工作在中国共产党的影响与领导下，取得了很大的进展，在短短几个月时间里，以大洪山、长岗店为中心的鄂中各地迅速掀起了一股群众性的抗日救国热潮。在应城一带建立的党领导的武装力量，保护群众利益，经常袭击敌人，在民众中有了强大的基础，这些都对后来李先念率领新四军豫鄂挺进队开辟鄂中敌后根据地起到了先锋作用。

　　然而，随着国民党统治集团消极抗日、积极反共政策的推行，统一战线内部的矛盾与冲突不断增加。1939年4月，第五战区当局按照蒋介石集团的旨意，勒令撤销了抗委会。并要求李范一、李相符等离开大洪山。此时，李相符因长期战争环境，生活较紧张，突然生病（后确诊为患有溶血性黄疸病），且因当时环境关系，亦未得到治疗机会。于是，党组织同意他去重庆治病。其时，李相符找到重庆红岩村第十八集团军办事处，向董必武提出到延安去，但因为交通问题迟迟未能成行。1940年初，李相符在夫人李琼仪陪同下来到成都四圣祠的三大学联合医院治病。3月，陶铸来到成都，又曾约李相符一同赴延安，一来病体未愈，二来夫人怀有身孕，故未能同行。同年8月，李相符应四川大学农学院之聘，担任森林系教授。

结缘中国民主同盟，继续致力民主统战工作

　　中国民主同盟（通称"民盟"）的前身是诞生于1941年3月的中国民主政团同盟。当时，民盟作为国民党和共产党之外的第三种政治力量，在中国政治舞台上发挥着举足轻重的作用。在中国共产党抗日民族统一战线政策引导下，民盟与共产党密切合作，团结各界爱国知识分子，以各种形式开展抗日救亡运动，为中华民族的解放作出了重要的贡献。

　　1940年8月，无法去延安的李相符受聘担任四川大学森林系教授。在此期间，李相符与党组织保持着经常性的联系，并以教授职业为掩护，在党组织领导下，利用四川实力派和蒋介石中央政府的矛盾，从事四川上层统战工作，由此与民盟结下了不解之缘。

　　1941年，李相符得到四川地方实力派人物刘文辉的支持，组织成都各大学进

步学者、教授、爱国知识分子和地方上层人士参加秘密政治团体"唯民社"。"唯民社"是中共倡导的抗日民族统一战线的成果之一，也取得了当时著名的社会贤达、民盟领袖张澜先生的支持。"唯民社"的成立，加强了中共对以刘文辉为代表的川康将领的统战工作，团结了一大批中上层人士和知识分子。该社创办的《大学月刊》《青年园地》《民众时报》《华西晚报》等进步报刊及书店，对我国西南地区民主运动产生了广泛的影响。

1944 年 9 月，李相符加入民盟。当时"中国民主政团同盟"刚刚改组为"中国民主同盟"。李相符充分利用自己四川大学教授和民盟盟员的身份，积极介绍许多教员和学生加入民盟组织，促使当地民盟的组织活动与青运、学运紧密结合，连续组织并推动了一系列的爱国民主斗争。比如组织国是座谈会、声援民盟《华西晚报》被砸事件、追悼昆明一二·一惨案死难烈士的集会、声讨较场口事件的游行等。在这一系列爱国民主运动中，李相符既是策划者，也是指挥者，凡重大集会和游行示威，他总是亲自参加，走在前列。

1945 年冬，一二·一惨案发生后，四川大学师生召开声讨昆明惨案制造者、反对内战大会。李相符在会上激愤地发表演讲："如果反对内战的人就被认为是共产党，就该被屠杀的话，今天人民都反对内战，不都该杀了吗？昆明同学英勇牺牲，我们要开个追悼会也不让。抗战胜利了，我们没有笑的自由，连哭的自由也没有了吗？"他的话引起了在场同学的强烈共鸣，极大地振奋了热血青年的士气。从此，"继承烈士遗志，反对进行内战"的口号响彻川康大地。尽管李相符是中共地下党员，但他多以川大教授和民盟盟员的身份公开活动，由此可以看出，中共与民主党派水乳交融的合作历史，从一开始就血脉相连、割舍不断。

1946 年 3 月，四川大学的反动分子为打压进步师生，特别是要把以李相符为核心的一些进步师生排挤出川大，炮制了惊动川大校内外的"三教授"事件。1946 年 3 月 12 日，反动分子在川大图书馆大楼前贴出一张题为《新民主》的特大壁报，污蔑李相符、彭迪先、陶大镛三位教授。几天后又在图书馆前贴出所谓的"李相符启事"，污蔑李相符主张苏军解放东北等，还在图书馆前聚集拍照、辱骂李相符教授。

李相符同代行校长职务的叶石荪赶到现场，面对反动分子的辱骂、包围甚至企图围殴的行径，李相符丝毫没有退缩。他大义凛然地走上图书馆前的台阶上，撸起袖子，大声喊道："我李相符一生为国为民，追求国家太平、人民民主。即便是现在，我的态度依旧没有改变，对于内战我是坚决反对的，对于民主我是舍命追求的！任何反动派的污蔑，都不可能使我屈服，都只会更加坚定我对和平、民主的信念和追求！"李相符展现的浩然正气，使在场的反动分子见状只好悄悄地溜走了。这一事件最终以特务学生被记大过、停学一年，训导长丁作韶被撤、王文元被解聘而结束。

这年9月，中国民主同盟总部迁往南京。为了使中国共产党能够在民盟内部起到一些政治上的推动作用，加强党和民盟的联系，李相符与周新民、李文宜等都转到中国民主同盟总部工作。李相符出任民盟中央青年工作委员会副主任。1947年10月，国民党政府宣布民盟为"非法团体"，民盟总部被迫解散。李相符在民盟总部被监禁两个月后，经上海秘密潜行到香港。到香港后，李相符参加了民盟的恢复工作。

1948年1月，民盟在香港召开一届三中全会，宣布成立临时总部，同时公开宣布同中国共产党携手合作，共同为彻底摧毁国民党反动政府，实现民主、和平、独立、统一的新中国而奋斗。会后，李相符担任民盟组织部副部长职务，此时李相符依旧保持与党组织的联系，受中共特派员连贯同志领导。

1949年1月，李相符在中国共产党的帮助下，经内地武汉辗转到达解放后的北平。此时，民盟总部已先期迁至北京，李相符继续担任民盟总部组织部副部长，5月4日，李相符出席了第一次全国青年代表大会。9月，李相符以中国民主同盟代表的资格参加了中国人民政治协商会议第一届全体会议。10月19日，李相符被任命为林垦部副部长。

1951年11月5日，李相符被任命为林业部副部长。

1953年2月，48岁的李相符受命担任北京林学院院长，筹建新中国的林业高等专门学校，从此在这里开始了长达十年的林学教育工作，也算是回归自己的专业老本行。为了林学院的长远发展，李相符两次打电话向周恩来总理汇报、请示，取得了总理的支持，历经曲折，把学校从西山大觉寺迁到肖庄（今海淀区清华东路），作为林学院永久校址。林学院新校园内，仅教学用苗圃就达380亩。而这时

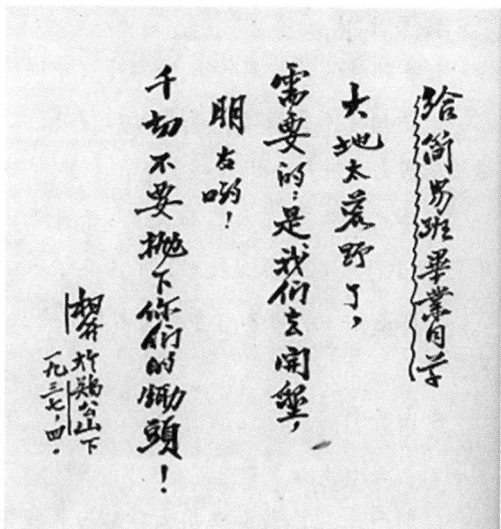

李相符为武汉大学林学班毕业学生题词

给简易班毕业同学

大地太荒野了，需要的：是我们去开垦，朋友呵！千切不要抛下你们的锄头！

解放鸡公山下
一九五七·四·

的林学院苗圃已远不是 10 多年前战火纷飞时代鸡公山那个农林总场所能够比拟的，而作为林学院院长，显然也比那个场长更能够实现他的"林学梦"了。

1962 年，北京林学院已经粗具规模。10 月 16 日，是北京林学院十周年校庆纪念日，时年 57 岁的李相符，恰巧又是蒙冤昭雪之时，心情异常激动，他填词一首《渔家傲》表露心迹：

　　秋林红染西山色，难忘大觉旧时宅，十年星霜无休歇，红专结，踏遍兴安黄河泽。
　　红旗漫卷迎校节，桃李成荫映秋月，一肩担荷新林业，记师说，青蓝永久相和协。

1962 年 12 月，李相符调任中国林业科学研究院副院长，并当选为中国林业学会第三届理事会理事长。

1963 年 10 月 20 日 3 时 20 分李相符病逝于北京，享年 58 岁。

参考文献

1. 李相符:《我的自传》,原载于《中国林业教育》2005 年增刊。

2. 李相符:《抗敌工作委员会》,参见鄂豫边区革命史编辑部:《鄂豫边区抗日根据地历史资料》(4),内部资料。

3. 李元、李亨:《木落知风劲 云开见山高——纪念父亲李相符诞辰 100 周年》,原载于《中国林业教育》2005 年增刊。

4. 印嘉佑、李明珠:《李相符教授生平大事纪年》,《中国林业教育》2005 年增刊。

5. 田青刚:《武汉沦陷前鸡公山抗战文化基地的形成及其影响》,原载于《天中学刊》2016 年第 3 期。

6. 彭迪先:《民盟和四川大学"三教授事件"》,原载于《群言》1991 年第 3 期。

柳野青　鄂豫边区的红色教育家

柳野青（1902—1988），湖北黄陂木兰乡柳家湾人。1919年考入武昌中华大学中学部，1920年参加恽代英创办的利群书社活动，1924年考入黄埔军校第四期。后一直从事教育工作。1931年在武昌艺术专科学校任教，创办文艺刊物《煤坑》，宣传抗日爱国。一二·九运动后参加上海文化界救国会活动，创作《中华民族不会亡》歌词，由吕骥谱曲，成为传唱全国的抗日歌曲。1938年回家乡黄陂开展抗日游击活动，任第三区区长兼自卫队第三大队大队长。1941年参加新四军，历任鄂东公学首任校长，鄂豫皖边区鄂东办事处教育科科长、副主任，边区行署司法处处长，鄂中区专员，苏皖边区临时参议会参议员，皖北行政学院副院长等职。中华人民共和国成立后，历任湖北省文教厅副厅长，教育厅副厅长、厅长等职。

新民主主义革命时期，无数志士仁人通过不同的方式报效国家、救国救民，他们有参加革命，抛头颅、洒热血的；有自力更生，开办实业，创造民族品牌的；有以笔为刀，著书撰文章，为民族摇旗呐喊的……而在湖北黄陂，却有一位文人，坚持在抗日根据地内办教育，为新四军培养人才，新中国成立后依然在教育行业发光发热。

他就是爱国教育家柳野青。

年少立下的救国志

塔耳岗，现位于黄陂县木兰山东北麓，离县城 35 公里，东北面与红安县山水相连，东南面与蔡榨镇、长堰镇接壤，西南与长轩岭镇毗邻，西北与姚家集镇交界。全乡版图面积 105 平方公里，是个位处偏僻、交通闭塞的丘陵山区。

1902 年，柳野青出生在塔耳岗柳家湾的一户半耕半读人家里。父亲颇识诗书，很早即教柳野青读书识字。家乡的贫穷、愚昧以及贫富差别在年幼的柳野青心里产生了诸多疑问：为什么大多数人这么穷？怎么改变这种现状？他百思不得其解。

在家乡读完小学后，1919 年，年仅 17 岁的柳野青进入武昌中华大学中学部

塔耳岗位于木兰山东北麓

第九班学习。那是一片全新的天地，不仅学校收藏有大量的进步书刊，更重要的是，老师、同学们思想活跃，读书会、演讲会、辩论会几乎无日无之。柳野青如跃入书海一般，如饥似渴地阅读进步书刊；他克服山里孩子的腼腆和胆怯，积极参加各种社团活动，接受进步思想的熏陶。与一般懵懂青年不一样的是，这时的他通过学习和思考，已有了为寻求救国救民真理而读书的强烈愿望。

1921 年中国共产党成立以后，全国工人运动、学生运动逐渐兴起，董必武、陈潭秋、恽代英等以武汉中学、湖北第一师范学堂、中华大学中学部为阵地，一面任教，一面从事革命活动，成立各种进步团体，创办各种刊物，举办各类扫盲和培训学校，借助多种形式向学生宣传革命道理，宣传俄国十月革命的胜利，宣传新三民主义，传播马列主义。很多学生觉醒起来后，成为马列主义的传播者和革命的鼓动者，有的加入了中国共产党。柳野青在此期间熟读《共产党宣言》《新青年》《新潮》等书籍和杂志，马克思主义思想在他的心里留下了深深的烙印。

激扬文字入书社，怀揣理想进黄埔

利群书社，是由具有初步共产主义思想的进步青年恽代英在武昌创办的学生团体，是五四时期武汉地区最大的进步社团。它不以赚钱为目的，而以"利群助人，服务群众"为宗旨。1920 年 2 月 1 日，利群书社在武昌横街头 18 号正式开始营业，柳野青是最早加入利群书社的进步青年。

利群书社的进步青年

从成立那天起，利群书社就致力于介绍新文化、传播马列主义：它销售《共产党宣言》《社会主义从空想到科学发展》等马列著作和《马克思资本论入门》《社会发展史》《共产党》《星期评论》《少年中国》《时报》《晨报》等进步书刊；毛泽东主办的《湘江评论》，在武汉也由利群书社代售。利群书社的年轻人每到晚上便讨论学术，交流心得，互帮互助。在此期间，恽代英对柳野青的思想影响很大。

恽代英是中共早期马克思主义者，此时担任中华大学中学部主任，也是柳野青的英文教师，柳野青与他有较多的接触。恽代英经常"教育同学，要爱国家，为人民，以天下兴亡为己任，要立志改造社会，改造国家。要注意时事，关心国家大事。他重视课外学习，教学生看小说，看《新青年》等杂志"①。这让柳野青明确了学习方向和目的。

正是在恽代英的引导下，在利群书社同人的相互激励下，柳野青加深了对马克思主义和社会主义的理解，同时也提升了理论水平，这为他后来参加革命以及与中国共产党合作奠定了基础。

中学毕业后，柳野青在武汉一所中学教书，开启了他一生乐于从事的职业生涯。

不久，国共实现第一次合作，革命浪潮随之席卷两广。为培养军事人才，孙中山先生创办了黄埔军校。柳野青听闻后，激情澎湃，立即赶往广州，于1924年考入了黄埔军校第四期。他在"入校原因"一栏中写道："为欲改造军队。"这段经历，为他后来组织游击斗争打下了基础。

参加中共领导的抗日救国运动

1935年12月9日，北平大中学生数千人举行了抗日救国示威游行，反对华北自治，反抗日本帝国主义，要求保全中国领土的完整，掀起全国抗日救国的新高潮。这是中国共产党领导的一次大规模学生爱国运动，史称一二·九运动。同

---

① 柳野青：《回忆恽代英老师》，原载于《湖北文史资料》第一辑，湖北人民出版社1980年版。

热血青年教唱抗日歌曲

年 12 月 12 日，经中共地下党员串联、推动，马相伯、沈钧儒、邹韬奋、章乃器、陶行知、李公朴、金仲华、郑振铎等 283 人签名发表《上海文化界救国运动宣言》。27 日，上海文化界救国会成立。也就是这个时候，柳野青加入了上海文化界救国会，并以满腔热忱创作了《中华民族不会亡》歌词。歌词写道：

> 奋斗抵抗，奋斗抵抗，中华民族不会亡！
>
> 奋斗抵抗，奋斗抵抗，中华民族不会亡！
>
> 国难当头，不分党派齐奋斗，
>
> 暴日欺凌，男女老少齐抵抗，
>
> 齐心奋斗，合力抵抗，中华民族不会亡！
>
> 齐心奋斗，合力抵抗，中华民族不会亡！

歌词于平易中饱含激情，于悲愤中号召国人团结一致，万众一心，抵抗日寇，收复东北；于沉郁中呼吁蒋介石改变"攘外必先安内"的既定国策，停止内战，一致抗日。

这首歌由吕骥谱曲，一经唱出，轰动一时，便成为传唱全国的抗日歌曲。

返乡组建抗日游击队

1937 年 7 月 7 日，卢沟桥事变后，抗日战争进入全民族抗战阶段。1938 年，为保家卫国，柳野青回到黄陂开展抗日游击活动，任第三区区长兼自卫队第三大队大队长。

1939 年春，国民党鄂东行署专员程汝怀指派胡季苏率第七游击支队来到仙台寺组建黄陂县政府，胡季苏任县长。胡季苏是个军人，却有意利用"团结抗日"，收容爱国有为青年，治理军、政事务，从而发展自己的势力。他特别表示愿意团结共产党，共同抗日。当时黄陂的中共党组织为贯彻执行党的抗日民族统一战线政策，也通过柳野青和王崇艳（地下党员）的关系，与胡季苏取得联系。胡季苏顺水行舟，表示乐于接纳共产党员，于是，一批共产党员如魏天一、杜天仇、刘天明、祝季伟、彭何能等，进入了胡季苏的县政府。胡季苏领导的县政府和军队在塔耳地区由于得到了共产党和人民群众的支持，一时兵精粮足，战力大增，从而在一定程度上维持了敌后治安，保护了黄陂东北部人民的安全。

加入新四军，乐当红色教育家

这期间，以李先念为首的新四军豫鄂独立游击支队自 1939 年 1 月从河南竹沟出发后，力量迅猛发展，到 1941 年 2 月发展为新四军第五师，创建了豫鄂边区抗日民主根据地。1941 年 4 月，豫鄂边区行政公署诞生。黄陂县抗日人民民主政府亦于 1941 年春正式成立。柳野青有感于共产党真抗日、真为民，遂在这一年脱离国民党，以民主人士的身份参加了新四军，利用文化专长，为新四军第五师举办各种文化班，提高干部战士的文化水平。

此时的新四军，正面临皖南事变后国共摩擦加剧的不利局面，不仅要坚持抗日，对付日寇的进攻，同时还要防范国民党部队背后捅刀。柳野青此举对黄陂地区国民党方面打击不小。

参加新四军后，柳野青利用在黄陂，尤其是在塔耳地区的崇高声望，积极发动群众，参军拥军，为新四军捐粮助物，支持新四军抗战。

1943 年秋，国民党鄂东地区的程汝怀派重兵袭击陂安南地区，新四军第五师在李先念、陈少敏的亲自布置和指挥下，在洪界山一带坚决阻击顽固派的进攻，组织了有名的"洪界山阻击战"。

　　洪界山属黄陂的蔡榨，位于塔耳岗的东面，眼看家乡就要遭到顽敌的蹂躏，柳野青和当地抗日民主政府工作人员一道，深入家家户户，动员群众支援前线。在他们的动员下，几乎全塔耳岗的男女老少都行动了起来，有的群众用水桶和箩筐挑着饭菜和茶水送往阵地，有的抬着担架运送伤员，有的向阵地运送弹药、军用物资，塔耳岗一时出现人民战争的生动局面，很快打退了顽军的进攻。柳野青为这场阻击战的胜利作出了贡献。

　　此后，柳野青随第五师指战员一道，坚持抗战至抗日战争的全面胜利。

　　1946 年 6 月，国民党出动 30 万大军围攻中原解放区，解放战争随之爆发，中原人民解放军被迫突围。柳野青随李先念司令员北上突围，转入豫皖苏解放区。

　　随着解放战争的节节胜利，解放区不断扩大，需要更多的行政管理人才接收新解放区，各解放区遂创办了各类学校，培训干部，充实到解放区人民民主政府中担任公职，泉滨中学便是这众多学校中的一所。泉滨中学是 1948 年 6 月由豫皖苏第四行政公署创办，校址设在安徽临泉县，柳野青任校长。它招收知识青年和在职干部入校学习，毕业后一部分就地充实到各级政府，一部分随解放军渡江接收新解放区。自这时起，柳野青又投入到解放区的教育行业之中，此后还先后担任鄂东公学校长，鄂豫皖边区鄂东办事处教育科科长、副主任，边区行署司法处处长，鄂中区专员，苏皖边区临时参议会参议员，皖北行政学院副院长等职。

为新中国的教育事业继续发光发热

　　中华人民共和国成立后，柳野青依旧在教育领域任职，历任湖北省文教厅副厅长，教育厅副厅长、厅长等职，同时他还兼任中国人民政治协商会议第三届、第四届全国委员会委员。柳野青亦曾担任过湖北省教师进修学院院长，如今，这所学校已发展为区域性知名师范院校——湖北第二师范学院。他著有诗集《春秋集》等。

　　柳野青的一生与中国共产党紧密相连，在大时代的变迁中，他的人生亦随着国运而起伏，他这一生的经历生动地诠释了什么是与家国同呼吸、共命运的真谛。

参考文献

1. 胡传章、哈经雄:《董必武传记》,湖北长江出版集团、湖北人民出版社 2006 年版。

2. 齐光:《风雨沧桑》,武汉大学出版社 1994 年版。

3. 屈德骞主编:《中原雄师——新四军第五师战斗故事集》,武汉出版社 1995 年版。

4. 马焰主编:《英魂永存》,海洋出版社 1996 年版。

5. 本书编辑组编:《执一不渝,热血洗苍穹——张执一文集》,华文出版社 2006 年版。

6. 李克申主编:《江汉军区——1945 年 10 月至 1949 年 6 月》,内部刊印。

7. 鄂豫边区革命史编辑部编:《战斗在鄂豫边区——回忆录之一》,湖北人民出版社 1981 年版。

8. 鄂豫边区革命史编辑部编:《鄂豫边区抗日民主根据地史稿》,湖北人民出版社 1995 年版。

9.《王翰传》编写组:《王翰传》,人民出版社 1999 年版。

龙剑平（1907 年 10 月—1942 年 2 月），原名龙中尧，湖北省荆门县第三区建阳驿镇（今荆门市沙洋县十里铺镇龙坪村）人，是襄西抗日民主根据地的重要开创者和领导人之一。龙剑平七岁时，在家乡私塾接受启蒙教育。大革命时期，考入荆州省立江陵中学，参加过共青团活动。1927 年初，回家乡建阳驿镇参加农民协会。后担任荆州专署科长。全面抗战爆发后，在十里铺筹组自卫中队，后被国民党荆门县政府委任为第三区公署区长、三青团负责人。1938 年，组建抗日自卫大队，任大队长。1940 年 8 月，率部在荆（门）南起义，加入新四军，先后任营长（大队长）、襄西行政委员会主席。1941 年 5 月，加入中国共产党。1942 年 2 月，因奸细出卖，遭日军突袭，壮烈牺牲，享年 35 岁。

受编不受调

1937 年，全面抗战爆发，龙剑平对日本帝国主义侵华行径感到无比愤慨，为保卫家乡，毅然回到荆南，邀约好友姚志惟、李家谟等人筹资购买枪支，组建了一支自卫队。

1938 年初，龙剑平被国民党荆门县政府任命为第三区公署（十里铺）区长和三青团区队长。龙剑平为人正派，思想进步，具有爱国心和正义感，是荆南青年士绅中的首脑人物。他利用区长的"合法"身份，把姚志惟、李家谟、郭先春、李香甫等一帮爱国青年团结在自己身边，协助开展工作。姚志惟在大革命时期原是黄埔军校武汉分校学员中的共产党员，大革命失败后同党组织失去联系，回家乡后被龙剑平委任为第三区公署区员。李家谟、郭先春负责掌握第三区地方武装——区自卫中队。李香甫、李家谟担任联保主任。他们都是一帮热血青年，主张抗日救国，合理负担战时勤务，思想比较进步、开放。

还在全国抗战之初，荆门地区各种抗日救亡组织就十分活跃，经常深入荆南各地开展抗日救亡活动。陶铸、曾志通过汤池训练班和临时学校为荆南培养了一批共产党员、进步青年和抗日骨干。通过他们的宣传发动，中国共产党的《抗日救国十大纲领》和抗日民族统一战线政策不断深入人心。

中共荆当远中心县委驻地旧址

1938 年 10 月，武汉失守，中共湖北省委决定"创建荆（门）当（阳）远（安）据点，以便建立省委机关，领导西、北、中各区组织"，并调派曾志、吴云鹏等到荆当远工作，加强领导。10 月底，荆当远中心区委成立，曾志任书记，隶属中共鄂西北区党委领导。

1939 年 2 月，鉴于荆当远地区党组织发展迅速，鄂西北区党委在荆当远中心区委的基础上组建荆当远中心县委，曾志任书记，领导荆当远及钟（祥）西地区党的工作。

荆当远地区党组织成立后，广泛动员群众开展抗日救亡活动。共产党员和党的积极分子纷纷深入集镇街头、学校、乡村开展抗日演讲、张贴抗日标语，帮助各学校组织青年学生建立抗日救亡宣传队，教唱抗日歌曲，表演抗日戏剧，宣传党的抗日主张和统一战线政策，激发人民群众的抗日热情。在街头农村，宣传队员把《论持久战》《新华日报》等抗日书籍、报纸带在身边，边宣传边销售。在学校，宣传队制作墙报，张贴标语，油印、散发传单，广泛宣传抗战道理。荆门县城的大街小巷、广大农村集镇，到处传扬着抗日的歌声，掀起了抗日救亡运动的热潮。

在人民群众抗日热情被激发起来的背景下，荆南党组织秘密串联农民群众和积极分子，运用清算、改选等各种形式的"合法"斗争，揭露、反对国民党地方基层政权负责人通匪、贪污、买卖壮丁、不合理负担等影响抗战、危害人民的不法行为，并把一些掌权的坏人赶下了台，推选当地一些有影响的开明人士上台执掌乡、保领导权。

共产党在荆南一带领导的抗日救亡活动声势浩大，高潮迭起。身为国民党荆门县第三区公署区长的龙剑平心中对此感触颇深，充满敬佩。他对共产党《抗日救国十大纲领》和抗日民族统一战线政策也非常赞同、认可。认为只有共产党才能团结民众抗日，唯有唤起广大民众抗日，才是救亡的出路。因此，在区长任上，龙剑平积极主张抗日救国，发动群众支援前线，合理负担战时勤务，惩办贪污腐化的乡保人员，受到第三区人民群众的称赞和拥护。例如，五里铺国民党地方头目舒厚甫的连副王品一，因敲诈百姓，侮辱妇女，群众到龙剑平那里告状，龙剑平马上给予撤职查办。

从汤池临时学校学习归来的荆门籍青年杨震东，时年十七八岁，在校读书期间就加入了中国共产党，积极投身于抗日救国的革命斗争中。他受组织安排，当上了杨家集联保主任。修公路时就把需要征收的民夫、款项大量摊派到地主豪绅的身上。拉壮丁时尽量让地主豪绅子弟去，让基本群众的子弟设法能躲就躲，能跑就跑。有一次，杨震东将前区长、大土豪刘武陔的儿子送了壮丁，送到十里铺区公署时，龙剑平担心杨震东遭受打压、报复，就给释放了。龙剑平特地打电话关照杨震东说："不要把关系搞僵了。"

龙剑平担任区长期间的各种政策措施，荆南地方人民群众十分拥护，但触犯了以左墨香为首的大地主集团的利益，也遭到国民党荆门县政府的责难。1939年底，龙剑平被迫辞去第三区区长职务。这让龙剑平原本想依靠国民党政府抗日的幻想破灭了，他更加为国家的前途、命运担忧。此时，龙剑平心中很向往共产党，但苦于找不到门路。他经常对朋友们说："要我不抗日，绝对办不到！"

1940年6月6日（农历五月初一），日军突破汉水，侵入襄西①，国民党正规军兵败如山倒，纷纷溃乱后撤，荆南地区很快沦入日寇的魔爪之下。龙剑平耳闻目睹了国民党第五十九军、第七十七军、第四十四军不战而溃，一个劲儿地向鄂西大山区溃退的惨状，面对祖国大好河山和父老乡亲惨遭蹂躏的现实，加上受到共产党抗日民族统一战线政策的影响，他便以原掌握的区自卫中队武装为基础，并联合部分乡、保武装，招兵买马，组织起"抗日自卫大队"，自任大队长，准备在敌后打游击。

日军占领襄西后，沦陷区已无国民党正规军。日军不仅在襄西驻有重兵，还分兵驻守扼要，在水陆要道、公路沿线大小城镇遍设据点，四处网罗流氓、土匪成立维持会，拼凑伪军。同时，荆南地区大小股匪趁隙蜂起，一些国民党原乡长、区长和地方当权派，也极力搜集原有的区乡武装和散兵游勇，纷纷趁乱拉起游杂武装，打出各种旗号，抢地盘，设关卡，自封司令，割地称王。其中主要有这样几类：一类是由国民党溃兵游勇、流氓地痞混合而成的匪帮；一类是由国民党直

---

① 襄河西，泛指汉江（又称汉水）以西、长江以北的地区，主要在荆门、当阳及钟祥河西地区。历史上，汉江流经湖北襄阳以后，汉江下游老百姓又称其为"襄河"。

接指挥的县、乡武装游击队，亦官亦匪，如钟祥曾宪成、荆门刘黎辉等；还有一类是封建地主武装，得到国民党承认的土匪，如周赞廷、左墨香等。这些游杂武装鱼龙混杂，丢票拉款，强拉民夫，奸淫作恶，危害人民，称霸一方，群众对他们恨之入骨，称为"哈啦队""赶牛队"。他们多拥兵自重，不事抗战。有的挂着抗日的招牌，暗中和日寇勾结，有的甚至公开向日寇投降，充当日军帮凶。溃散在襄西周围的 10 余万国民党正规军，对日军畏敌怯战，却时刻关注新四军的动态，部分国民党嫡系部队消极抗日，积极反共。

经过一段时间的倾轧整合，荆南游杂武装主要形成两大派系：一派为周赞廷（后港区长）支队，辖周赞廷、王广益、陈慧卿三个大队，约 400 人枪，驻沙洋以西至后港的汉宜公路两侧地区，属国民党第六战区荆江潜游击指挥部（指挥官王伯膏）指挥；另一派为左墨香支队，辖廖和堂、舒厚甫等大队，约有 500 人枪，驻十里铺以北的荆沙公路两侧。左兼有第五战区、第六战区的委任状，既属于第六战区荆江潜指挥部指挥，又属于第五战区第三挺进纵队（曾宪成）指挥。

在襄西荆（门）当（阳）地区，左墨香是老牌反共武装，老奸巨猾，郑家良是兵痞，粗暴残暴。他们的家都在沦陷区，趁乱拉起武装，割据称霸。还有曾宪成、刘黎辉、姚金陵等土顽。此三人是黄埔军校武汉分校毕业生，从军多年，且受国民党反共教育很深，执行蒋介石反共政策非常坚决，是襄西更难对付的土顽。这些国民党地方武装，在不到一年的时间内，发展到一万余人。绝大多数拥兵自重，割地称雄，不事抗战，专事反共。他们之间虽然矛盾重重，但在反共反新四军及抗日游击队方面却配合得格外默契。

那时，周赞廷支队驻荆南柴家集一带，左墨香支队驻荆南乔家岗一带。龙剑平领导的抗日自卫大队处于周赞廷、左墨香两个支队势力的包围之中，处境非常困难：由于自己刚刚拉起队伍，势单力薄，孤掌难鸣，随时都有被这些游杂武装、地方土顽吞并的危险，队伍发展、抗日活动处处受制于他人，今后的生存更成了当务之急。迫不得已，他与周赞廷、左墨香展开谈判，最后以"受编不受调"为条件接受改编，被编为左墨香支队第三大队。龙剑平任大队长，姚志惟任大队部秘书，李香甫任大队部副官，李家谟任手枪队队长，郭先春任中队长。龙剑平为保持队伍的独立性，还拒绝接受左墨香提供的薪饷。

此时的龙剑平，既不能独树一帜，又不甘心与这些游杂武装、土顽同流合污，更担心随时被他们吃掉……他思虑再三，认定唯有同共产党合作，才是正道。他知道荆南有共产党组织，很希望与共产党、新四军取得联系，但又苦于找不到门路。

左墨香为了监视龙部，专门派了一个姓梁的亲信来任副大队长。龙剑平明知是左墨香的奸计，但他觉得大队的主要骨干都是自己的好友，姓梁的一个人无法左右局面，因此他还是和往常一样，安之若素，继续招兵买马，扩充、训练队伍，静观待变。

举义旗投奔新四军

襄西沦陷后，国民党荆门县政府、地方团队也逃之夭夭，躲在城西北大山深处的仙居、栗溪一带苟安，失去了对辖区尤其是沦陷区的掌控。

龙剑平率部驻守在柴家集，正四处扩军时，忽然听到民间传闻，说"杨震东从当阳拉回一支队伍""杨震东从县政府拖回一个班武装"，等等，越传越神。杨震东曾任杨家集联保主任、县国民兵团分队长，与龙是好友，二人早就认识。龙剑平得此消息后心中十分高兴，便立即给杨震东写去一封信，邀约杨震东把队伍带到他那里去，共商发展队伍的大计。

杨震东驻在杨家集，接到龙剑平的信后，立即到剪子垱将情况向荆南党组织负责人李纯斋作了汇报。李纯斋与王全国、王建桥等人经过认真分析研究，认为龙剑平为人正派，思想比较开明，有民族正义感和抗日要求，在土地革命时期参加过共青团，他的队伍又是在抗日救亡运动的高潮中组织起来的，而且有一定的独立性，与荆南大地主当权派周赞廷、左墨香有矛盾，他的下属中又有倾向革命的姚志惟、李家谟等人，是荆南国民党地方武装中最有可能争取合作、共同抗战的一支队伍，于是决定由杨震东、王建桥、王全国带队去龙剑平部。杨震东带上3支枪和20多名农民积极分子，并将王建桥、王全国以"县国民兵团的弟兄"的名义同时带往龙部，伺机争取这支队伍。

杨震东等人应邀来到龙部，对他编造了一些情况，说是县国民兵团有几位弟兄奉命押送壮丁，路上遇到日本人来了，无处安身，就到杨家集找杨震东。外面把话传走了样，说杨震东从当阳带回多少多少人，其实根本就没有那一回事。

龙剑平听后，半开玩笑地说："老兄只有三条枪，怎么当中队长？"杨震东回答道："我接到你的信，来这里就是为了抗日，不是当官来的，当兵、当班长都行。"龙剑平见杨带来的人枪不多，心中多少有点失望，但见到好友前来相助，仍然十分高兴，就将他们留下。

到了晚上，龙剑平兴冲冲地对杨震东说："赵学古有20多条枪在这里，他不敢干，你如果能找到一些人把这些枪背上，就让你当个分队长。"杨震东一听，心中蛮高兴，但嘴里仍然说："容我试试看，能不能找到这么多人还没有把握。"

随后，杨震东赶忙回去，找李纯斋、王建桥、王全国等负责同志商量。大家听杨震东一说，认为是一个时机，决定由王建桥、王全国二人马上组织一些党员、"抗十团"成员和农民群众积极分子，带着三支枪，参加龙剑平部队。龙剑平将他们编成一个分队，任命杨震东当分队长。王建桥、王全国到其他中队当了班长。

不久，杨震东的枕头下面放的一本书——《论持久战》被李香甫发现，报告给了龙剑平。龙剑平就找杨震东谈话，并用了一些他们掌握的情况来证实杨震东是共产党员。杨震东因不清楚龙剑平的政治态度，只好极力否认。

又过了不久，有人向左墨香告密，说龙剑平部有两个河南人（指王建桥、王全国，他们两个人都是鄂北口音，被误认为河南人），来历不明，可能是共产党的奸细。一天，龙剑平接到左墨香密令，说"二王"系共产党嫌疑分子，着令查处具报。这时，龙剑平风闻石牌来了新四军，正急欲找到共产党，故而对左墨香的手令按住未办，并想通过杨震东了解真相。

龙剑平数次试探性地向杨震东问及两个河南人的情况，问杨是不是共产党员，随后又数次向杨震东问及河南人及石牌的情况，表明他恳切希望能找到共产党组织，如果杨震东与石牌新四军取得联系，愿将部队都拉去参加新四军。杨震东未经组织同意，无法回答，便一口咬定："两个河南人是国民兵团的弟兄，三支枪是他们背下来的，还有一个弟兄走了。""我不知道石牌来了新四军。"等等。杨震东以这些借口来应付龙剑平。

龙剑平见杨震东不肯吐实情，便和姚志惟一起秘密找杨谈话，向杨交底：早已有人向左墨香告状，说你们是新四军，被我们压下来了。我们是真诚愿意与新四军合作、共同抗日的，不愿与左墨香为伍，希望你能尽快帮助我们同新四军取得联系，共商抗日大计，同时还谈及了他现在的处境。

杨震东听出龙、姚二人讲的是真心话，被他俩的真诚所感动，便承认了"二王"和自己都是党组织派来的干部，但真的不知道石牌来了新四军，表示愿意为他们联系新四军。

杨震东返回分队以后，立即向王建桥、王全国作了详细的汇报。"二王"觉得杨震东未经请示上级，草率地暴露了身份，恐生意外，后经三人认真分析龙、姚的历史和现实表现，认为他们的态度可能是真诚的。于是决定，由杨震东陪同王建桥去与龙当面谈话，另派一名党员在大队部外边观察动静，王全国带领分队几名积极分子在附近山林中隐蔽保卫，以防不测。

当晚，王建桥、杨震东与龙剑平谈得很成功，龙剑平答应率部参加新四军。同时，龙要求共产党派人来整顿他的部队，为编入新四军做好准备。不久，李纯斋从行商口中得知石牌来了新四军的消息，便通过杨震东告诉给了龙剑平。龙剑平也从左墨香处得到了情报，证实了这个消息。

龙剑平为找到真正的抗日靠山而异常高兴，一面向左墨香写了报告，说两个河南人是共产党的证据不足，为防止有可疑分子混入队伍，已将他们开除；一面把王全国请到大队部，征得王的同意后将其改名为尹立，并安排他担任大队部副官，负责教育部队和整顿军纪。王全国与龙剑平、姚志惟一起共同掌握部队，在大力做抗日宣传工作的同时，帮助整顿这支队伍。

事隔不久，又有人向左墨香告发，说杨震东是共产党员。一天傍晚，左墨香以"点验"部队为名，突然通知龙剑平率全体官兵到路西（襄沙路）的指挥部——乔家岗集合。部队集合后，左部又通知分队长以上军官立即集合点名。当时已是深夜，龙剑平和杨震东、王全国都警惕起来，决定让杨推说有病不去，与党员班长罗永仁在附近隐蔽起来。军官集合以后，左墨香首先就点杨震东的名。龙剑平当即回答：杨分队长打"摆子"（疟疾），腿上长大疱，没有来。左墨香听说杨震东因病未到十分恼怒，立即派五名手枪队员去寻找。

此时，龙剑平、王全国二人已完全明白了左集合军官点名的用意。部队回到驻地后，王全国命令杨震东马上离开龙部。第二天，龙剑平亲自写了"派张副官到石牌购买文具用品"的路条，并给了杨震东路费，杨立即同罗永仁一道赶去石牌，参加了新四军。

王全国在大队部任副官期间，得到龙剑平、姚志惟等的尊重与支持。他抓紧时机对全体官兵作抗战形势报告，宣传共产党的抗日主张和各项政策，加强以改善军民关系为中心的纪律教育，同时对分队长以上的军官积极做争取、团结工作。在龙剑平、姚志惟、李家谟等的积极配合、支持下，部队出现了政治空气活跃、抗日热情高涨、官兵团结相处、军民关系好转的新气象，整顿、改造工作取得了明显成效。龙部军官基本上都和王全国建立了良好的友谊，他们向往共产党。

军官中，手枪队队长李家谟是最先积极靠近党组织的。他和龙剑平是志同道合的朋友，因共同的志趣而走到了一起。李家谟听了王全国对部队作的第一次抗战形势报告后，就主动上门找王深谈，表示完全拥护共产党的抗日主张，要争取早日加入共产党。此后，他协助王全国争取其他军官，起了很好的作用。

由于龙剑平正直、坦率、赏罚分明，很受官兵拥戴，又加上这支部队的发展欣欣向荣，纪律良好，影响越来越大，深得社会各界的好评。国民党团林铺的一个联保主任受到影响，主动率领一个中队前来投靠，一下子使龙剑平的武装发展到三个半中队，300余人枪。

至此，龙剑平对王全国的工作深为敬佩，对投奔共产党参加新四军抗日的决心更加坚定。左墨香派来监视大队活动的梁姓副大队长，生活腐化，道德败坏，多次强奸民女，实为一大祸患。在整顿军纪时，经龙剑平批准，部队召开军人大会，公开宣布了梁的罪行，随即执行枪决。龙剑平部队铲除了一大隐患，便完全为共产党所掌握。

1940年8月下旬，新四军在荆南打垮左墨香后，根据襄西党组织的决定，龙剑平率领300余人枪撤离驻地，迅速向沈家集以北的罗家集转移，同新四军毛凯部会合，投奔了新四军。会合后，龙部编为新四军襄西独立团第一营（大队），龙剑平任营长（大队长），成为襄西抗日和新四军独立团的骨干力量。

武装开辟荆南根据地

襄西沦陷后，日军第13师团、第39师团以当阳县城为中心，重兵控制襄西地区，先后在荆门、当阳、钟祥、河西等控制区内的交通线上遍设据点。国民党正规军退守西至宜昌以西沿荆山东麓经远安至荆门石桥驿一线，防守部队为第三十三集团军及所辖第五十九军、第七十七军。国民党荆门、当阳、钟祥县政府都仓皇撤退到国民党防区的大后方了，旧有的政府机构及其统治秩序全部分崩离析。

国民党荆门县政府撤退到仙居寺后，原县长李福振随第三十三集团军撤离，荆门城南地主头面人物王伯膏得以继任县长。荆门县地主当权派历来就南北对立，县政权常常为城北地主掌握，县大队武装也为城北地主胡龙山等人掌控。荆门沦陷后，城南地主实力派依靠城南地区的富庶及县政府对沦陷区的管控鞭长莫及，纷纷拉起武装，割据一方。

日寇占领襄西后，抗战局势发生重大变化。1940年6月，新四军豫鄂挺进纵队司令员李先念、中共豫鄂边区党委书记陈少敏等十分关注襄西的局势，决定利用国民党襄西军政溃败之机，迅速派部队挺进襄西，协助当地党组织开辟抗日根据地。7月，指派毛凯带领纵队警卫连70多人西渡襄河，寻找失去联系的荆钟南宜特委及其掌握的武装。不久，联系到了李守宪、刘真、王全国等领导人，并会集地方武装力量一举击溃了当地部分土匪武装，在钟（祥）西的石牌地区站稳了脚跟。随后，挺进纵队又命令李炳南（第六团第三营营长）率领纵队第六团第三营增兵襄西。8月，成立襄西军政委员会，作为襄西党和军队的最高领导机构，李守宪任书记。

襄西军政委员会成立后，面临的第一个任务，就是要在军事上打开局面。8月中旬，襄西军政委员会决定，剑指荆南，打击左墨香，开辟荆南根据地。荆南是襄西的中心地带，是联系当阳、北山、石牌的枢纽，战略地位十分重要，而且这里群众基础好，是土地革命战争时期洪湖苏区的游击根据地。荆南长期被左墨香控制，要开辟襄西，就首先要摧毁左墨香部，夺回以五里铺、杨家集为中心的荆南地区。

此时，左部已有一半力量掌握在共产党手中。左部第一大队长廖和堂是左墨香的死党，但是这个大队中有两个中队都是中共当阳县委组织起来的秘密武装，并不完全受制于左墨香。左的第二大队为舒厚甫大队。舒是左墨香的干儿子，土匪出身，这是左的基本力量。左的第三大队为龙剑平大队，已为襄西共产党所掌握。

1940 年 8 月，襄西军政委员会认为时机已经成熟，决定出兵摧毁左墨香部。新四军部队按计划长途奔袭左墨香指挥部所在地乔家岗。左见势不妙，一触即逃，司令部被捣毁，参谋长以下数十人被俘。战斗中，龙剑平大队根据襄西军政委员会的指示，在东边按兵不动，支持了打击左墨香斗争的胜利展开。左墨香逃往江陵龙会桥老家庄园后，一病不起，从此结束了他反共反人民的一生。舒厚甫逃往蔡家庙，投靠了周赞廷支队。廖和堂逃脱后，带少数人跑到当阳县河溶投降了日军。荆南左部所盘踞的地区，从此也就在新四军控制之下，左墨香支队从此不复存在。

继石牌之后，新四军在襄西又取得了一个立足点。特别是 8 月下旬，龙剑平大队三个中队及一个手枪队 300 余人枪起义同毛凯部会合后，部队迅速从雷家集向沈家集以北的罗家集转移。至此，共产党领导的襄西敌后抗日武装已全部会合。

9 月，襄西军政委员会根据边区党委和纵队的决定，成立新四军豫鄂挺进纵队襄西独立团，并在钟西季家塝召开建军大会。毛凯任团长，李守宪任政治委员，刘真任政治处主任，李炳南任参谋长。独立团下辖两个大队及警卫连共 700 余人枪。第一大队长龙剑平，教导员王全国。第二大队长刘宝田，副大队长许猛，教导员马仲凡。从此，共产党领导的襄西敌后抗日游击战争开始了一个新的发展阶段。

龙剑平起义、组建新四军襄西独立团，是荆南党组织争取和壮大抗日武装力量的又一重大成果，对争取民心归向、扩大新四军影响，建立和发展襄西抗日民主根据地，起了重大作用。

襄西抗日武装刚组建时，国民党顽军及钟祥土顽即向襄西独立团发动进攻，企图将这支初建的抗日武装扼杀于襁褓之中。

1940 年 9 月中旬，国民党新编第二军（蒋介石嫡系部队，军长陈大庆）第九十一师第二七一团、第二七二团各一个营，在钟祥土顽曾宪成部配合下，共

2000余人，大举进占石牌，并向襄西独立团主要驻地季家塝进攻，妄图消灭独立团。军政委员会闻讯后，以国共合作、共同抗日大计为重，为避免摩擦，主动撤出季家塝，向襄沙公路西转移。因为途中遇雨，独立团领导人错误估计了敌情，以为已经摆脱了顽军，遂下令在荆南的横店宿营，按原计划是应乘夜跨过襄沙公路的。次日晨，独立团刚刚吃过早饭，顽军从东、南、北三个方向向独立团包抄攻击，新四军被迫自卫还击。

独立团一大队所在阵地为全团东北边突出部分，遭受顽军三面攻击，大队长龙剑平、教导员王全国指挥部队苦战数小时后撤离战斗。该部伤亡较大，大队副教导员姚志惟牺牲，中队长李某某、指导员杨奇等10余人被俘。几小时后，独立团各部相继撤离战斗，开过襄沙公路，到达当阳的香炉山地区休整。

这次自卫反击战，在襄西被称为横店战斗，毙敌数十人，沉重打击了国民党顽军的嚣张气焰，但由于力量悬殊太大，独立团损失很大，伤亡了60余人。

独立团在襄沙路西地区休整几天后，趁新二军北撤之机，突然回马石牌，歼灭了窜入该地区的土顽曾宪成部一个区中队和手枪队，使石牌地区重新为新四军所控制。

创建襄西抗日民主政权

从1940年6月至年底，新四军逐步控制石牌、荆南（路东、路西）、北山、当（阳）东等五块大小不等的地区，依靠当地人民群众的支持，多次狠狠打击出来抢劫的小股日军，迫使日军龟缩于据点内，初步打开了襄西军事斗争的局面。新四军借此机会，到处宣传中国共产党的抗日民族统一战线政策，动员号召群众起来抗日、除奸、清匪，保卫家乡。一些原来群众基础较好的地方，群众自发起来开展清匪除奸斗争。

11月，龙剑平到大洪山向豫鄂边区党委汇报工作，受到李先念、陈少敏等领导人的亲切接见与嘉勉。

同年12月，豫鄂边区党委和纵队首长指示：必须进一步发动群众，开展减租减息工作，积极扩大抗日武装，建立各级抗日民主政权，巩固和发展根据地；依

鄂豫边区基层选举会场

靠人民群众的支援，打击日伪；对国民党反动派，要斗争得有理、有利、有节。同时，第三次增兵襄西，派纵队六团团长朱立文、政委周志刚率领纵队第六团一、二营来到襄西。由纵队第六团领导和襄西党组织负责同志组成新的襄西军政委员会，统一领导襄西党、军队和地方各项工作。襄西军政委员会由周志刚任书记，同时成立襄西地委，李守宪任书记。

襄西根据地建立了荆门、当阳、钟西三个县级党组织，李纯斋、刘宝田、史维汉（后柳之一、黄道平）分别任县委书记。县以下区乡都建立了区委和支部。荆南朱家店、石龙岗、杨家集等地建立了十几个党支部。

为贯彻落实豫鄂边区党委和纵队首长指示，襄西军政委员会根据"三三制"原则，依托路东、路西、当阳、北山、石牌五块根据地，组建了襄西行政委员会，龙剑平任襄西行政委员会主席。行政委员会下设税务局、财政科、服务团和秘书。龙剑平从此转做根据地政权建设工作。

襄西行政委员会下辖荆门、当阳、钟西三个县。因襄西行政委员会常驻荆南，直接领导荆南工作，故不设县级行政委员会及武装。当阳、钟西建立行政委员会及县大队。各区乡、村都相应建立了组织。

襄西地委和襄西行政委员会的建立，标志着党领导的襄西敌后游击战进入到新的阶段。在龙剑平的领导下，襄西根据地建设很快打开了局面。游击区内成立的团结各阶层共同抗日的民主政权，通过实行"三三制"等各项抗日民主政策，为巩固和发展根据地、消灭日寇、争取抗战的胜利，领导人民进行着英勇的斗争。

根据地的不断扩大与工作开展、新四军部队的不断壮大，严重威胁荆地区当日军的后方，日军开始对荆南根据地进行疯狂"扫荡"。

在一年多的反"扫荡"、反摩擦斗争中，襄西军民取得了很大的胜利，歼敌数千，缴获大量武器，装备了自己，积累了丰富的斗争经验，锻炼了军民，配合鄂中、鄂东兄弟部队和正面战场友军作战，牵制和削弱了敌人兵力，壮大了自己。

在取得反"扫荡"胜利的同时，襄西根据地各级政权机构进一步恢复和发展。襄西行政委员会是抗日民族统一战线性质的政权，其组织原则是"三三制"。襄西党组织根据中国共产党的独立自主原则，团结了愿意抗日的国民党爱国人士和开明士绅，组成广泛的抗日民族统一战线，为抗日共同出力。龙剑平在襄西，积极贯彻"发展进步势力、争取中间势力、孤立顽固势力"的策略方针，团结一切抗日的力量，取得了显著成绩。

襄西抗日根据地，控制了襄西 70% 以上的地区，活动范围包括钟祥、荆南、荆当等地，300 多个保，2300 平方公里，30 万人口，除日寇所控制的荆门、沙洋公路两侧和荆东北一些据点及国民党军队盘踞的栗溪、姚河、仙居等地外，其他都是新四军控制区和游击区。这里既接连大后方，又能与新四军第五师司令部联系，成为一个在敌人近后方拖着敌人、打击敌人的重要战略基地，是华中抗日及豫鄂边区抗日民主根据地的重要组成部分。

遇敌伏击，壮烈殉国

皖南事变后，襄西抗日斗争环境更加严峻复杂。襄西行政委员会一方面要组织群众支持新四军的抗日、反顽斗争，巩固根据地，同时还要领导根据地军民开展生产斗争，克服财政经济困难。在特殊时期，龙剑平革命意志坚定，理想信念不改。1941 年 5 月，根据龙剑平本人申请，党组织批准他加入了中国共产党。从此，他更加勤奋地为党工作，积极从事抗日斗争，并经受住了艰苦的战斗考验。

那时，龙剑平夫人黄鹂和尚未满月的独生儿子仍留在建阳驿的家中。日军得知这一消息后，派兵将黄鹂和儿子抓去作为人质，并写信威胁龙剑平，要他放弃抗日，脱离新四军，便可保证他夫人母子安全，否则就将他们母子杀死。龙剑平忍住内心伤痛，将劝降信撕得粉碎，斩钉截铁地说："我宁愿断子绝孙，妻子被杀，我也要跟共产党抗日到底。"他大义凛然，闻者无不感动。后经党组织多方活动，才将黄鹗母子从狱中营救出来。

抗战期间，襄西行政委员会经常在荆南一个叫沈家中湾的村子里办公、开会。

沈家中湾位于荆南张场村境内的庙山山坡上。这里离集镇较远，仅有三四户人家，不易被人发现，便于隐蔽，而且交通便利，北有一条大路通往荆门县城和当阳县河溶镇。地形上易守难攻，湾子后面是一块高地，南面过一小冲便是山，只有东南角是冲口，有一定的战略地位，襄西行政委员会便将此地作为秘密驻地之一。1942年2月6日夜晚，龙剑平率襄西行委会100余人行军到沈家中湾，已是深夜，决定在这里宿营。

此前，湾子附近的米贩子廖先榜与河溶镇的米贩子、汉留会老幺刘中元均被伪军大队长谢修亭收买，专门到处刺探新四军情报。廖先榜得知龙剑平等人宿营沈家中湾的消息后，连夜告知了刘中元，两人随即前往河溶向伪军廖和堂部告密。廖和堂随即把龙剑平驻扎沈家中湾的情况报告了河溶日军。几乎同时，在沈家中湾附近的张家场街上的茶馆老板张国良（日伪密探）也向河溶日军报告了这个消息。驻河溶日军立即向当阳的日军进行报告。

2月7日白天，龙剑平在沈家中湾召开了党员及区、乡干部会，讨论研究了公粮、税收及如何解决困难户过冬和过春节等问题。下午会议结束，参会人员大部分陆续离开。当行委会全体人员、警卫队集合、准备转移时，恰巧路西区区长李香甫前来汇报工作，于是龙剑平决定在沈家中湾再宿一夜。当晚，龙剑平和警卫队、秘书共30余人留了下来，组织大家继续开会，一直到夜半才散会就寝。午夜，当阳、河溶据点的日军100余人连夜出动，悄悄包围了沈家中湾。日军在三条山岗上架设了数挺重、轻机枪，另外一条出口则被一口大堰塘挡住，四周出口都被日军严密封锁起来。龙剑平等人都在熟睡中，浑然不觉。

第二天天刚蒙蒙亮，当阳、河溶等据点的日伪军500余人从西面发起攻击。在山岗上站岗的警卫队哨兵纪必发首先发现敌人偷袭过来，迅即鸣枪报警，击毙了一名敌军；同时，二排长纪中号、特务长刘炎武起床小便时，也发现了敌人，两人分头通知部队立即投入战斗。龙剑平立即翻身下床，迅速集合身边人员向外突围，但遭到敌人猛烈阻击，新四军战士牺牲5人，其余受伤的人员被迫退回驻地。这时，负责后山警戒的战士也遭到敌人猛烈攻击。为了掩护伤员突围，龙剑平亲自指挥部队向前山展开攻击，战斗异常激烈，新四军打死打伤日伪军多人。7时半左右，天已大亮，龙剑平一行完全暴露在敌人眼前。日伪军在轻重机枪的掩护下，向新四军驻地疯狂合围。龙剑平见情况紧急，就率众向敌军火力薄弱处突围，不幸中弹，当场壮烈殉国。襄西行政委员会秘书许玉麟及路西区区长李香甫被捕，后惨遭杀害。其余战士除分头突围的伤员有两人藏在农家的灶灰中幸免于难外，全部壮烈牺牲。

龙剑平牺牲后，豫鄂边区党政军领导表示深切的哀悼。襄西地委决定将张场乡改名为剑平乡，以作纪念，同时对沈家中湾事件发生的原因及其经过进行了认真的调查，在当阳通过与新四军有统战关系的日伪军司令刘筱约的活动，借日军之手处决了伪军大队长谢修亭。后来，廖和堂和两个米贩子奸细也被根据地军民抓获处决。

新中国成立后，1974 年，张场人民公社在烈士牺牲的地方沈家中湾竖立一个革命烈士纪念碑，立碑纪念。2015 年 7 月，荆门市掇刀区人民政府重修沈家中湾烈士纪念碑，并确定为掇刀区党员教育基地、爱国主义教育基地。

荆门革命烈士纪念碑

参考文献

1. 中共荆门市委党史办编：《襄西抗日民主根据地人物与资料》，湖北人民出版社 1995 年版。

2. 陈兆尧：《襄西抗日民主根据地史稿》，湖北人民出版社 1993 年版。

3. 荆门市掇刀区档案局：《龙剑平浴血抗日沈家中湾》，https://www.sohu.com/a/128793973_556544。

　　潘怡如（1881—1943），名康时，字怡如，湖北黄安（今红安）人。清末在湖北新军第二十一混成协第四十一标当兵，接受进步思想，参与创建群治学社和振武学社。辛亥武昌首义时，组织奋勇军抗击清军。后参与讨袁、护法运动。1927年任湖北公矿局局长。1931年，在上海秘密加入中国共产党。1937年全面抗战爆发后，参加汤池训练班，任军事教员。武汉沦陷后，回乡养病，大力支持鄂豫边区抗日游击活动，兴办怡如学校，培养青年学生为边区输送人才。1942年当选为鄂豫边区参议会驻会委员。1943年12月病逝。

潘怡如，于 1881 年 12 月出生在湖北黄安（今红安）县西寨乡庙咀一个贫苦农民家庭。早年追随孙中山参加辛亥革命，后参加北伐。土地革命战争时期，他利用辛亥革命元老的身份，竭尽所能地为中国共产党做了许多有效的工作，并在上海秘密加入中国共产党。抗日战争中，他受党的委托，先后赴汤池训练班任教，回乡养病期间积极援助新四军第五师和地方游击队，创办民办中学，以实际行动为支持抗日民族统一战线政策作出了积极贡献。

执教汤池训练班

抗战爆发后，武汉成为全国抗日运动的中心。1937 年 12 月，中共中央派周恩来、董必武等组成中共代表团来到武汉，在汉设立了中共中央长江局和八路军办事处、新四军军部。在武汉，董老受党的委托，立即着手恢复和建立各地区党的组织、筹备培训党的抗日战争骨干力量，为宣传、动员、组织和武装农民建立游击根据地，开展敌后游击战争，做好干部和组织准备。他找到辛亥革命老友，国民党湖北省政府建设厅厅长兼省合作委员会主任石瑛磋商，决定以建设厅的名义，在应城汤池开办湖北省农村合作事业指导员训练班（简称"汤池训练班"）。

训练班名义上是培训农村贷款业务的合作指导员，实际上是培养抗日干部，建立、发展鄂中党的组织，动员广大民众，开展豫鄂边区敌后抗日游击战争。

刚从南京被营救出狱、被任命为中共湖北省工委副书记兼宣传部部长的陶铸，受党组织派遣，以共产党员的公开身份，去训练班主持工作。培训班学员多为北平、天津、上海、南京流亡学生及湖北省进步青年。培训班教员由八路军武汉办事处介绍。

在选拔教员时，董必武首先就想到了他志同道合的老乡——潘怡如，因为董老很清楚潘怡如的传奇革命经历，很敬重潘怡如的高尚品德，也很敬佩他的军事才干。

早在辛亥革命时期，董必武就同潘怡如相识、相知，两人先后加入了同盟会，均成为同盟会湖北支部评议会的评议员。在武昌首义战斗中，他们俩为保卫武昌，生死与共，力排艰险，并肩战斗。在孙中山发起武装讨伐窃国大盗袁世凯的"二次革命"中，董必武和潘怡如一道参加了在湖北策动军队进行的反袁活动。"二次革命"失败后，他们俩又先后东渡日本，加入了中华革命党，共同追随孙中山先生坚持革命斗争，归国后多次并肩战斗，结下了深厚的革命情谊。这期间，潘怡如遵照孙中山的派遣，东征西讨、南征北战，其过硬的军事素养和指挥能力得到充分体现。特别是国共两党第一次合作、共同领导北伐战争时期，潘

潘怡如在汤池训练班教学时编著的《游击战争的政略与战术》

怡如在 1926 年 7 月就任国民党中央直接领导的湖北特种委员会委员，董必武担任该委员会主席。潘怡如负责军事，主要任务是领导武汉地区的秘密军事工作。他以坐轿子求医作掩护，查看了武汉三镇及其外围的敌军兵力部署情况，拟订了北伐军进军方案，并绘成图交给董必武，为北伐军攻克武汉三镇提供了重要的军事情报。对此，董必武发自内心地钦佩潘怡如的军事才干。

基于这些认识，董必武首先考虑潘怡如，请潘怡如主讲军事课，并建议在军事课中开设游击战争战略与战术。

潘怡如接到董老的邀请后，欣然应允，立即赶赴应城汤池。为帮助学员们能够在较短时间内掌握基本的战斗技能，潘怡如结合多年的实战经验和对日寇行军打仗、装备技能的了解，边教学、边撰写了《游击战争的政略与战术》一书，系

1926 年 9 月，北伐军兵临武昌城下

统介绍了此次抗战与甲午中日战争的比较、游击战争中的几个重要政略、游击队的组织问题，以及如何打埋伏战、袭击战，如何组织行军、警戒、驻扎、隐藏、保障，如何组织侦察工作、通信联络，如何避免日寇利器和破坏日寇后方交通，等等。

在教学上，潘怡如针对军事课的特点，突破了教员讲、学员听的传统教学模式，采取既讲理论，又练军事和体能，还操练游击战术的方法。他每天天刚亮，就带领学员升旗、跑步、出早操。早操时，他带着学员们高呼"打倒日本帝国主义！""抗战胜利万岁！"的口号，口号声响彻训练场。在野外开展游击战术训练课时，潘怡如不顾身体不好，坚持利用雨雪夜天气，以身示范，教学员们开展队列队形、摸爬滚打、地物利用、实弹射击等基础军事技能训练，还组织紧急集合、夜行军、游击战术等操练。办学之余，他还陪同陶铸到鄂中大洪山区察看地形，绘制了10多张军用地图。由于高强度的操练，加之伙食不好，营养跟不上，潘怡如的肠道疾病越发严重了，但他依然以火热的激情投入到教学之中。

汤池训练班从1937年12月至1938年5月，共办4期，培训学员350人。因受国民党阻挠，第4期改在武昌举行。后来，又顶住压力在汤池开办临时学校，坚持训练300余人，直至武汉沦陷才停办。这些干部成了鄂中地区以至于豫鄂边区抗日游击战争的骨干，也是后来新四军第五师的干部来源之一。

潘怡如任教期间，他与陶铸、李范一、杨显东、曾志、许子威、孙耀华、刘顺元、刘季平、黄松林、陈辛仁、李华、雍文涛、沈德纯、顾大椿等建立了深厚革命友谊。

汤池训练班开办时间尽管不长，但对中国共产党领导人民进行艰苦卓绝的抗日战争产生了巨大影响。正如后来担任国家主席的李先念所说的，汤池训练班成了"鄂豫边区敌后抗日战争的战略支撑点之一，为民族解放事业作出了贡献"。

回乡养病忙统战

1938年5月，中共中央指示长江局：动员鄂豫皖三省工人、学生、知识分子回到自己的家乡开展对日游击战争，分配党员到这些地区发展组织。

黄陂姚家山抗战纪念馆

党组织对潘怡如的去留问题进行了考虑，认为潘的身体不好，身边又有三个儿女，最重要的是党员身份没有暴露，决定委托潘回到家乡，一方面便于安心养病，另一方面对指导当地抗日游击队开展活动有利。

1938 年 6 月，潘怡如拖着病体，回到黄安老家。此时，潘怡如的家乡处于日伪、顽军、中共陂孝和陂安南（黄陂、孝感、黄安）游击队的三角地带，形势相当复杂。潘怡如以辛亥革命元老的身份在家乡养病，日伪顽对他很尊重，知道他是辛亥革命的元勋，又是东渡日本留过洋的人，各派力量都拜访、拉拢他。唯独他们不知道潘怡如还有一个身份，就是中共党员。

潘怡如利用这一优势，密切关注时局的发展，积极推动黄陂地区抗日民族统一战线的形成。此前，他在武汉向国民党湖北省政府推荐，并得到八路军武汉办事处董必武支持，由国民政府委任潘的同乡好友潘正道为国民党黄陂县县长。潘正道上任后，与潘怡如多次商谈，积极支持黄陂地区的抗日活动。1938 年 8 月，中共黄陂特别支部成立，中共党员以合法身份参加国民党黄陂县政府的抗日动员委员会。中共黄陂特别支部成立后，面对日益高昂的群众抗战热情，积极开展工作，及时成立了中华民族解放先锋队黄陂分队、湖北省乡村工作促进会黄陂分队、新梅店社、梅店自卫队等组织，得到国民党黄陂县政府的认可。

在潘怡如和潘正道的积极推动下，黄陂地区抗战活动风起云涌。与此同时，潘怡如还利用在武汉的关系，积极为抗战捐款捐物，将捐助的 8000 块银圆存放在潘正道县政府，以供共产党领导的抗日武装力量使用。

1938 年 10 月，日寇侵占黄陂县城，潘正道率县政府迁到县境北面山区的蔡店、梅店一带。是年冬天，熊作芳、罗厚福受组织派遣，到黄陂县政府提取潘怡如等募捐的银两，以供新四军第四支队留守处使用。

不料，此事被盘踞在蔡店的地痞伪八军军长李汉鹏获悉。这个见钱眼开的家伙迅即派兵，将黄陂县政府包围，缴了县大队的枪械，绑走县长潘正道，刚刚建立起来的梅店自卫队被迫连夜向经扶县白马山转移，8000块银圆损失近半。同时，李汉鹏还放话出来，威逼黄陂县政府限期拿钱赎人，否则撕票。

得知这一突发情况，潘怡如心如刀绞，一则担忧好友潘正道的生命安危，二则痛惜好不容易筹集而来的新四军抗战经费被抢。人命关天，救人要紧！潘怡如赶忙利用他的特殊身份，找武汉上层筹款，想方设法营救潘正道。同时揭露李汉鹏等投降日寇、破坏抗战。这些活动收到良好效果，不久潘正道终于脱险。

1939年春，国民党鄂东行署专员程汝怀派胡季荪担任黄陂县长。潘怡如以国民党元老身份去仙台寺说服胡，迅速恢复了黄陂抗日动员委员会，并以合法形式开办了抗日人员训练班，一批共产党员进入训练班学习。同年4月，中共陂安南中心区委也秘密建立起来，黄陂抗日民族统一战线逐渐得到恢复。程汝怀多次派人调查黄陂"异党"活动，潘对胡多方开导，晓以民族大义，致使程汝怀阴谋未能得逞。不久，程又别有用心地委派顽固分子刘法担任国民党黄陂县党部书记长，监视中共与胡的活动。9月份，日寇血洗王家河，胡的县大队被歼，程汝怀以此为借口将胡撤职。

资助新四军第五师

武汉会战结束后，抗日战争进入战略相持阶段。中共中央、毛泽东在统筹抗战全局时，对武汉外围的抗战极为重视，把它视为中国抗战大局中的一个"活眼"，并着手进行准备。

1939年1月，李先念率领一支由160余人组成的新四军豫鄂独立游击大队，自河南竹沟南下，向武汉外围敌后挺进。1940年4月，进驻大、小悟山，创建新四军鄂豫挺进纵队，部队很快发展到9000余人。

而此时，国民党顽固派沉渣泛起，置民族大义而不顾，破坏统一战线，大搞军事摩擦，制造事端，意图消灭中国共产党领导的抗日武装力量。

1941 年 4 月 5 日，豫鄂挺进纵队改编为新四军第五师，通电全国，李先念同志任师长兼政治委员，刘少卿任参谋长，任质斌任政治部主任。这支抗日力量更是成为日伪顽军的眼中钉、肉中刺，日军的"扫荡"、伪军的偷袭、国民党反动武装顽军的围攻接连不断。

面对险恶的形势，新四军第五师高举统一战线的旗帜，坚持"有理、有利、有节"的原则，把"打"与"统"有机地结合，充分依靠人民群众，团结一切可以团结的力量，粉碎了日伪顽军的进攻，在夹缝中发展壮大自己。

在此期间，潘怡如积极维护统一战线，为新四军第五师的发展壮大做了大量的有益工作。

1941 年 6 月，国民党顽固派计划集结军队，向新四军第五师司政驻地黄陂姚家山发动围攻。在顽军秘密调动之时，潘怡如从一位爱国乡绅那里得到这份秘密情报，连夜派可靠人手将情报送交中共黄陂县工委书记任仕舜，使得第五师总部提前安全转移，顽军阴谋落空。

10 月，国民党第三十九军军长刘和鼎以 8 个团的兵力，假借进攻盘踞在黄陂县城日军之名，进入新四军活动区域，向第五师发起挑衅。是年冬天，顽军莫树杰两个师如法炮制，入境后向第五师进攻。潘怡如多次去鄂东行政专员公署，以孙中山的信条和团结抗战是国共两党的政策，来说服程汝怀。还到黄安七里坪说服程的代表李九皋，呼吁团结抗日。这些力所能及的举措，使得鄂东、鄂中的国民党军反共行动有所顾忌，不敢大张旗鼓，为新四军第五师发展赢得了时间。

1942 年 3 月，蒋介石命令第五战区调动兵力 10 万之众，围攻新四军第五师。李先念率五师指战员避强击弱、避实就虚，以游击战消耗疲惫顽军；在有利时机，我主力或趁顽军深入根据地时进行围歼，或远距离奔袭歼灭增援顽军和困守碉堡之顽军，使得五师既有效保存了自己，又能出其不意地打击和消灭敌人。

程汝怀见一时难以消灭新四军，遂命令李九皋与汪伪时期湖北省政府主席杨揆一勾结，提出"驱逐共产党，瓜分陂安南"的恶毒计划，以"事成之后各得一半"做交换，换取与日伪共同出兵进攻新四军第五师。李九皋派人与居住黄安高桥的同学吴衡圃联系，邀吴从中做说和工作。此事被陂安南抗日民主政府侦知，汇报到新四军第五师。第五师党委决定派潘怡如以国民党元老和地方乡绅身份，在吴去武汉之前做吴的争取工作。潘怡如借端午节访友之名，抱病亲自到吴家，与吴彻夜长谈，晓之以孙中山革命之理，动之以关注民族存亡之情。吴深有触动，发誓不做出卖国家民族的汉奸。就这样，程、李的阴谋随之破产。

1943 年 10 月，黄陂北高望中心乡政府突然遭到日寇河口镇驻军包围，区委书记等 8 人被捕，其中还有 4 名女同志，所幸没有暴露共产党员身份。中共陂孝县委、黄陂县抗日民主政府迅速展开营救，他们一面派手枪队和柏叶中心乡中队在河口镇周边活动，借以警告日伪军不得伤害；一面由县委书记任仕舜、县长魏天一亲自到潘怡如家商量对策，并派人在爱国乡绅中做统战工作。此时，潘怡如病情已很严重，但为了救人，他仍撑着病体，会同有正义感的乡绅一道，约见黄安河口维持会长、伪县长韩子钊（此人系潘怡如侄女婿），晓之以利害关系。就这样，不费一枪一弹，将被捕人员安全营救出狱。这件事在边区轰动一时，乡亲们对潘怡如抱病救人之大义，深为赞叹。

潘怡如还利用自己的声望，动员当地乡绅大户为抗日义捐，将所捐的资金和物资统一兑换成银圆，派可靠人手以经商为名到武汉，购置油印机、笔墨纸张、牙膏牙刷等宣传和日用品，秘密运往边区，支援新四军五师。

鉴于潘怡如的特殊身份和潘家有利的地理位置，潘家成了这一时期中共鄂豫边、陂安南至陂孝的中途站，也是新四军第五师可靠的前沿联络点。李先念、任质斌、郑位三等第五师领导人与潘均有来往，旅长杨经曲还在他家住了六天。鄂东专员赵辛初（新中国成立后曾任湖北省委书记）在夏家山率鄂东独立游击五大队突围后，就由黄安游击队长董绍明介绍，来潘家避险七天。

新四军第五师战士和当地游击队员，经常短期住在潘家，得到潘怡如的资助。黄陂县抗日民主政府看到潘家负担过重，准备给潘家一点补贴，被潘怡如坚决拒绝。因为，潘怡如知道，抗战经费非常紧张，他想力所能及地为抗战出份力。

潘怡如一心为抗战的事迹，深得鄂豫边区人民群众的赞誉和敬重。1942 年 3 月，鄂豫边区召开第一届抗日人民代表大会，通过了《豫鄂边区施政纲领》，改选了边区行政公署委员会，并选出了人民代表大会驻会代表，潘怡如被选为边区政府参议会常驻参议。

怡如中学育新人

抗日战争进入相持阶段后，为了长期战争的需要，日伪顽都在扩充自己的力量，开办学校，招募青年，网罗和培植他们所需要的人才。青年学生及其家长，都在为读书而苦闷徘徊：去日伪顽办的学校吧，打心眼里不愿意；去新四军办的学校吧，怕日伪顽来家里找岔子。因此，（黄）陂（黄）安地区方圆近百里的15岁以上的失学青年为数不少。

潘怡如认识到，青年学生的去向是关系抗日持久战战况和中华民族前途的大事，培养这些青年就是挽救国家民族危亡；同时，办一所学校，能为自己开展统战工作提供一个合法的身份作掩护。

1941年春，潘怡如着手筹办学校。他把学校办学的宗旨确定为：以爱国主义教育为主题，为统一战线工作服务。目的是教育青年，安定民心，长期抗战，后继有人。

当地有潘、陈两家大姓，潘怡如把这一设想告知两家大姓族人，得到大家支持。两家大姓族人拿出祖产合资办学。校址设在（黄）陂（黄）安交界的潘姓宗祠，命名为荥阳中学。

荥阳中学于1942年春开始招生。潘怡如利用自己的声望，从顽军盘踞的鄂东省二高中聘来了一批名师。这些老师来学校，出自两个方面原因，一是仰慕和敬重潘怡如，二是这所学校校址设在边区，大家教书心里爽快、眼睛明亮。因而他们自愿放弃薪酬优越的学校，而来到这个穷山沟任教。

学校课程设置与普通中学一样，设有国文、数学、理化、体育等基础文化课。同时增设了爱国主义形势教育课，引导学生联系社会实际，明辨大是大非，激发爱国热情。

学校基础设施很简陋，礼堂大厅是教室，师生寝室和伙房是租借当地乡亲的民房。校长、主任没有办公室，只由一名徐姓老师兼任教导主任。课外活动场所是利用校门口大枫树旁边的老百姓公共打谷场。体育、唱歌、娱乐都是利用这个打谷场作为操场，农忙时节还组织学生帮助乡亲们干点农活，农闲就变成了学生们的乐园。潘怡如作为一校之长，虽说年迈、重病在身，加之统战事项繁忙，但经常拄着手杖来校了解教学情况、关心师生吃住、座谈思想状况，还主动上历史课、形势课。他揭露清朝对外屈膝投降、袁世凯篡夺辛亥革命果实搞卖国、各派军阀混战、蒋介石推行"攘外必先安内"反动政策等丑恶罪行；讲大敌当前国共两党应团结起来、一致对外抗日；讲警惕顽固派破坏抗战；讲中国抗战必胜、日寇必败；讲将来社会主义是个什么样；还讲本乡本土的陈少敏由一个童养媳、女工成长为鄂豫边区领导人之一的故事；等等。这些内容，学生们特别爱听，有时在田间地头劳作的群众也自发来听。每次讲课都激起了大家强烈的民族自尊心，表示绝不当亡国奴，要抗战到底。

潘怡如除了自己讲课，有时还请鄂豫边区以及本县的领导来学校讲形势课。边区教育处柳野青、中共黄陂县抗日民主政府县长魏天一、中共陂安南县委书记汪兴一等人就被请到学校讲课。他们围绕时事，讲汪精卫投靠日本人当汉奸，蒋介石消极抗战制造摩擦，想消灭八路军和新四军，只有中国共产党领导的抗日武装才是统一战线的中坚力量，等等。这些时事政治，让学生既愤慨、忧虑，更为中国共产党的民族大义行为叫好，许多学生还要求报名参加新四军，想成为五师的一名光荣战士，加入到打东洋鬼子的行列。

学校文娱健身课多半在课外进行。新四军第五师的同志路过学校时，常教唱一些抗战歌曲，如《黄河谣》《义勇军进行曲》《五月的烈火》《国际歌》《打东洋》，等等。鄂豫边区、黄陂县民主政府及所办的黄陂中学唱什么歌，荥阳中学也唱什么歌。每当师生们唱起这些歌曲，都热血沸腾，更加激发了抗战热情。

潘怡如新式办学，方法灵活，教育了大批青年，赢得当地乡亲的赞誉。学校学生人数迅速上升，不到一年，由一个复式班发展到有三个年级的全日制完全初级中学。学生数量比当时边区县政府教育科兴办的黄陂中学河东分部还要多，实际上成了不挂边区政府牌子的抗日学校。

令人可惜的是，办学不到两年，潘怡如就因病逝世。为纪念潘怡如，学校由边区改名"怡如中学"。国民党顽固派见潘怡如离世，随即对学校宣扬统一战线的主张发难，学校两迁校址。1944年4月，七里坪顽固派乡长胡承义带领反动武装到学校，勒令立即停办，焚毁校舍。怡如中学被迫解散。

与董老鸿雁传书

潘怡如与董必武既是同乡，更是志同道合的挚友，私交甚好。

1938年夏，汤池训练班第四期在武昌举办。潘怡如继续担任军事课教员，由于肠胃疾病的折磨，他的身体十分虚弱。训练班结业后，董必武强烈要求潘怡如到医院治疗，亲自联系医生，给潘怡如做了阑尾切除手术，还多次到医院看望，叮嘱潘一定要注意饮食、好好调养。

6月，潘怡如根据组织安排，回老家黄安，既做统战工作，又适时休养。

武汉沦陷后，董必武根据党中央的指派，前往重庆任中共南方局常委，协助周恩来做国共两党统一战线工作。

潘怡如与董必武虽然分隔两地，但俩人几十年风雨同舟、肝胆相照结下的深厚革命友谊，并没有因时局混乱、交通阻隔而中断。潘怡如回家后，由于家乡地处日顽边界，而中共领导的抗日武装还处在初建阶段，局势十分动荡，消息非常闭塞。潘怡如作为秘密党员，因得不到党的指示而感到十分痛苦。他深知，自己的党员身份没有得到组织允许，是绝对不能对外公开的。尽管潘怡如与中共黄陂县工委书记任仕舜等人相当熟悉，与新四军第五师许多领导人有深厚的交往，但他始终恪守对组织的诺言，没有暴露自己共产党员的身份，以便更好地开展抗日民族统一战线工作。

1940年底，潘怡如提笔给远在重庆的挚友董必武写信，全文只有203个字，简要诉说了回乡感受，特别暗示得不到组织的指示而苦闷的心情。他在信中说："这种痛苦又无药可医，不识尊处军部能达黄安庙咀堎（潘怡如家）否。"

这封信是潘怡如交给新四军游击队带到安徽立煌县（今金寨县）投邮的。次年春天，潘怡如接到董必武的回信。董老在信中第一话就说："奉读手教，有如大沙漠之中得甘泉，不胜喜跃，别后仅此一书……同居一国较国外通讯尤难。"信背面注："由新华社探交。"可见，董老对潘怡如的来信是何等高兴。

1942年6月12日，董老从重庆又发来一封信。

潘怡如9月13日才收到，15日即回信，至10月13日才由黄陂祁家湾寄出，到达重庆是 12 月 28 日。这一来一往，邮路上整整花了半年。潘怡如在信中说："每发一次信是具着探险的心理，十有九次失败，只期有一次达到目的即可，如今奉到兄的训示，好像探险家达到北极似的其乐无极。"从这一信件来往中，能真切感受到潘怡如与董必武肝胆相照、患难与共的深情厚谊。

此时的潘怡如，身居在日伪顽交织的环境中，加之病情日益严重，他既要隐藏党员身份，为党、为抗日统一战线发挥作用，想方设法为新四军五师提供资助，还要为开办的学校而忙碌。这是需要何等坚强的信念来支撑！而这一精神力量有很大部分来自挚友董必武的支持。潘怡如向董老写信表达了自己信念的坚定和坚强，他这样写道：

> 心欲奋飞病在身，乡居举目等无亲。
> 灵犀一点遥相照，勉效先贤不帝秦。

潘怡如知道董老作为中共高层领导人，在重庆从事统战工作的任务和身处的危险，他在书信中叮嘱董老要特别注重身体，并将此小句子分头加上 23 个重重的连圈，以表达深深的关切之情。

董老得知潘怡如身体不好，更是牵挂在心。他在给潘怡如寄信的同时，还从重庆寄来药品，关切询问"药饵难知供所需"，意为这些药品不知是否对你的病情有帮助。潘怡如只收受一次，回信"下不为例"，并在信中嘱咐董老："念兄（李先念）处请勿函嘱供给药饵。并非峻拒，实无此需要。"从这信中，可以看出潘怡如不想麻烦新四军第五师，因为将士们的用药更为紧张。

潘怡如与董必武在通邮艰难之际，仍执着鸿雁传书，彼此互相鼓励，书写了这一对挚友"云霞交契""欲吐心肝"的革命情谊。

董老赋诗哭怡如

1943 年下半年，潘怡如病情恶化，12 月 15 日在家病逝，终年 62 岁。

鄂豫边区政府对潘怡如的病逝深表惋惜，以"鄂豫边区抗日人民代表大会驻

李先念 1984 年 10 月为鄂中革命烈士纪念馆题词

会参议"的名义，在潘家附近的桐柏集王家咀召开追悼大会，深切怀念潘怡如追求革命的壮丽人生，追思他为抗日民族统一战线、为鄂豫边区、为新四军第五师作出的积极贡献。

董必武获悉潘怡如病逝的消息后，心情异常沉重而悲痛，久久难以平静。1944 年元旦写下《怀怡如兄》五言律诗怀念潘怡如。

3 月 19 日，董必武在《新华日报》上发表题为《辛亥革命老前辈潘怡如先生病逝》的文章，报道其生平事迹。3 月 31 日，董必武就潘怡如逝世后的善后工作致信周恩来。

1944 年 3 月，董老再写挽诗《哭潘怡如》，字字句句，情真意切，寄托对亡友的深深哀思：

......

客年未接一封书，消息何如问亦疏。

只为兵戎多间阻，不图人事有乘除。

楚云黯黯新秋后，夜雨潺潺近夏初。

再过西州门首路，也应恸哭恨难摅。

董必武的弟弟董觉生与潘怡如也有很深的交情，潘逝世后，他写了一篇墓志铭以作纪念。后来未及修改也去世了，文稿几经周折，转到董老手中。新中国成立后，董老决定修改、润色，并于 1963 年 4 月 10 日亲自为潘怡如抄写墓志铭。

从此，董老撰写的墓志铭被撰刻在潘怡如墓碑上，诉说了这位"瞻望晨曦未到头"的不平凡一生。

参考文献

1. 戴剑华:《董必武的挚友潘怡如》，原载于《湖北档案》2001 年 8 月刊。

2. 肖振奎:《抗战时期一所民办的怡如中学》，原载于《湖北文史资料》。

3. 潘怡如编著:《游击战争的政略与战术》，1938 年。

　　石瑛（1879—1943），字蘅青，号顺松，湖北阳新县燕厦（今通山县新庄坪）人。1903年考中举人，次年被选派欧洲留学，先赴比利时，后入法国学习海船制造和驾驶技术，不久到英国主修海军军械制造。辛亥革命期间回国，任孙中山先生秘书。"二次革命"后，再赴英国，研修采矿冶金技术。1922年回国，任北京大学教授，次年任国立武昌大学校长。1924年1月，在改组后的国民党一大上当选为中央执行委员。1927年后，历任上海兵工厂厂长、湖北省建设厅厅长、武汉大学工学院院长、浙江省建设厅厅长、南京市市长等职。全面抗战爆发之前，就任湖北省建设厅厅长等职，此后，他与共产党合办汤池训练班，为共产党人开展游击战争培养了大批干部。1939年任湖北省临时参议会议长。1943年12月4日因病去世，抗战胜利后，灵枢从重庆歌乐山山麓迁葬武昌九峰山。

他为人刚正，清廉自律，虽身居高位，却一尘不染，因而他被誉为"民国第一清官"。其实，他的"清"，不只是物质上，还在于政治上的清明、开明，他的眼里，只有民族大义，没有党派之分。因而抗战期间，他位居国民党的要职，却对共产党尽力支持，对新四军不吝帮助，从而书写了一段他与共产党人之间的佳话。

石瑛出身于耕读世家，曾祖父石东壁、祖父石凌云、父亲石怀澍皆为乡间读书人，家境虽清贫，却"一门雍穆，乡里称仰"。石瑛从小接受祖父的悉心教导，于清光绪二十九年（1903 年）中举，因感国势衰颓，放弃赴京赶考而决意入武昌文普通中学堂学习新学，而后于 1904 年顺利通过出国留学考试，受张之洞派遣赴欧洲留学，入比利时皇家科学院学习铁道。1905 年 1 月又转入法国海军学校，但由于刺取海军学校绝密资料，被人告密，受到法方开除学籍、驱逐出境的处罚。7 月，又进入英国伦敦大学学习海军制造，并在全英高校统考中赢得"超等成绩"。辛亥革命期间，石瑛回国，任孙中山先生秘书。

1913 年"二次革命"后石瑛再赴英学习，入伯明翰大学学习采矿、冶金。与李四光同校。

石瑛是真正将中西文化和古今文化融为一身的人。他的身上，既有中国传统的爱国思想、家国情怀，又深受西方民主思想的影响，其终生都在为追求民主自由而不懈奋斗，为民族解放和国家富强而呕心沥血。抗战期间，他摒弃党派恩怨、个人私利，站在国家民族的立场上，全力促成国共合作，尽力践行国共合作，为抗日战争倾尽心力。

提议创办汤池训练班

1937 年下旬，蒋介石下令改组战时湖北省政府，并派人请"三怪"（石瑛、张难先、严立三）出山，担任省政府委员，以谋求湖北政局的稳定。石瑛在担任省政府委员的同时，兼任建设厅厅长，当时的武汉，既是抗战的临时首都，又是第二次国共合作最密切的地方，共产党在此设立了八路军办事处，全国无数进步青年纷纷涌入武汉，武汉成为全国抗战的中心之地。11 月底，中共中央代表董必武来到武汉，住在汉口的大石洋行。董必武此时返回家乡的一大重要目的，即是利用他在湖北的社会声望，联络知名爱国人士和知识分子，扩大党的影响，贯彻执行党的抗日民族统一战线政策。

石瑛与董必武是辛亥革命时期结识的老朋友，得知董必武回到武汉后，11 月的一个夜晚，石瑛悄然来到特务密布的汉口中街（现长春街）89 号大石洋行，与董必武秘密会面。他此行不仅为着叙旧，而且还要商量合作抗日的事。

二人各自谈了这些年的一些经历，在又谈了一些事后，石瑛直截了当地说："洁畬①兄，现在既然是国共合作、共御外侮时期，我想与中共方面合作办一件实事。"原来湖北建设厅下设有一个农村合作委员会，由石瑛兼任主任，农村合作委员会的宗旨是以发放贷款的形式，帮助农民发展生产，以委员会的名义分配到各地去工作的人就叫农村合作指导员。农村合作指导员是通过农村合作指导员培训班培训出来的，此前，那些培训班培养出来的人，多以做官为目的，并不热心农业贷款工作，石瑛对此十分失望。现在国共合作了，共产党擅长发动农民，做农村工作，因此他决心与共产党合作，在建设厅的名义下，用共产党的教育方法来办培训班，培养一批真正能为农民服务的指导员。

董必武听罢，认为这是一种很好的国共合作形式，对石瑛的提议当即表示赞同。至于办班的具体事宜，他们商议决定，开班地点设在鄂中应城县的汤池，由爱国人士李范一先生出面主持，因为李范一既是农村合作委员会委员，又正在汤池主持农村改进试验区。共产党方面则派人具体领导训练班的日常工作，训练班全名为湖北省农村合作事业指导员训练班，简称"汤池训练班"。

无疑地，这个训练班为我党借助湖北省建设厅的招牌，用建设厅的经费，训练有独立工作能力的干部，从而为恢复和建立各县、区党的组织，宣传、动员、组织和武装群众，建立抗日游击根据地创造了条件。因此，董、石商议后不久，湖北省工委经过研究，决定派省工委副书记兼宣传部长陶铸以共产党员的公开身

① 董必武，号洁畬。

份，去负责领导汤池训练班的工作，后来曾志等同志又被抽调去参与日常教学管理工作。

汤池训练班招生的消息一传出，报名的知识青年络绎不绝，其中以北京、天津、南京、上海等地的流亡学生和武汉大中学校的学生为数最多。邓颖超在汉口华商总会礼堂专门作了动员报告，陶铸亲自主持面试。他认为当时党迫切需要干部，但更需要素质过硬的干部。因此，在招生过程中，陶铸面试的要求是严格的，招收的学员的政治素质、文化素质是比较高的。

汤池训练班成立后，训练班组成了以李范一、陶铸、杨显东、孙耀华、许子威等民主人士和共产党员为领导的班务委员会，实际负责的为共产党人。石瑛以建设厅的名义，通过中国银行农村贷款部主任张心一为汤池训练班在湖北发放农贷 25 万元，同时，又商请中国农民银行在湖北发放了 25 万元，这些贷款对发展汤池训练班作出了重大贡献。

汤池训练班的开办，引起了国民党顽固派的注意。国民党军统特务头子康泽调派别动队到汤池监视训练班的活动，中统特务头子徐恩曾、国民党省党部常委杨子福、国民党立法委员卫挺生等先后到汤池，明里"视察""访问"，暗地探听虚实，收集情报，进而散布流言蜚语，寻找借口，攻击石瑛和陶铸。他们还派人去向石瑛施加压力，说什么："共产党打入训练班，应城红了半边天，你知不知道？"石瑛说："现在是国共合作，红了半边天有什么不好？何必大惊小怪的？"甚至连蒋介石也惊动了，找到王明质问道："汤池训练班这样搞，影响统一战线。""你们怎么在这里办起红军大学和抗大来了？"

在种种压力之下，石瑛没有退步和屈服，反而更加坚定了办好汤池训练班的决心。

但胳膊拧不过大腿。1938 年 3 月，汤池训练班在完成三期培训后，国民党最高当局下令，要求石瑛停办训练班。不得已，石瑛一方面支持李范一自筹经费，在原地开办"临时学校"；另一方面征得董必武同意，将汤池训练班第四期改在武昌中山路（今解放路）120 号开办。1938 年 4 月中旬，这一期学员 100 多人在武昌开始学习。

汤池训练班共培训学员 300 多人，结业后的学员大多以农村合作指导员的名义，到农村发动群众，组织各类合作社和各界抗日救亡团体，设立夜校，教群众识字读书，学唱革命歌曲，推销《新华日报》及进步书刊，并秘密发展党员，创建了一些地区的基层党组织。他们中许多人后来成了新四军、八路军的重要骨干。新中国成立后，除陶铸、曾志外，教职员工及学员中涌现了一批共和国的重要领导干部，如李范一、刘慈恺、杨显东、孙耀华、浦通修、顾大椿、潘琪、雍文涛、王全国等。李先念主席于 1984 年 10 月 31 日曾为之题词："汤池是发动鄂豫边区敌后抗日战争的战略支撑点之一，为民族解放事业作出了贡献"，对汤池训练班给予了高度评价，这当然离不开石瑛的功劳。

1938 年 6 月，石瑛愤而辞去湖北省建设厅厅长一职，移居建始县城组建棉麻生产合作社及粮食加工合作社。

营救共产党员

1939 年 1 月，在国民党五届五中全会上蒋介石确定了"溶共、防共、限共、反共"的反动方针，随即在全国掀起反共高潮。步步紧跟蒋介石的湖北省政府主席、第六战区司令长官陈诚当即采取行动，四下抓捕共产党人，山城恩施顿时笼罩在一片白色恐怖之中。曾以石瑛"侄儿"自称作掩护的石克济，和汤池训练班第三期毕业的刘惠馨等中共地下党员均被逮捕。石克济是 1928 年石瑛任湖北省建设厅厅长时，与石瑛拉上"叔侄关系"的，其实，他是黄梅县人，与石瑛的原籍阳新根本不搭界。他们无亲无故，叔侄之说更无从谈起，但石瑛深知石克济的行为完全出于抗日爱国的目的，因此便默认了这个"侄子"。如今突然听说他被特务拘捕了，而且还身患严重的肺病，情况十分危急，他立即去找陈诚要人。

"石克济是'共党'要犯！"陈诚不容置疑地说，显然，他是想一下子堵住石瑛的口。

"他有病，你关着他干什么？有什么好处嘛?!"石瑛压住心头的怒火，继续与陈诚理论。

陈诚不为所动，丝毫不松口。石瑛忍无可忍，放开嗓门高声嚷道："我拿人头给他担保！他要真是共产党，跑了砍我的头。"

闲居时的石瑛

一个"真"字使得陈诚无可奈何。最后，陈诚只得让石瑛把人带走了。

石瑛的老家阳新，原是革命老区——中共鄂南特委所在地。大革命期间，由于国民党叛变革命，形势急剧变化，上级组织为保存革命力量，发出紧急指示，要求隐蔽精干，以待时日。但怎么隐蔽呢？大家一时想不出好办法。情急之下，特委负责人之一的华鄂阳来省政府找建设厅厅长石瑛，求他设法帮助那些"进步青年"。得石瑛允准，后来这批同志均在建设厅的下属或相关机构得到妥善安置。

1939 年 5 月，中共建始县委成立，姜云昌任组织委员兼管统战工作，他以汇报工作为由，经常去石瑛家，被石瑛亲切地称为"小姜"。后来姜云昌因为要营救地下党员张多立而暴露了身份，向石瑛谎称要去四川，其实是被调到恩施筹办"白云书店"。1940 年的一天中午，石瑛仿佛闲逛一样地走进书店，此前他与姜云昌在街头遇到过，曾小声地对姜云昌说："小姜你立刻离开这儿，去四川找杨显东，县里马上就要对一些已知的共产党员进行逮捕了。"经过石瑛的提醒，姜云昌顺利逃过了追捕。

与中共领导人的友谊

董必武与石瑛两人既是同学又是同乡，同时也是一起参加辛亥革命与讨袁斗争的战友。后来一个加入了共产党，一个跟随国民党。之后两人在武汉重逢，合作开办了汤池训练班，重续了当年情谊。

在汤池训练班开办期间，周恩来和董必武与石瑛有过几次会面。在得知因开办汤池训练班石瑛所遭受的压力和委屈后，周恩来亲自邀请石瑛到八路军办事处会面。见面期间，周恩来的诚恳态度和谦逊作风给石瑛留下了深刻印象，于是，在武汉即将沦陷，中共代表团即将随同国民政府机关迁往重庆，而湖北省政府也将迁往鄂西恩施时，他邀请周恩来和董必武到家做客，以感谢上次会面长谈时两人对他的理解，以及对开办汤池训练班的鼎力相助。最后虽周恩来有事未到，只有董必武来访，但他对共产党人的真诚，由此可见一斑。

石瑛早年患胃疾，抗战期间忧心国事，兼之饮食粗劣，更加重了他的病情。1943 年 1 月，他到重庆就医，12 月 4 日病逝于重庆歌乐山。石瑛去世后，国民政府分别于 1943 年和 1948 年在重庆和武汉两次举行"国葬"。新中国成立后，其坟墓由重庆迁回武昌九峰山。湖北省人民政府还两次拨款修缮他的陵墓。2002 年石瑛位于武昌县华林三义村的故居遭到开发商的强制拆毁，由于新闻媒体的及时披露，以及湖北省人民政府出面干预，武汉市人民政府拨巨资专门修复了石瑛故居，现已辟为省级文物保护单位。

参考文献

1. 宋清海：《石瑛传》，人民出版社 2011 年版。

2. 《董必武传》撰写组：《董必武传》，中央文献出版社 2006 年版。

3. 郑笑枫、舒玲：《陶铸传》，中央党史出版社 2008 年版。

4. 曾志：《一个革命的幸存者》(上、下)，广东人民出版社 1998 年版。

5. 石文娟：《为了忘却的纪念——回忆先祖石瑛先生》，原载于《江苏民革》2015 年 11 月 12 日。

6. 曾成贵主编：《红旗漫卷——湖北革命胜迹纪行》，湖北长江出版集团、湖北人民出版社 2011 年版。

7. 李少瑜、雷河清、张广立主编：《湖北抗战》，军事谊文出版社 1995 年版。

8. 鄂豫边区革命史编辑部编：《战斗在鄂豫边区——回忆录之一》，湖北人民出版社 1981 年版。

9. 胡传章、哈经雄：《董必武传记》，湖北长江出版集团、湖北人民出版社 2006 年版。

孙耀华（1909—1993），浙江绍兴人。金陵大学肄业。青年时期入广州黄埔军校第六期学习，1931年入金陵大学农学院园艺系学习，九一八事变后任金陵大学义勇军大队长，七七事变后任应城县县长兼游击司令。后任桂林中国银行襄理、西北农学院副教授。1947年在国民党行政院输出入管理委员会任科长。新中国成立后，历任中南军政委员会贸易部副部长、中南对外贸易管理局局长、中南行政委员会副秘书长、武汉市副市长、武汉体育学院院长、湖北省第三至第五届政协副主席。1951年加入中国民主建国会，1961年加入中国农工民主党。1982年担任第五届全国政协委员。

1909 年 2 月 5 日（农历正月十五），孙耀华出生在湖南岳阳。他的父亲曾在汉口电报局工作，参加过辛亥革命，后来担任钟祥县电信局局长。孙耀华受父亲的革命影响，1925 年在南昌就读渝章中学时，参加了声援五卅运动的学生运动，被校方勒令停学。随后，孙耀华考入江苏省南通市唐家闸纺织专科学校。1926 年 9 月，17 岁的孙耀华由共产党员王柳华（王稼祥的堂弟和小学同学）和丛永中（后任中共上海市委特派员）介绍，光荣加入中国共产党。入党不久，孙耀华受党组织派遣进入黄埔军校，在第六期三团三营十七连学习。1927 年 7 月，孙耀华随部队准备参加南昌起义，在九江被张发奎的部队缴械，被迫返汉，与党失去联系。1929 年，孙耀华考入金陵大学园艺系。日本帝国主义发动九一八事变后，孙耀华怀着赤诚的爱国之心，勇敢投入到抗日洪流中。

金陵大学义勇军大队长

九一八事变后，蒋介石当局采取妥协、退让的不抵抗政策，短短几个月，东北三省全部沦陷。在中国大地上，人们时常听到《松花江上》这首歌，那悲愤思乡的呐喊，震撼着中国人民的心弦。

1932 年，日本帝国主义又发动了一·二八事变，试图武力侵占上海，作为其进攻中国内地的基地。爱国将领蔡廷锴将军率十九路军奋起抵抗，给日本侵略军以沉重打击。面对日寇的狼子野心，蒋介石国民政府仍然坚持"攘外必先安内"的不抵抗政策，这激起了全国人民反蒋抗日的怒潮。

在国民政府首府——南京，中央大学、金陵大学和金陵、中华、博文、汇文女子中学等大中学校纷纷罢课。学生们成群结队走上街头游行，高喊着"打倒日本帝国主义""反对日本帝国主义侵占我东北三省""打倒侵略者、不做亡国奴""日本帝国主义滚出中国""收复东北、还我河山"等爱国口号，向政府请愿抗日。

富有组织领导能力的孙耀华，被同学们推举为金陵大学义勇军大队长。每次游行请愿，孙耀华总是站在队伍的最前头。他历数日寇暴行，痛斥蒋介石当局的不抵抗政策，组织学生们在总统府门前静坐、绝食，到火车站的铁路上卧轨，到日本驻华使馆示威，将日本太阳旗撕下来踩在脚下，以表达学生们的一片爱国之心。一时间，工人罢工、商人罢市、学生罢课等运动风起云涌。

在此期间，孙耀华与此前已有好感的南京汇文女子中学学生赵庆洁，共同发动同学们热血游行。特别是孙耀华在金陵大学操场上发表抗日反蒋的激情演讲，慷慨陈词、热情奔放，深深打动了年轻姑娘的芳心，两人很快就志同道合地走在一起，共同投入到火热的学生爱国运动的洪流中。学生们的爱国行动震惊了国民党反动政府，当局派出大批特务到南京各个大中学校，严密监控和搜捕共产党员、进步学生。金陵大学爱国校长陈裕光带领部分老师挺身而出，设法掩护学生撤离。

1933 年秋，还有几个月就要大学毕业的孙耀华，为了躲避特务的迫害，不得不提前离校。在学校的协调联系下，孙耀华和恋人一起到安徽巢湖一个十分偏僻的乡镇——洪家疃，在黄麓乡村师范学校里当教师。

洪家疃是国民党著名爱国将领张治中的家乡，黄麓乡村师范学校就是将军于1928 年出资兴办的一所乡村学校，主要是培养农村的小学老师。

孙耀华在学校开始担任教员，不久升任教导主任。他组织进步师生们继续开展多种形式的抗日救亡活动。他们教唱《大刀进行曲》《黄河颂》等进步歌曲；演出《放下你的鞭子》等抗日话剧；组织辩论会、秘密读书会；输送进步师生到延安抗大。爱国进步学生激扬文字、开展抗日救国运动，又激怒了当地的封建势力和政府当局。1935 年，孙耀华又被学校勒令辞职，转到上海附近的江苏省立黄渡乡村师范学校任教。1937 年 5 月，经张心一（中国银行农贷稽核）介绍，孙耀华进入中国银行汉口分行工作，担任负责向农村贷款的主任辅导员。在工作中，他结识了许多湖北的上层人士。

汤池训练班主要筹办者

抗日战争全面爆发后，国共两党开始了第二次合作。随着南京的沦陷，武汉成为国民政府的临时首都。

汤池训练班旧址

　　1937 年 9 月，董必武受党中央的派遣，代表中国共产党主持武汉地区的抗日群众工作和抗日民族统一战线工作。湖北是董老的家乡，当年他参加辛亥革命武昌首义，在湖北有着广泛的群众基础和崇高的威望。当时，国民党湖北省代主席兼民政厅厅长严重（又名严立三）以及国民党中的爱国有识人士石瑛（又名石蘅青）、李范一、张难先、李书城、周苍柏等都与董必武相识。各民众团体及各界知名人士沈钧儒、史良、黄松龄、潘怡如等，为了谋求抗日救国之道，陆续来到武汉，会见董必武。他们对董老的博学多才、远见卓识非常钦佩，纷纷要求中国共产党领导抗日救国运动。

　　不久，孙耀华在八路军武汉办事处拜访董必武。当时，董必武正动员湖北省建设厅厅长兼农村合作委员会主任委员石瑛等人对开办汤池训练班（湖北省农村合作事业指导员训练班）予以支持。

　　董老了解到孙耀华的经历后，很高兴地说："当前国共两党准备办一个农村合作人员训练班，这样可以宣传动员广大农民，组织起来，共同抗日。"

　　接着董老征求孙耀华意见，目前训练班正在紧张筹办中，不知你是否愿意参加。

　　见董老如此信任，孙耀华非常激动地说："我是一名党员，只要组织需要，我愿意参加汤池训练班的筹办工作。"

　　董老看到意气风发、年轻俊才的孙耀华，认为他既有黄埔军校的经历，又有从事农贷的工作经验，适合深入农村、发动农民、武装农民，特别是秘密党员身份，更有利于避开国民党当局的耳目。可以说，参与筹办训练班，孙耀华是最合适的人选。

过了几天，孙耀华就接到了董老通知，组织已同意他为训练班筹备组主要成员。

1937 年 11 月上旬，董必武派孙耀华和省建设厅棉业改良场场长杨显东到应城汤池，找原湖北省建设厅厅长、应城实业家李范一，具体商量汤池训练班的筹办之事。

12 月中旬，陶铸受周恩来、董必武派遣，负责筹办汤池训练班。陶铸安排孙耀华和杨显东四处奔走、八方联络，就训练班的组织、经费、师资力量、招生对象、生活安排等进行紧锣密鼓的筹备。经过艰苦努力，湖北省农村合作指导员训练班正式成立，因地点设在汤池，故简称汤池训练班。训练班设训练委员会，共五人组成，李范一为主任委员，陶铸为教务主任，许子威为总务委员，孙耀华和杨显东负责联络工作、筹措经费和在武汉招生。

在此期间，中国银行负责农村贷款的稽核张心一先生，为办汤池训练班在湖北发放了农业贷款 25 万元，孙耀华作为该行的农贷主任辅导员，负责承办贷款的具体发放工作。李范一从中国农业银行得到 25 万元贷款，石瑛从四省农业银行得到 50 万元贷款，杨显东从棉业改良场划拨了部分经费，石瑛、周苍柏（湖北银行家）个人各捐了数千元，保证了汤池训练班的正常开办。

经费有着落后，孙耀华和杨显东立即在八路军武汉办事处门口张贴招生广告。广告贴出不久，报名者非常踊跃，大多是平、津、沪、东北等地的流亡学生，他们中有的是共产党员，有的是进步的爱国学生，经过择优录取，70 多名学员成为首批汤池训练班学员。

汤池训练班于 1937 年 12 月 20 日开班。开班期间，孙耀华根据陶铸的指示，用中国银行农村合作社的贷款，以应城、京山、钟祥、荆门等县为重点进行发放。在发放贷款时，均事先通知各县农村合作社主任指导员，这些人都是中共党员。这些农贷贷款，在各县农贷员和县农村合作社主任指导员密切合作下，都辗转到了汤池训练班，用于日常开支，以及作为发展农村生产和随时准备开展敌后游击队的经费。

到 1938 年 10 月武汉沦陷前，汤池训练班在不到一年时间里，共办了四期，培训学员 300 多人，为恢复和发展鄂中各地的党组织，为准备和发展鄂中和鄂豫边敌后抗日游击战争作出了重要贡献。后来国家主席李先念曾题词："汤池是发动鄂豫边区敌后抗日战争的战略支点之一，为民族解放事业作出了贡献"。

应城县县长兼"应抗"司令

武汉沦陷前，孙耀华曾向周恩来提出回到党内的要求。周恩来告诉他，你在党外发挥的作用，要比在党内发挥的作用大得多。他听了后，二话没说，坚决服从组织的安排。

不久，武汉失陷。根据董必武的指示，孙耀华到鄂北担任棉业改进所所长。在鄂北襄阳，孙耀华很快就与中共鄂北统战部长张执一取得了联系。

张执一向他介绍了国共两党办棉业改进所的重要意义，叮嘱孙耀华要以筹办棉纺织训练班为名，培养革命青年骨干，利用鄂西北山区有利的地形，开展游击战，建立巩固的根据地。

为鼓励孙耀华坚定信心、开展工作，张执一在襄阳住所专门为孙题词："'一面是庄严地工作，一面是荒淫无耻！'前面是光明的一面，后面是黑暗的一面，让我们携起手来庄严地工作吧。"

1938 年 12 月 6 日，在共产党和各方面积极因素影响下，经国民党第五战区司令长官李宗仁批准，成立第五战区豫鄂边区抗敌工作委员会，下设豫鄂边区游击总指挥部和豫鄂边区政治指导部，聘请陶铸为顾问，任命孙耀华为国民政府应城县县长兼应城抗日游击队司令，副司令许子威，参谋长张文津。

孙耀华就任后，立即根据鄂中党委和陶铸同志的指示，接收和改组了国民党县政府。他在应城县建立了四个行政区，张谦光任一区区长，苏化龙任二区区长，蔡松荣任三区区长，徐休祥任四区区长，委派汪心一为湖区办事处主任。这些同志都是中共党员。因此，国民党应城县抗日民主县政权实际上掌握在共产党手中，这是中国共产党在豫鄂边区最早掌握的一个县级政权。中国共产党利用这一"合法"名义，为发展抗日武装提供了有利的条件。

应城抗日游击队（简称"应抗"），由应城地区几支分属各派的抗日武装合

应城抗日游击队战斗场景（油画）

编而成，最初人数 500 多人，根据地设在京山县丁家冲。队伍主要由四个大队和一个中队组成，原国民党应城县保安队长李又唐任"应抗"第一大队队长、"汉留会"的郭仁泰为第二大队队长、蔡松荣为挺进大队队长、鲁尔英为特务大队队长、黄定陆为独立中队队长。后面三支队伍是直接接受中共领导的武装力量，主要由陶铸指挥，从汤池训练班学习归来的部分学员是队伍的中坚。

1938 年 12 月，在京山县丁家冲，"应抗"打响了抗日斗争的第一枪。驻守宋河的数十名日本兵，沿山间的道路向天王寺方向侦察和搜索"应抗"游击队的根据地。日军在丁家冲背面的小村子里休息时，被游击队发现，立即抢占有利地形，居高临下向毫无防备的日军猛烈射击，把这股日寇打得狼狈不堪。

12 月中旬，"应抗"又在丁家冲附近的天王寺，袭击了一股企图进攻京山县城的日寇。这两次胜利，使"应抗"军威大振。当地人民群众欢欣鼓舞，许多工人、农民、知识青年、国民党内的爱国军官纷纷要求参加"应抗"，队伍很快扩大到 1000 多人。

"应抗"队伍扩大，引起了日伪军的警觉，随之展开了疯狂"清剿"。1939 年春节前，日寇接连对"应抗"根据地进行突然"扫荡"，队伍受到很大损失。如何在挫折中坚持斗争和发展？陶铸、孙耀华把队伍拉到赵新河进行整训，使游击队员的军政素质有了明显提高，士气也得以增强。

1939 年 3 月，"应抗"在京山、应城交界的公安寨下游，伏击了日军的运输船队，毙伤日军 20 多人，打死了 1 名日本皇族成员，造成不小的轰动。

同年 4 月，"应抗"获悉云梦县城守备空虚，日伪军只有 70 多人，大部分是伪军，日军只有十几人。"五一"前夜，"应抗"在陶铸指挥下，对日军占据的云梦县城发起猛攻，孙耀华率领游击队率先登上城墙，杀入城内。这场战斗，游击队全歼守敌，大获全胜。云梦县城攻坚战的胜利，大长了中国人民的抗日斗志，灭了日本侵略者的威风。李先念在他的文选中写道："勇敢坚定的蔡松荣、徐休祥同志及应城的孙县长都是当时英勇爬城的抗日英雄。"

正当鄂中敌后抗日战斗捷报频传的时候，蒋介石集团反共恶浪兴起，国民党第五战区毫无理由地撤销了豫鄂边区的抗敌工作委员会及其所属机构。不久，湖北省第三行政督察专署专员石毓灵在随县无故扣押了陶铸和孙耀华。当时，国民党第二十二集团军特种工作总队副总队长郑绍文，是中共地下党员。在他的周旋下，陶铸和孙耀华才得以脱身。其后，陶铸去了延安，孙耀华则在宜昌担任中国银行湖北农贷主任辅导员。1939 年 4 月底，"应抗"武装 1500 余人编入李先念领导的新四军挺进团，为新四军挺进鄂中、开辟根据地提供了落脚点。

为新四军机智筹款

1939 年 9 月到 1940 年 5 月，孙耀华根据党的指示，利用担任中国银行农贷主任辅导员、农业促进委员会湖北省专员的身份，给鄂西党组织提供经费支持。

1940 年，在中共鄂西北特委张执一的领导下，取得七十七军军长何基沣（中共地下党员）的支持，孙耀华在宜都县创办了"七七"棉织人员训练班，培养了 200 多名抗战人员。

但时间不长，国民党反动派又勒令停办训练班，并且逮捕了一些革命同志和群众。当时，湖北省政府接到国民党军事委员会政治部密电，电文内容是"查孙耀华确系异党分子，应予核办"。鉴于此，党组织决定让孙耀华离开湖北。

1940 年 6 月至 1941 年 5 月，孙耀华被中国银行派往广东曲江任中国银行襄理。

1941 年底至 1943 年，孙耀华又调往广西桂林中国银行任襄理，主管工业贷款，后调到农民银行主管农业贷款。

在桂林期间，孙耀华继续和共产党员汤克湘（原汤池训练班学员）、耿一民、秦柳芳等同志一起，开展金融人员统战工作。同时，将工农业贷款通过八路军桂林办事处，源源不断地送往敌后游击区。

国民革命军第二十二集团军一二七师师长陈离，是川军一位爱国抗日将领，对共产党的队伍很友好。全国抗战初期，率部参加台儿庄战役，光荣负伤。1939年初，孙耀华任应城县县长时，陈离曾慷慨给"应抗"赠送德国造快慢机驳壳枪20支、手榴弹和子弹10箱、电台1部，还将自己随身携带的驳壳枪送给孙耀华作纪念。可见，孙耀华与陈离将军有着深厚的情谊。

孙耀华在桂林时，陈离受新四军李先念委托，帮忙从桂林提取一笔军费，以保障新四军第五师供给。为掩人耳目，陈离身着一身国民党少将军服，带卫兵来到桂林中国银行，假装与孙耀华素不相识。陈离用纯正的四川话，强调军务紧急、抗战急需，要求银行立即准备军需巨款。孙耀华故意面露难色，表面推诿一番后，共同演出了一场精彩的双簧戏。孙耀华以事关重要军事行动之名，督促银行职员迅速办妥手续，以最快速度为川军筹齐了巨款。实际上，这笔款项不久就转到了新四军第五师部队。

大上海红色账房先生

抗战胜利后，孙耀华在其老师、金陵大学教授章文才的推荐下，曾到陕西武功西北农学院担任教务长、副教授。

1947年，孙耀华受中共南方局张执一指派到上海，任职于国民党行政院输出入管理委员会，任专员、科长等职务，负责进出口贸易。他结识了不少资本家，如做猪鬃进出口贸易生意的猪鬃大王、中国猪鬃公司的经理周松林、副经理宋廉一，新光司麦脱衬衫公司的总经理傅良骏、副总经理王莺，金城银行总经理徐国懋，上海纺织厂经理王芹荪，浙江嘉兴华丰、民丰造纸厂的经理竺培农等，其中不少人是他在金陵大学的老师和同学。

外表上他和资本家一样，生活阔绰，出手大方，出入于锦江饭店和百乐门舞厅。他似乎手眼通天，不是坐着各种名牌轿车，就是由警备司令部的车子送回家，

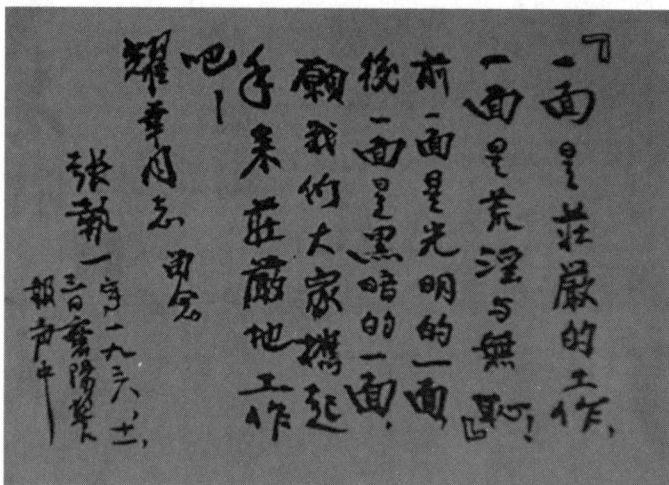

1938 年，张执一在襄阳给孙耀华题词留念

家里挂着蒋介石亲手签名的照片。实际上，孙耀华为党为革命的初心始终不渝，依然以饱满的激情开展统战和策反工作，如掩护中国银行金融管理局局长李立侠，临近解放时摆脱特务追捕，将中央银行金库的钥匙交到解放军手里；动员中国银行发行局局长高方、继任的金融管理局局长林崇塘、经济研究处处长夏晋熊等留在上海迎接解放；说服新光衬衣厂，华丰、民丰造纸厂，上海纺织厂的老板等人不搬迁。他还去过一次香港，说服金城银行行长徐国懋，将已经迁往香港的部分工厂又迁回上海。孙耀华还利用得到的情报，通知即将遭逮捕的经济学家张锡昌及时转移。

上海解放不久，董必武让孙耀华协助华东财经委员会主任、上海工商局局长许涤新工作。1949 年 6 月到 1950 年 3 月，孙耀华担任华东军政委员会对外贸易管理局顾问、新经济学会理事的工作，并且协助上海市军管会接管中央银行，将原国民政府的输出入管理委员会转办为华东区对外贸易管理局。这段时间里，他和许涤新等为恢复和稳定上海的金融市场做了大量工作。

1950 年 3 月，因为工作需要，孙耀华调往武汉，担任中南军政委员会贸易部副部长。当时李先念是中共湖北省委书记、湖北省人民政府主席，陶铸是中共华南局书记、广东省人民政府主席，张执一是中南军政委员会统战部部长，都是他熟悉的老领导。在他们的领导下，孙耀华利用其金融和外贸经验，为湖北、湖南、

青年时期的孙耀华夫妇

河南、江西、广东、广西中南六省和武汉、广州两市的经济建设做出了不懈努力。

1951 年，为了便于做武汉工商界人士的统战工作，孙耀华加入中国民主建国会，担任民建武汉市副主任委员。

1964 年，为做知识分子的工作，孙耀华加入中国农工民主党。

之后，孙耀华还担任第四届、五届全国政协委员和湖北省政协第四届、五届副主席，为党的统一战线和改革开放继续作出贡献。

1988 年，孙耀华恢复了中国共产党党籍，实现了夙愿。这一年，他离职休养。1993 年 4 月 25 日，孙耀华突发心脏病逝世，享年 84 岁。

参考文献

1. 孙安琪：《洪流中的扁舟》。

2. 《李先念年谱》（第 2 卷），中央文献出版社 2011 年版。

3. 雷河清、曾庆宏、汪杰、胡佑启主编：《湖北抗战故事》，湖北人民出版社 1995 年版。

涂云庵（1885—1957），湖北省天门县（今天门市）岳口镇人。毕业于湖北省立法律专科学校。无党派人士。早年参加辛亥革命。民国初期，历任湖北省保康、应山等县法官，北伐战争后，任江汉宣抚使署秘书长。后因痛恨国民党政府腐败，辞官回乡教书。1933年任天门县参议会议长。全国抗战时期，当选为天门县各界救国联合会主任委员，豫鄂边区行政公署副主席，豫鄂边区第一届抗日人民代表大会驻会代表团副主席，豫鄂边区临时参议会副议长。1946年夏，奉命赴华北人民政府工作。中华人民共和国成立后，回鄂任湖北省人民政府委员，后又任湖北人民监察委员会委员、最高人民检察院中南分署委员，担任湖北省司法厅厅长、湖北省高级人民法院院长、湖北省政协副主席等职。1957年病逝，终年72岁。

秉持正义　弃官务教

　　涂云庵出身于书香之家，父亲涂斌元系前清贡生，毕生以教书为业。他自己考取过秀才，民国后进入湖北法律专科学校读书，毕业后被选任保康、应山等县法官，后改任司法、内务、农商等地方官员。20 世纪 30 年代初，其法官经历经司法部审查合格后，湖北省高等法院任命他为汉川县法官。当时正值大革命失败以后，地方法院有关诉讼大都牵涉共产党人和红军。涂云庵在审理这些案件时，发现这些案件很多是诬告，甚至陷害。他深知不负责任的错判，将会对贫苦百姓造成极大的伤害。因而在办案中，他主持正义，不为邪恶势力所屈服，很多案件，特别是关联到共产党人与红军的案件，他都不判或轻判，以保护受欺压的百姓，当地百姓为此赞扬他是"菩萨心肠"。可是，他的正义得罪了黑恶势力，地方当局以"擅放红军"之罪控告他，因他早有准备，审案时均呈报县长签字，高院派员查办无据，控告遂不了了之。

　　地方当局无奈，将他以"补缺"降调到利川县任职。他以离家太远为由，力辞不去。后又将他调来凤县任职，压力之下，他只得上任。才去了一个多月，他就平反和改判了多起过去的冤假错案。由于他经手判决的很多案子与县长意见相左，而且敢于与县长叫板，因而得罪了县长，加之当地一些土匪恶霸和军阀也干预办案，经常找涂云庵闹事，进行恐吓。涂云庵办案遭遇了极大压力。当地军阀韩全朴，绰号叫"阎王"，称要涂云庵的命。面临种种威胁，涂云庵深感当时社会的黑暗，深感国民党当局滥用职权、徇私舞弊、腐败无能。他仰天长叹道："豺狼当道，素志难行，何如归去，永保廉贞。"为防遭毒手，他干脆辞去官职，回到故里，继承父业，办起了私塾，教育家乡子弟，养家糊口。

接受统战　弃教从戎

　　1939 年初，日本侵略者的铁蹄踏进天门，岳口镇成了沦陷区。本想通过教书安稳度日的涂云庵，前门刚避开了老虎，后门又遇上了豺狼。早在辛亥革命期间，他就与革命党人来往密切，曾掩护和营救过革命党人李雨霖，后来又受到了共产主义思想的影响，因而倾向革命。

回到故里后，他一边办学教书，一边以自己的职业和威望掩护共产党人的活动。由于涂云庵在当地威望高，很多地方士绅都和他交往，一些国民党地方官员和黑恶势力也想拉拢他。

岳口镇国民党联保主任曾繁涛暗中与日军勾结，为日军服务，就曾以"学生"身份去拜访他，涂云庵知道他的用意，拒绝与他相见，托人对他说："你堂堂正正是我的学生，我可容忍你，你谄媚于日本人，我是不会理睬你的。"曾繁涛吃了闭门羹，但并不死心，软的不行来硬的。不久，他派一打手去找涂云庵，对涂云庵进行恐吓威胁，涂云庵义正词严给予回击，又将其轰出门外。

驻地日军司令佐佐木和天（门）北反共势力最大的顽军头目潘典华、潘尚武父子也多次派人笼络涂云庵，都被他严词拒绝。他的学生们担心这样下去会出事，就动员他迁居到了10多里之外的响水沟，继续办私塾。响水沟一带是红军时代的老苏区，群众基础好。抗日战争全面爆发后，在共产党人的秘密组织和发动下，抗日斗争已开展得如火如荼。中共天门党组织得知涂云庵的处境后，决心做他的统战工作，利用他在当地的威望，争取他为抗日救国发挥作用。

中共天门县委派戴月、廖学道、万全等干部去接近他。他们经常在一起讨论时局，揭露国民党当局的消极腐败，宣传共产党的抗日主张。涂云庵本来就一身正气，具有强烈的爱国心，他对国民党政府丧失国土、步步退让的政策十分不满，

鄂中地区遭日军轰炸

对共产党坚持抗日、不怕牺牲，十分称颂。他听从中共党组织的劝说，决心参加到中共领导的抗日潮流之中。同时，鄂豫边区根据地的领导，包括郑位三、李先念、陈少敏等也常与涂云庵作推心置腹的交流，这更坚定了他为抗日救国效力的决心，促使他弃教从戎，投身到了抗日斗争和根据地的建设之中。很快地，他被吸收并担任了天门县行政委员会委员和司法科长。

竭忠尽智　当好议长

1939 年夏，天门敌后抗日游击战争的日益发展和群众运动的高涨，为在天门建立根据地和民主政权打下了基础。此时，敌伪刚撤出渔薪河，天（门）西新四军根据上级指示精神，决心在此开辟抗日根据地，成立县政府和议会等政权机关。天（门）西新四军负责人特邀涂云庵共赴渔薪河，召集各方代表，共商抗日救国，建立根据地和政权组织事宜。涂云庵利用自己人地娴熟、知名度高的优势，出面联络各界社会贤达、爱国人士到渔薪河共商国是。在他们的努力下，很快统一了各方意见。

是年秋，天门县委书记曹志坚和黄得魁、胡经荣等领导，在天（门）西组织召开会议，成立天门县政府。曹志坚当选为天门行政委员会主席，同时组成天门县议会，涂云庵当选为参议会议长。政权组织建立起来后，涂云庵和曹志坚一道，竭诚共事。当时，行政委员会所辖地区距日伪据点纵横不到 20 里，日伪军常去骚扰，战事频繁。根据地建设困难重重。他们努力工作、克服困难。出面联络各界人士捐款捐粮，并组织人民群众发展生产，增加税收，保证了行政委员会的正常运转，为部队解决了不少实际困难。

1941 年春，李先念、陈少敏亲临天（门）西渔南指挥抗战。涂云庵为他们的到来做了精心的准备。被邀的 32 位有名望的绅商耆老全部参加了边区组织的活动，达到了预期的目的。在敌人的眼皮底下，大张旗鼓地开了四天会，敌人不敢越雷池一步，陈少敏见而称道："涂会长好大威望。"

1941 年 3 月，豫鄂边区召开军政代表大会。涂云庵和曹志坚一起被推荐出席会议。这次会议是根据中共中央关于建立为人民群众真心拥戴的抗日政权的要求

豫鄂边区参议会副议长涂云庵（前排左二）
与主席团成员合影

鄂豫边区军政代表大会按"三三制"选出参议会和行署
常务委员，涂云庵被选为副主席（前排右三）的合影

召开的，明确规定抗日民主政权实行"三三制"，共产党员、非党的左派进步人士和中间派应各占三分之一。在代表会上，涂云庵带去的三项提案，均获得了与会代表的通过，其中有一项《关于抚恤殉难工作人员家属与表扬死难工作人员案》最为切实，后来在各根据地广泛推广执行，推动了抗日力量的发展。会上，许子威被选为边区行署主席，涂云庵作为民主人士的代表，被选为副主席。不久，直接到边区工作。

1942 年 3 月 1 日，豫鄂边区在京山召开首届抗日人民代表大会，陈少敏被选为驻会代表团主席，涂云庵被选为副主席。因涂云庵的年龄是最大的，大家亲切地称他为涂老。自此，"涂老"就成了边区各界人士对他的称呼。

1944 年 6 月 22 日，边区行署在大悟山召开第一届临时参议会，郑位三被选为议长，陈少敏、涂云庵被选为副议长。

涂云庵在共产党和新四军抗日政策的感召下，弃教从戎，毅然投入抗日根据地的怀抱。他由天门县行政委员会司法科长和参议会议长，到豫鄂边区行政公署副主席，再到豫鄂边区临时参议会副议长。随着职务的变更，身上的担子越来越重，发挥的作用也越来越重要。在艰苦的岁月中，涂云庵与新四军第五师，与郑位三、李先念、陈少敏等负责人 10 余年不离左右，参政麾下，不惜年迈体弱，随军奔波，为抗战事业作出了自己的贡献。

披肝沥胆　满门忠诚

涂云庵弃教从戎后，一直坚持在根据地的工作岗位上。他积极为边区和新四军的发展献计献策；日夜奔波，动员进步人士和有名望的地方士绅参加共产党领导的抗日救亡活动；广揽人才，招募队伍，扩大新四军的力量；筹粮筹款，解决边区和新四军的经济困难，他经手的钱物，做到既分配公平合理，又利于推动生产，顾及人民群众利益，边区军民都称他是"陈平再世"。

特别是在招募兵员上，他以身作则，带头动员自己的两个儿子和家族中兄弟子侄共 10 多人参加了新四军的队伍。他在动员次子涂祖荃参加新四军五师的信中写道：

> 共产党抗日坚决，志士景从。英雄乐有用武之地，豪杰怎能忧作亡国之人？尔亦血性男儿，岂甘因循堕落……要知国难当头，不容徘徊歧路，纵使裹尸马革，尚获壮烈美名，子其去矣，吾当贺之。

在他的动员下，参军的大儿子涂祖荫很快就任了新四军独立团参谋，次子涂祖荃任新四军天门渔南区区长。天门的热血青年纷纷参军参战。

1944 年春，新四军五师主力在天（门）京（山）潜（江）、天（门）汉（川）根据地粉碎了日伪军的夹击攻势后，敌人再次实施反扑，对根据地军民进行报复性"扫荡"，他们把矛头首先对准边区和新四军家属。天门伪军头目陈立山耍出花招，他们抓了涂云庵的儿媳帅氏，将她关押、拷打，用尽了毒刑，企图利用她来胁迫涂云庵屈服。帅氏坚贞不屈，毅然投河自尽，以死相抗。涂云庵气愤地写诗悼念："世上无人不爱生，青年妇女最多情。万分汹涌肆污秽，一顷波涛全节贞。曾是捐驱殉国情，亦称舍命振家声。"

涂云庵在渔南根据地担任情报工作的侄儿涂祖茂，在一次执行任务中不幸被日军抓住，经组织营救无效，被敌人残酷杀害。他十分悲愤地作诗："抗敌挥戈资臂助，救人从井合身除，纵使冤仇指日报，生还不得也相如……"敌人的疯狂报复，并未使涂云庵屈服，国仇家恨，更坚定了他的革命意志。他化悲痛为力量，更加努力地为抗日做工作。

庆寿会上　盛赞"涂老"

1943 年 12 月 1 日上午，鄂豫边区党委在黄家畈举行了一次有特殊意义的庆典活动——为两位德高望重的辛亥革命老人庆祝六十寿诞。其中一位就是鄂豫边区行政公署临时参议会副主席涂云庵。

庆祝大会非常隆重，除鄂豫边区、新四军五师直属机关团以上干部、各军分区、各县代表 140 多人外，前来祝贺的还有边区参议员和各界群众。黄安、黄陂、孝感、应山、安陆等县的者老绅士也主动到会。寿堂布置得十分得体。中间挂着一幅红缎底的湘绣寿仙中堂，四周挂满了寿联寿幛，体现了各级领导和各阶层人士对两位寿星的崇敬。

会议由鄂豫边区行政公署主席许子威主持。刚从华中局派到鄂豫边区不到 10 天的中共中央华中局代表郑位三在邀请两位寿星入座后，宣读了董必武代表中共中央从延安发来的贺电，并发表了热情洋溢的讲话。他称赞两位寿星的伟大之处，能在黑暗污浊的环境里找到光明与真理，并且站到时代最前线。边区领导陈少敏、任质斌、许子威以及参议员代表相继致辞祝贺，宾主济济一堂，促膝畅谈。因涂云庵是诗人，爱好诗词，被大家以"涂老"相称，都向他献诗献词，称赞"涂老"的诗词不计其数。庆寿大会盛况空前，持续了一个星期才尽欢而散。

为了开好庆寿会，边区党委还特调边区行署警卫团的一个连前来负责安保工作，抽调洪山公学 10 多名男女学生为大会服务。边区机关报七七报社编辑出版了《庆贺涂、杨二老六旬大寿特刊》赠送所有到会者。祝寿会后，涂云庵心潮涌动，久久难以平静，他深深感悟到，这种真情只有共产党、新四军才能给予，他将永生难忘，誓将沿着共产党新四军指引的光明大道，坚定不移地走下去。

1946 年夏，国民党重兵围攻中原解放区，中原军区奉命从宣化店突围西进，涂云庵因年迈，奉命首批化装潜赴华北邯郸。一年后与李先念、郑位三、许子威重会于山西晋城。

1949 年 5 月 16 日，武汉解放，湖北省政府成立，涂云庵奉召回鄂参加湖北省人民政府的筹建工作。此后，他被任命为湖北省人民政府委员、最高人民检察院中南分署委员、湖北省司法厅厅长。先后当选为湖北省高等人民法院院长、省政协副主席，直到 1957 年病逝。著有《云庵诗稿》。

参考文献

1. 《李先念年谱》（第 1 卷），中央文献出版社 2011 年版。

2. 涂云庵：《涂云庵自传》，原载于《天门新四军将士》，湖北人民出版社 2012 年版。

3. 胡和平、倪平汶：《竭诚为边区效力的"涂老"——爱国民主人士涂云庵》，原载于《党史天地》2017 年第 3 期。

4. 邹东俊：《记涂云庵先生六旬寿辰》，原载于《天门新四军将士》，湖北人民出版社 2012 年版。

　　吴藻溪（1904年6月—1979年10月），湖北崇
阳人，九三学社主要创始人之一。1923年，进入
武昌楚材中学，加入中国国民党，积极参加学生
运动。大革命时期，积极参加反帝反封建的爱国
工农运动。1930年冬，东渡日本留学，回国后在
中国大学、朝阳大学等校担任教授。全面抗战爆
发后，积极参加中国共产党领导的抗日民族统一
战线。抗日战争胜利后，发起成立九三学社。1949
年9月，应邀出席中国人民政治协商会议第一届
全体会议。后担任国务院参事，上海市人民政府
参事，华东军政委员会土改委员会委员，大夏大
学、上海商学院、苏州国立社会教育学院教授等
职。1979年在上海逝世。

少小立就爱国志

1904 年 6 月 6 日（农历四月二十三日），吴藻溪出生在湖北省崇阳县南乡峰堡老屋畈（今崇阳县青山镇水库村）一个贫苦知识分子家庭。父亲吴仙桂以教书为生。兄妹六人中，他排行老三。一家人的生活全靠父亲微薄的薪水支撑，日子过得紧巴巴，遇到年成不好的时候，全家人还得靠亲戚邻里接济度日。吃过观音土，睡过稻草房，一个弟弟因为贫困，一岁多就夭折了。童年的苦难在吴藻溪幼小的心灵里留下了难忘的记忆，这也让他从小就埋下了忧国忧民的凌云壮志。

吴藻溪天资聪颖。他四岁启蒙，八岁进入国民小学学习。在学校，吴藻溪十分认真地学习功课，对中外文学、历史和时事尤其表现出浓厚的兴趣。他在父母的引导下，很小就阅读《左传》《文心雕龙》等中国古典名著和《水浒传》《红楼梦》等明清小说。及至年纪稍长，他开始阅读《警世钟》《猛回头》《革命军》等反清书籍、《民报》《苏报》等宣传民主革命的进步报刊，还阅读过反映法国大革命、美国独立战争和南美解放战争的书籍。对岳飞、文天祥、史可法等爱国历史人物的传记，尤其喜爱。

那时，中国社会正处在清末民初的转型时期。清朝贵族、封建遗老遗少不甘心退出历史舞台，北洋军阀新贵争权夺利、你方唱罢我登场，外国洋人在中国耀武扬威、制造事端，社会处在急剧动荡之中。吴藻溪虽然对此还不能有清醒的认识，但随着知识的积累和增长，范仲淹"先天下之忧而忧，后天下之乐而乐"的思想已经朦胧地印入他脑际。他曾回忆说："《岳阳楼记》是我童年最爱读的一篇文章，作者范仲淹也是我童年最喜欢模仿的人物之一。"童年的苦难，联想到富人不事稼穑、吃穿无忧，而穷苦人家辛苦劳动、缺衣少食的社会现实，他萌发了对人世间种种不平社会现象的忧虑、抵触情绪，进而产生对封建主义、帝国主义强烈的反抗思想。

1914 年 10 月，李烈钧在"二次革命"讨伐袁世凯兵败后隐居在崇阳县栎树铺国民小学。当地地主武装得知这一消息后，密谋捕杀。年仅 10 余岁的吴藻溪与部分师生闻讯后，冒险护送李烈钧 10 余里，使其安然脱险。他还在父亲的引导下，与同学们积极开展反袁宣传，传唱"改红线（洪宪），改绿线，内内拉拉打板凳（暗示袁世凯必垮台）"的儿歌。吴藻溪后来回忆这个经历时说：他已经逐渐认识到，北洋军阀政府是"洋人的朝廷"，只有"齐把刀子磨快，弹药上足，万众直前，驱除外国侵略者"，才能忧乐与民同，救人民于水火，拯国家于危亡。

1923 年，吴藻溪离开崇阳县到省城求学，先后就读于武昌楚材中学、省立国学馆。国共合作开始后，吴藻溪一边求学，广泛涉猎革命书刊，进一步坚定了反帝反封建专制的思想、立场，一边从事革命活动。其间，他担任楚材中学学生自治会会长，代表该校参加武汉学联的活动，受到进步思潮的影响，成为学生运动积极分子。并经董必武外甥张培新介绍加入国民党，积极参加反帝国主义大同盟及中国济难会等组织活动。

1925 年 5 月，上海五卅运动爆发后，吴藻溪作为中坚分子，根据武汉学联关于全市罢课的决议，积极领导同学组织演讲队、散发传单，游行示威，声援"沪案"和"汉案"，把反帝反封建斗争结合在一起。

1927 年的湖北乡村，伴随着大革命的浪潮，农民运动如火如荼。但国共合作中阶级矛盾与斗争异常激烈，国民党右派始终反对合作，不断制造事端。2 月 27 日，鄂南阳新县商会会长朱仲忻纠集暴徒 100 多人发动反革命暴乱，到处捕杀共产党员，制造了震惊全国的"阳新惨案"。在此背景下，吴藻溪于 3 月回到家乡崇阳县，在崇阳县农会主席、共产党员彭志领导下，继续开展农民运动工作。他积极筹建农民协会、妇女协会等组织，发展农协会员。带领农民革除封建恶习，造田修堰，开展农业生产，工作有声有色。

然而，大革命的逆流不可挽回地恶性发展，继四一二反革命政变后，汪精卫在武汉发动七一五政变，召开"分共会议"，大肆捕杀共产党员和革命群众，轰轰烈烈的大革命由此失败，吴藻溪也被国民党右派列入了捕杀的黑名单。在这种情况下，吴藻溪愤然退出国民党，被迫躲进深山，并在群众的帮助下化装逃到河南开封，躲避了追杀。在开封期间，吴藻溪结识了杨献珍、薛子正等共产党员。在他们的帮助下，吴藻溪对中国共产党的主张有了进一步的深刻认识，并开始将共产主义作为自己的终身追求。

1930 年冬，吴藻溪东渡日本留学，先后进入东京帝国大学和早稻田大学半工半读，攻读哲学、法学、社会学等课程。在此期间，他结识了董必武、张友渔、南汉宸等共产党人，积极参加中共领导的左联东京支部、社联东京支部及中国社会科学研究会东京分会等革命团体，进行抗日反蒋活动；他还加入日本共产主义同盟、日本青年反帝同盟、日本全国学生联合会及进步留学生团体"反帝同盟"，参加日本共产党组织的游行示威；在华侨中募捐，支持东北马占山抗日。吴藻溪向董必武表示，追随共产主义事业，"虽火燎焚烤而在所不能辞"。但由于叛徒告密，1933 年 4 月 6 日，吴藻溪等被日本东京西神田警察署逮捕，关押近百天后于 6 月 16 日递解回到中国上海。

回国后，原本国民党当局要逮捕关押这批学生，但由于顾虑民意而放弃。周恩来亲自到上海他们的临时住所大方旅社会晤吴藻溪等人，表示慰问。邹韬奋、蔡元培等人也给予积极援助。吴藻溪原本想到德国留学，并在马克思的故乡加入共产党。

由于经费无着，他只好寓居北平，先后在中国大学、朝阳大学、北平育人外国语学校担任教授、教员等职务。与此同时，为提倡自然科学，他与唐嗣尧、王良骥、薛云鹏等在北平发起成立"世界科学社"，并在共产党人杨献珍、张友渔、彭友今、张执一等人的帮助下主编《科学时报》，通过刊载介绍科学知识、提倡科学精神、鼓吹科学应用等文章，主旨宣传抗日、宣传革命、宣传科学，把科学宣传与救国紧密联系起来。

1935 年下半年，日本帝国主义又发动华北事变。国民党政府继续坚持不抵抗政策，进一步失地丧权。12 月 9 日，在中共北平临时工作委员会的领导下，北平爱国学生 6000 余人，高呼"停止内战，一致对外""打倒日本帝国主义"等口号，举行了声势浩大的抗日救国示威游行和罢课斗争。北平学生的爱国行动，得到了全国学生的响应和全国人民的支持，天津、杭州、广州、武汉、南京、上海等地相继举行游行示威，形成了全国人民抗日民主运动的新高潮。一二·九运动爆发后，吴藻溪积极支持学生活动，他和许德珩、张申府等 19 位教授发表联合声明，拥护中共的抗日民族统一战线主张，要求国民党政府保卫领土主权，停止内战，出兵抗日。他不仅在精神上支持学生运动，还在行动上给予大力支持。他主动参加学生集会，与学生并肩行进在游行队伍中，一起同军警展开斗争，在文化界、教育界、科技界发挥了重要作用。

为促进湖北乡村抗战而奔走

1937 年 7 月 7 日，日本帝国主义在北平西郊卢沟桥制造事端，是为七七事变。事变不久，北平沦陷。由于世界科学社宣传抗日思想，7 月 10 日，日伪当局宣布取缔世界科学社，没收社产，通缉吴藻溪等人。

中旬，吴藻溪与夫人王克诚在中共地下党组织的帮助下，为躲避日伪和汉奸特务的追捕，绕道太原、石家庄等地，辗转回到武汉。

当时的武汉，各界人才会集，抗日救亡运动风起云涌。受此形势感染，吴藻溪积极投身于抗日救亡运动之中。

他听从董必武及中共湖北省工委的指导，与张执一、李伯刚、马哲民、黄松龄等一起参与组织湖北战时乡村工作促进会（简称"乡促会"）工作。

乡促会是中共湖北省工委为了组织和发动农民支援抗战，争取国民党元老孔庚的支持而创办的一个具有合法地位的统一战线性质组织，也是中国共产党吸收各界知名人士参加抗日活动、指导开展农村工作的群众机构。1938 年 1 月，乡促会在武昌成立，孔庚任会长，孟宪章、马哲民、黄松龄任副会长，湖北省工委农委委员何功伟任秘书（后为张执一）。乡促会办有《战时乡村》会刊，创办《民族战线》周刊。

何功伟主持起草了《湖北战时乡村工作促进会宣言》。

《宣言》指出：中国农村人口占总人口的 90% 以上，"我们要实行持久抗战，

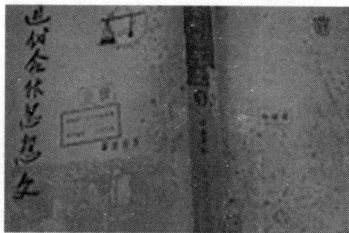

吴藻溪著作

以争取最后胜利，则必须动员乡村之物力与人力，方能有济"。《宣言》结合湖北抗战的形势认为，保卫湖北，不能只靠正规军作战，也不能只靠一地之防守，根本的是要在短期内"发动湖北乡村的救亡运动，完成湖北之适应战时需要的建设，从速把民众组织起来，尤其是武装起来，以成为一个颠扑不破的力量，才能措湖北于磐石之安，奠武汉于金汤之固"①。

乡促会成立后，开办了湖北省乡村工作人员训练班和乡促会暑期讲习班，宗旨都是研究战时乡村工作，培养乡村工作干部。开设政治常识、军事知识、中国近百年史、战时乡村工作问题、乡村文化教育问题等课程。学习时间一般为一个月，每期 100 人。

在乡促会的积极发动下，全省广大农村地区掀起了抗日救亡的热潮。7 月下旬，武汉的东大门九江失守，湖北已岌岌可危。乡促会召集训练班、讲习所工作人员和学员 200 余人，成立 6 个流动宣传队、农村服务团，奔赴咸宁、纸坊、油坊岭、山坡等地，"以举办教育，设夜校、平民学校或组织宣传队为工作中心"②，主持乡促会人员训练，进行抗日救亡宣传。到 8 月，天门、应城、黄冈、崇阳、宜昌、襄阳、沙市、黄陂、蔡甸等市县都建立了分会，全省已有会员 15 万人，从而使乡促会在天门、应城、黄冈、嘉鱼、崇阳、沙市、石首、宜昌、襄阳等五十几个县的广大农村拥有雄厚的群众基础，乡促会训练班的许多人后来成为中国共产党在农村工作的骨干。8 月下旬，乡促会还成立运输队，给前线运送作战物资，直接援助保卫大武汉的战斗。9 月，武汉沦陷前夕，乡促会迁至湖北襄阳，仍然继续开展活动。

乡促会成立不久，吴藻溪夫妇按照组织要求，回到崇阳建立乡促会分会，培养训练崇阳乡村干部、聚集乡村革命力量、促进团结抗日。乡促会接受中共鄂南中心县委委员兼崇阳县委书记王佛炳领导，会址就设在华陂老屋畈。吴藻溪领导乡促会首先创办中国人民抗战学校，前后招收学生有 60 多人，学生以农村青年为主。学校注重为学生补习文化知识，满足他们对文化科学的渴求。吴藻溪把学生

---

① 《新华日报》，1938 年 1 月 18 日。

② 郭述申：《湖北农民运动与组织工作》（1938 年 10 月 20 日）。

分为文学组、政治经济组、农艺组，亲自兼任或聘请教员组织教学。例如，吴藻溪主讲政经、文学、农学等课程，王克诚主讲外语、数学和哲学等课程，王佛炳等参与教学，进行阶级教育。他还利用省乡促会提供的图书、报刊，在学校中办起"永兴书馆"，并从北京、武汉等地采购回大批的进步图书和报刊，供师生和群众阅览。依托这些图书，学校还不定期地组织师生开展抗日救亡读书会、座谈会，鼓励大家发言与辩论，交流学习心得，帮助大家分析、了解国家形势。学生不仅学习了文化知识，还了解了国共合作、抗日民族统一战线政策等国家大事，懂得了团结抗日救国等大道理，一批学生从此走上了革命道路。同时，吴藻溪和王克诚还组织师生和乡促会会员，协助共产党和新四军游击队开展抗日斗争，成立宣传队、儿童抗日服务团等到全县各地巡回宣传、在街头田间演讲。他们贴标语、散发传单，举行群众集会，以歌咏、唱戏、漫画等形式宣传抗日民族统一战线主张和抗日救国道理，这些活动不仅把崇阳各阶层广泛发动起来了，推动了崇阳抗日斗争的发展，还影响了相邻的武昌、蒲圻等县，其中武昌、崇阳、蒲圻三县最为活跃，鄂南各县先后都成立了乡促会组织。

吴藻溪与乡促会的活动触动了国民党地方势力的既得利益，引起了崇阳县县长郎维汉等顽固分子的仇视。郎维汉之流于是动用政府资源为乡促会的活动设置障碍。他扣压吴藻溪、王克诚夫妻来往书信、报刊几十捆，阻碍吴藻溪与外界的联系与交流。对此，吴藻溪十分愤怒，当即采取措施予以回击。他在《斥郎维汉》一诗中骂道："一勺污泥水，几个小鸭儿。国难当头日，冥顽不知耻。"这样，吴藻溪与国民党崇阳县政府彻底闹翻了。

1938 年春，郎维汉纠集一帮人密谋杀害吴藻溪。吴藻溪闻讯后，再次在进步群众的掩护下，离开崇阳。这是吴藻溪时隔 11 年后第二次被迫逃离自己的故乡。

董老高度评价吴藻溪

1938 年夏，吴藻溪跟随抗日救亡团体东北救亡总会由武昌辗转到达抗战大后方重庆。

在重庆，吴藻溪迫不及待地找到中共中央长江局主要领导人之一、时任国民参政会参议员的董必武，当面向他汇报工作情况。吴藻溪十分敬重董必武，不仅把他看成是可以交心的长者，也是他成长进步的引路人，无论是在国内外求学还是在追求民主的斗争过程中，总能够从董必武那里获得教益和思想启迪。董必武从对吴藻溪的长期观察与了解中，肯定了他的进步与追求，认定他"称得上是自己的同志"，两人建立了比较亲密的私人联系，可以说是知心知底的忘年交。吴藻溪见到董必武后，董必武介绍他与新华日报社的吴克坚、潘梓年取得联系。中共中央南方局成立后，董必武担任中共中央南方局副书记。此后，吴藻溪与中共中央南方局始终保持着非常亲密的合作关系，积极参加南方局所属中国学术研究会自然科学组的活动，在该研究会自然科学组组长徐冰领导下开展文化统战工作。

1939 年初，由国民党 C.C 派把持的中华自然科学社在重庆自然科学界散布唯心主义思想，主动挑起哲学论战，制造学术思想混乱，影响团结抗战大局。周恩来对此表示严重关切。根据周恩来的指示，徐冰约见吴藻溪、熊雯岚等人，希望他们设法联络科技、文化界人士，以自然科学的名义成立一个组织，撰写文章宣传唯物主义，批判唯心主义，抵制这股妖风。

经多方筹划，3 月下旬，吴藻溪与张申府、熊雯岚、潘菽、周建南、葛名中等人发起的重庆自然科学座谈会正式成立。吴藻溪、熊雯岚、张申府、葛名中、孙克定等先后担任召集人。参加活动的人士最多时达到 40 多人。不久，为团结广大东北沦陷区来重庆、有科学技术专长的青年科技人员，吴藻溪与徐冰、吴敏（杨放之）、熊雯岚、张申府、邹明初、王克诚、周建南、漆文定等还发起成立了"中国青年科学技术人员促进会"。

这两个组织活动地点都设在重庆打铜街川康银行后院的巴克新工程师事务所，对外联系均以"巴克新"名义，活动经费也由巴克新筹集。重庆自然科学座谈会还在沙磁区建立了分会，成员大多是来自中央大学、重庆大学的教师。座谈会成立后，每周定期或不定期开展座谈，有时还举办茶座。主要开展辩证唯物论的科学研究，以后逐步研究如何巩固抗日民族统一战线、支持八路军抗日等现实问题。周恩来、南方局及其所属机构十分重视与支持自然科学座谈会的工作，经常邀请座谈会部分成员举行报告会、座谈会、纪念会、联欢会、聚餐，加强联系、沟通与团结，让他们接受革命的熏陶，引导座谈会成员进步。

这期间，吴藻溪还以中共中央南方局机关报《新华日报》及其副刊——《自然科学》专栏为阵地，公开发表《目前自然科学界的主要任务》《自然科学者起来扑灭汪逆汉奸》《新兴自然科学在中国》《中国二十年前的航空建设运动》《对科学界的热切号召》等文章，广泛宣传抗日、宣传科学，为在文化科技战线贯彻中共抗日民族统一战线政策做了不少工作。

1941年，世界反法西斯和中国抗日战争进入艰苦阶段，国民党顽固派悍然发动皖南事变，挑起国共矛盾与冲突。在重庆，国民党顽固派、特务及其御用文人也掀起了一股反共逆流。他们到处冲击共产党驻渝机构，发动宣传机器污蔑共产党及其统一战线政策，恐吓、威胁甚至逮捕共产党及其左翼民主人士，抗日民族统一战线面临破裂的危险。

一时间，重庆山城"黑云压城城欲摧"。对于这种亲者痛、仇者快的罪恶行径，吴藻溪义愤填膺，拍案而起。他一方面与夫人王克诚等将一部分还没有在国民党当局登记备案、取得合法身份的中共地下党员转移到四川邻水隐蔽；另一方面，连续发表大量署名文章，抗议国民党顽固派的残暴行径，谴责国民党顽固派破坏抗战、破坏团结的阴谋。他还不听温言劝阻，不畏形势险恶，毅然前往新华社公开表示慰问，旗帜鲜明、立场坚定地维护中国共产党的抗日民族统一战线。

还有一次，国民党特务借故在新华日报社营业部捣乱。得知消息后，吴藻溪和熊雯岚冒着遭国民党特务迫害的危险，一道赶到营业部现场，向在这里的工作人员表示了亲切慰问。他还当场找工作人员要来纸、笔，挥毫写下："请政府严惩捣乱社会秩序、摧残人身自由的罪犯，赔偿一切损失，并保证以后不再发生类似事件……"然后签上他的名字。他的这一举动与事迹，被刊登在事发第二天的《新华日报》上。

1945年7月，抗日战争即将取得胜利。根据中共南方局关于"为了迎接抗日战争胜利，在科技界要做好准备工作"的指示，吴藻溪积极奔走，作为主要发起人发起成立了中国科学工作协会，得到竺可桢、李四光、任鸿隽、丁西林、严济慈等100多位著名科学家的积极响应，为中国共产党团结科技界进步人士、应对时局变化打下了良好基础。

九三学社主要发起人

抗日战争胜利后，全国人民要求和平、民主。但国民党蒋介石集团为维护其一党专制统治，置全国人民的愿望与利益于不顾，执意打内战。中国社会再次面临着两个前途、两种命运的艰难抉择。

吴藻溪义无反顾地站在中国共产党和全国人民这一边。他积极参与社会活动，发表文章、通电，强烈反对由美帝国主义支持的、国民党蒋介石集团发动的内战，提出坚持政治协商决议、组建联合政府、取消特务政治等主张，为争取和平、民主的光明前途和命运，战斗在争取人民民主的最前线。

1945年12月9日，是一二·九运动10周年纪念日。当天，延安各界青年举行集会。在纪念大会上，大会主席团等代表延安各界青年，专门向吴藻溪发出致敬信。信中说："……先生十年来对青年爱国运动，曾作热情的指导与支持，今日中国青年又在为反对内战，要求和平，争取民主而进行艰苦的斗争，先生复以大无畏精神，仗义执言，伸张公理。远道闻之，实深感奋……"特"致真诚的慰问与崇高的敬意"。

1946年2月10日，重庆各界民主人士在重庆闹市区最大的广场——较场口举行陪都各界庆祝政治协商会议成功大会。此前的1月31日，经过中国共产党和各民主党派、民主人士的共同努力，政治协商会议在通过一系列有利于和平民主的决议后闭幕。

上午9时许，重庆各界知名人士、教授、学生及群众陆续汇集会场，政协代表沈钧儒、梁漱溟、罗隆基、章伯钧、张君劢、邵力子、周恩来、李烛尘等10多位名人也应邀到会。国民党特务组织为阻止庆祝大会举行，派人捣毁会场，打伤大会总指挥、爱国民主人士李公朴以及施复亮、郭沫若、陶行知、章乃器、马寅初等60余人以及《新民报》《大公报》《商务日报》等报社新闻记者，制造了"较场口事件"。

事件发生后，吴藻溪紧急安排人员离开事件现场，第一时间将消息报告给尚在赶赴会场途中的周恩来。中共中央南方局针对事件迅速做出应对措施，周恩来一方面派车把伤势最重的李公朴等人紧急送到医院抢救，并派专人前往慰问；另一方面向国民党当局提出抗议，安排《新华日报》迅速、连续、大量地对此严重事件进行客观公正的报道，向社会揭露了事件的真相。

同年 3 月，吴藻溪在张西曼主办的《民主与科学》刊物上重发了 1927 年撰写的诗句，"杀贼无成绩，残民用大兵"，直斥国民党蒋介石集团 20 多年来一贯的反潮流、反人民本质。

这年 5 月，吴藻溪作为主要发起人之一，与许德珩等发起成立九三学社。如前所述，吴藻溪一直致力于追求民主进步。早在 1939 年，就在重庆参加了由董必武、吴克坚、潘梓年、徐冰等领导的中国学术研究会自然科学组的工作，又与张申府、熊雯岚、潘菽等人发起了重庆自然科学座谈会，接受自然科学组的领导，与中共关系密切。当许德珩找到他商议筹组一个学术性政治团体时，得到了他的积极响应。吴藻溪还及时与中共中央南方局徐冰、潘梓年等人沟通、交换意见，得到了他们的鼓励和支持。

在筹备阶段，在讨论这个学术性政治团体的名称时，吴藻溪力主这个团体的名称叫九三学社，因为 9 月 3 日是世界反法西斯战争胜利的日子，这个胜利是民主、社会主义、统一战线、科学所造成的，而且属于世界范围的整个历史时代，并不像五四那样，局限于一个国家的特定时期。吴藻溪的发言得到了大家的认可。为开好学社成立大会，吴藻溪事事亲力亲为。他与许德珩密切联系与沟通，敲定了学社发起人名单；在他领导的南温泉实用会计高级补习学校挑选部分教职员和学生承担会务准备工作；挑选并落实召开成立大会地点。更主要的是，他亲自起草了《九三学社缘起》《成立宣言》《基本主张》《对时局主张》等一系列重要文件，为大会的成功召开创造了条件。

5 月 4 日，九三学社成立大会正式召开。会议公推了大会主席团，吴藻溪为主席团成员；许德珩报告了学社筹备经过；通过了《九三学社缘起》《成立宣言》《基本主张》《对时局主张》等纲领性文件；选举产生了 16 名理事和 8 名监事，吴藻溪与许德珩当选为常务理事。至此，一个以科技界高中级知识分子为主体，以追求和平、民主与科学为职志的学术性政治组织正式创立。九三学社成为中国共产党领导的人民民主统一战线工作的主要支持力量之一。

在重庆期间，吴藻溪还担任重庆国立编译馆编译，恢复世界科学社，复刊《科学时报》，创办、参与创办了中国农村科学出版社、环球出版社、中国民主宪政促进会、湖北建设协进会、中国科学工作者协会等机构，经常以这些组织或个人名义，呼吁言论出版自由、减租减息、取消保甲制度、推行农村民主、改善科教人士的物质生活等人民民主活动。他还开办了以私立西南学院为代表的多所学校，接受中共中央南方局和董必武等人的指导和帮助，努力为革命培养青年人才。其中，西南学院影响最大，它也成为中共地下党组织开展革命活动的据点。

全面内战爆发后，吴藻溪按照周恩来、董必武安排，于1946年底来到上海，参与中共领导的地下统一战线工作。为了更好地为党工作，吴藻溪曾经冒险到上海思南路中共驻沪办事处，当面向董必武请示工作，并提出入党申请。但由于内战形势的急剧变化，他的要求没能如愿。

随着军事斗争的发展，国民党当局加紧了对国统区人民民主运动的压制。1947年6月1日，重庆警备司令部以西南学院隐匿中共地下党、向学生灌输革命思想为由，派兵包围西南学院，按照事先拟定的黑名单逮捕师生30多名，还有

1949年9月，吴藻溪（后排左二）与参加中国人民政治协商会议第一届全体会议的九三学社代表合影

10 余名师生幸运逃脱，吴藻溪因为已离开重庆，才幸免于难。为营救被捕师生，他以世界科学社总干事和西南学院校董事会负责人的身份，同苏、英、美、法等国家科学研究机构和教育团体及进步人士进行广泛联系，向他们揭露、谴责国民党统治集团毒害教育、侵犯人权的罪行。经过多方努力，大部分师生才被释放。

1947 年 10 月，国民党当局悍然宣布民盟为"非法团体"，下令解散民盟。11 月，民盟总部被迫解散。吴藻溪找到张澜，鼓励民盟坚决抵抗，推动民盟地方组织和盟员转入地下斗争。他还积极与国际友好人士联系，直接促成大批民主人士到香港"避风"。他还广泛向国际组织、人士致函，抗议或谴责美帝援蒋罪行。

1948 年，吴藻溪按照吴克坚的指示，以九三学社成员身份，在中共上海局策反工作委员会书记张执一、委员李正文的领导下，与黄炎培次子、时任民建临干会常务干事、中央银行稽核专员黄竞武等策反闸北到江湾一线国民党武装，做了大量的工作，直至迎接上海的解放。李正文曾回忆："张执一把吴藻溪（当时在国民党中央银行工作）当作工作关系介绍给我。吴在策反工作上是有贡献的。黄竞武，就是吴藻溪介绍给我当作工作关系的。"

1949 年 5 月 27 日，上海解放。吴藻溪在中国人民解放军军事管制委员会的领导下，负责调查国民党政府及战犯遗弃和隐藏的轮船、汽车与房地产等。

1949 年 9 月，作为九三学社五名代表之一，吴藻溪应邀参加中国人民政治协商会议第一届全体会议。

新中国成立后，吴藻溪担任国务院参事、上海市人民政府参事、华东军政委员会土改委员会委员，历任大夏大学、上海商学院、苏州国立社会教育学院教授。1958 年，吴藻溪被错划成右派，下放改造。1971 年 10 月，转押崇阳县原籍监管劳动。1978 年 4 月，吴藻溪获得平反，落实政策安排在湖北文史馆工作。1979 年调回上海文史馆。同年 10 月，吴藻溪与世长辞。

参考文献

1. 一川：《吴藻溪事略》，原载于《民主与科学》1995 年第 4 期。

2. 郭祥：《共产主义坚定的信仰者吴藻溪》，九三学社中央新闻网，2012 年 6 月 14 日。

3. 周巧生：《对九三学社成立过程的史实梳理及考辨》，原载于《统一战线学研究》2017 年第 4 期。

4. 九三学社中央研究室：《九三学社简史》，学苑出版社 2008 年版。

向岩（1872—1959），原名寿荫，字少莆。湖北汉川人。自幼接受私塾启蒙学习，中年留学日本，加入中国同盟会。1908 年学成回国后秘密从事反清革命活动。辛亥革命后，积极参加反袁、护法、北伐等重大斗争。1919 年 10 月，登记转为中国国民党党员。抗日战争时期，坚决主张对日作战，致力于推动国共合作、共同抗日，并于近古稀之年自请担任汉川县县长，进行抗日斗争。1943 年当选豫鄂边区行政公署委员。1949 年新中国成立后历任中南军政委员会参事室参事、湖北省政协委员，当选为第一、第二届湖北省人民代表大会代表。1959 年 1 月 24 日在武昌逝世，是一位传奇式的著名爱国民主人士。

自荐民国大总统

向岩出生于湖北汉川一个耕读世家，五岁丧母，由祖母鞠养长大。父亲向纯金是一位私塾教师，向岩自幼跟随父亲，启蒙识字读书，10 岁时到当地回龙湾私塾就读，20 岁时受聘担任私塾教师，在汉川县邹家堰、夏家塌、张池口等地以教书为生。由于自幼受中国儒学传统影响，向岩心存大志，忧国忧民。但他看到清政府积贫积弱，对外作战一输再输，国内变法如同石沉大海翻不起一丝波浪，他意识到要拯救中国，必须做出改变，必须推翻腐朽无能的清政府，必须推翻帝制。

1905 年，时年 33 岁的向岩毅然决定东渡日本求学。父亲向纯金深明大义，支持儿子中年逐志，竭力筹资支持向岩出国留学。当年 11 月，向岩进入由孙中山和日本革命家宫崎寅藏等创办的东京东斌学校兵科，学习军事。他在一封书信中写道：倘使他日学有所成，"定将为我国干一二件有光史册、有益社会之事也"。上学未及一月，日本政府突然发布取缔中国留学生之规则，引起中国留学生强烈不满。留日学生决定停课一日以示抗议，并要求驻日公使杨枢与日本政府交涉，取消不公平规则。

但由于日本政府坚持不退让，湖南籍留学生陈天华担心众人反抗之心不坚决，不能和日本政府抗议到底，乃于当月 12 日投海自尽，以死"决众人之志"。此事

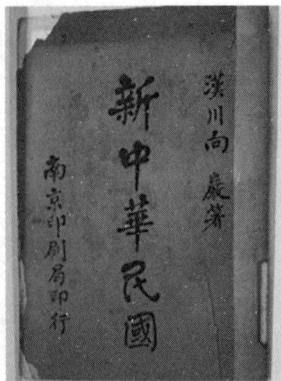

向岩著作，书中载有自荐民国大总统书

对向岩震撼极大，他在家书中大呼："陈君可谓壮矣！"

当年5月，日本明治天皇在靖国神社举办祭奠战亡军士仪式。向岩看到神社内收藏的藏品中最多的是甲午战争时日本掠夺的中国的藏品，愤怒得热血翻滚，爱国之心油然而生，复仇之念勃然而起。从此，他下定决心要努力学习，振兴中华。在学期间，向岩还积极参加留学生的反清革命活动，加入了中国同盟会并担任学校兵学同志会会长。

1908年8月，向岩以特优成绩获得东斌学校颁发的特别证书和书物，学成归国。

回国后，向岩先后在湖北、四川新军中宣传革命，图谋举义。

1911年武昌起义后，向岩出任川南宣抚使、蜀军第一纵队队长。同年11月，向岩以中华民国军政府司令部西部长的名义发布《谕巴蜀檄》，安抚当地官吏和百姓，分化、瓦解川南清朝官吏，加速新政府对全川的统一。辛亥革命推翻了封建帝制，建立了中华民国，但向岩很快发现，革命胜利的成果落入了以袁世凯为代表的军阀手中，他激愤不已、倍感失望，乃于辛亥革命周年之日，发表《自请为公仆之通告书》，自荐担任民国大总统。非常之时行非常之举，虽然身边多数朋友惊疑不解，但向岩仍振臂高呼、直抒胸臆："若以岩为大总统，亦期之以十年，民国可必富，民国可必强，民国之风俗可必其淳美。"他申明，"岩之发为此言，非欣慕大总统之威荣，不过欲聊假斯位以行其素志耳。民国苟以治，岩视大总统犹弃敝履也，非敢夸也，自信力然也。……岩果身为大总统十年，而不克实践其言，岩之肉甘缕切为全国人食也"。显而易见，若没有鸿鹄之志，若没有肝胆之勇，向岩又怎么敢异声突起、特立独行？

1913年7月，孙中山组建中华革命党，联络江西都督李烈钧、广东都督胡汉民、安徽都督柏文蔚等革命党人发动"二次革命"，兴兵讨伐袁世凯。向岩担任讨袁军江南陆军第一师参谋长，大败袁军于南京雨花台。"二次革命"失败后，向岩偕夫人蒋佛元逃亡日本，并在日本加入中华革命党。

1914年回国后，向岩继续在襄河流域组织农军开展反袁斗争。袁世凯为复辟帝制，不惜与日本签订丧权辱国条约"二十一条"，向岩当即以"大中华神武军总指挥"名义，发表讨袁檄文。

袁世凯死后，北洋军阀政府迟迟不恢复国会和《中华民国临时约法》，孙中山又先后发起护国运动和护法运动。向岩追随孙中山，参加"护法战争"，在云南担任靖国军联军第八军参谋长兼第二混成旅旅长，率军转战川、鄂、湘、豫、陕、甘等省，身经五十余战，屡奏奇功。特别是他率部长驱五百里，在陕西凤县生擒并义释北洋政府陕南镇守使管金聚的故事为世人所称道。后参与了孙中山创建广东革命根据地的一系列斗争。1924 年，向岩还奉孙中山密令，再次到陕西运动靖国军第三路军司令杨虎城，得到杨虎城的信任与重用。

第一次国共合作期间，向岩积极拥护、支持国共合作。他不仅把长子向浒送到黄埔军校学习，而且积极参加国民革命军北伐等重大斗争。1925 年 8 月，向岩有感于国共合作共同取得北伐战争的胜利，亲自撰文称赞："马克思、恩格斯是知者，列宁、斯大林是行者，以马列之知行，熔铸无古无今、益中益外之新黄金世界。"

大革命失败后，向岩宣布脱离国民党一切组织关系，并力所能及地帮助共产党和进步人士开展革命活动。

自请为汉川县长，力主国共合作抗日

早在九一八事变后，向岩曾经撰写《忧危论》系列文章，痛斥蒋介石采取的不抵抗政策"如龟如鳖"，主张积极抗日。

七七事变后，日本帝国主义发动全面侵华战争，抗日民族统一战线正式形成。向岩只身前往延安，拜会董必武等中共领导人，亲自把次子向仲豹送到延安参加革命。8 月中旬，向仲豹进入抗日军政大学学习。

1938 年 10 月，广州、武汉相继失守。其时，向岩与家人正避居在鄂西恩施。日军以武汉为中心，沿长江、汉水等水道向江汉平原腹地侵犯，扶植日伪势力，建立据点，企图控制整个江汉平原。

1939 年 10 月，驻武汉日军出动 2 万余人沿汉水一线"扫荡"，国民党汉川县县长龚熏南为首的军政人员惊恐万分，纷纷弃城逃窜，乡保机构完全瘫痪。一时间，整个汉川县政权陷入群龙无首、分崩离析的混乱状态。在这危急关头，为了响应中共抗日民族统一战线的号召，时年 67 岁高龄的向岩，抱着"在汉川搞一个国共合作的典型，为全国军民示范"的理想，挺身而出，请缨担任汉川县县长一职，主动站在了抗日斗争的最前线。

向岩是辛亥革命元老，在湖北享有很高的威望。中共豫鄂边区党组织得悉甚为欣喜，为支持、鼓励向岩团结抗战、表达国共合作愿望，毅然决定为他举行隆重的欢迎大会。

向岩上任那天，豫鄂边区党委安排中共天（门）汉（川、阳）工委组织了 4 万群众参加的"拥戴向岩"大会。在欢迎大会上，向岩疾呼：

> 呜呼，天下兴亡，匹夫有责！今日寇来犯，杀我国人，祸我家邦，其欲使我华夏亡国灭种之心路人昭昭！此诚危急存亡之秋，团结抗战，共御外辱，刻不容缓！我华夏子孙，铮铮铁骨，自黄帝起历经四千六百余年至今，岂能不战而退惶惶如龟鳖弱犬！岂曰无衣？与子战友。岂曰无衣？与子同泽。大敌当前，理当放下芥蒂，与共产党合作，团结各派力量，上下一心，共击敌寇。如能在汉川搞成一个国共合作的典范，为全国军民所示范，我死亦瞑目。①

向岩就职后，秉承推动国共合作原则，大胆改革旧有军政制度，吸收共产党员加入汉川县政府组织，从组织上认可共产党的合法地位。组建县政府时，他委任中共天汉工委书记、燕京大学外文系毕业生童世光为第一科科长，主管钱粮保甲。又破除国民党在县国民自卫兵团中不设副职的规定，先后任命共产党员吴师筑、谢威为副团长，信任、重用共产党人，用实际行动建设两党合作抗战样板。

11 月，日军分三路进攻县政府所在地南渡河。国民党政府下令汉川县的第七、第八中队与县政府机关 100 余人、30 余枪支一起转移到沔阳。汉川县政府内一些亲近国民党的军政人员张锦藩、何定华、王连三等也极力主张逃亡沔阳，投

---

① 王晓鸣、杨乃伦：《向岩对开创天汉抗日根据地的贡献》，原载于《湖北省新四军暨华中抗日根据地历史研究会会议论文集》，军事谊文出版社 1995 年版。

靠王劲哉一二八师。为确保团结抗战不偏不倚，向岩力排众议，坚持把大部分军政人员转移到自己的家乡——田二河镇。并在新四军豫鄂挺进纵队第四团队、田二河商会会长陈锐夫、爱国民主人士匡子桢等多方面帮助下，县政府才安定下来。

1940年1月，向岩主持召开全县绅士与乡保长联席会议。会议伊始，他申明："坚持团结抗战，实行民主政治，是本届县政府的施政纲领。"为会议定下基调。会议经过讨论决定：迅速调整区、乡保机构，肃清土匪，整编县自卫队，保护群众生命财产安全；增设粮柜，严禁贪污和抽丁，保持吏治廉洁、政府民主公开。会后，县政府及时向辖区内各区、联保派出干部开展工作，恢复各区、乡政权，普遍开展民主选举，很快就使汉川县抗日斗争局面焕然一新。汉川因此成为豫鄂边区抗日斗争的战略支撑点、军事给养供应基地。

1940年初，中共豫鄂边区党委统战部长陶铸即将启程前往延安出席党的七大会议。临行前特意到田二河看望向岩。陶铸见向岩住在一座三间低矮小瓦房里，只觉整间屋子潮湿、狭窄。由于白日里没有点灯，只有一小片天光透过狭小的窗口，稀稀拉拉照进来，整间屋子仍然显得十分昏暗。

他当即嘱咐陪同的童世光回边区行政署提款3000元，帮助向岩盖一栋住房供老人居住。

向岩推辞不要。陶铸还是坚持修一座小楼供老人安度晚年，同时也作为国共合作、团结抗战的见证。

临走时，向岩把陶铸一行送到村口。直到陶铸人都走远了，向岩嘴里还在轻声念叨："慢慢走，慢走！"

由豫鄂边区捐建的小楼历时两个多月建成。向岩为它取名为"莽苍庐"。

这年3月的一天，正在豫鄂边区采访的美国著名女作家、记者史沫特莱收到一封署名为"你七十岁的朋友——向岩"的邀请函，心情异常激动。因为她从周边人的口中早已得知，汉川县有位年近古稀的老县长早年追随孙中山参加革命，曾将自己的儿子送往延安学习，如今国难当头，又毅然站在抗日斗争的第一线，顿时心生敬意，决心慕名前往田二河镇进行战地采访。

根据边区党委的安排，史沫特莱与边区党委派给她的翻译罗叔平一行从水路到田二河。去的那天，天空下着瓢泼大雨，豆大的水珠不时蹦进小船，晶莹可爱。

史沫特莱心情激动，极目远眺，恨不能透过前方的水雾屏障一眼望到田二河去。

史沫特莱一行乘坐的小船沿着湖滨水道一路前行。抵达田二河镇时，这座处处透露出荒凉破败的城镇着实让她惊讶：没想到在这样一个破旧凄凉、被日军"扫荡"多次的地方，竟仍然驻扎着一支抵抗队伍，那位德高望重的 70 岁老人仍然坚守在这里。

不一会儿，心中悲凉的情绪瞬间被迎面而来的国民自卫团队伍给驱散了。在史沫特莱眼里：他们都很年轻，穿着破旧的衣服，看着差不多 20 岁的年纪，长期被饥饿和战乱困扰，面色发黄，但这丝毫也不影响他们整齐有力的步伐和昂扬坚定的眼神。"从他们的眼睛里，我看到中国革命的希望，这支队伍一定会胜利的，中国革命一定会胜利的，他们一定会的！"史沫特莱难以抑制心头的激荡，紧紧按住了自己的胸口。

第二天中午，当地已经准备好了盛大的欢迎会欢迎史沫特莱的到来。"你好啊，欢迎你来到中国采访。"向岩率先走上前来向她问好。亲眼见到这位传说中的老县长，老人凛然的风骨让她眼前一亮。史沫特莱激动得不知所措，咧开嘴，露出全世界人民都能看懂的语言——微笑。

欢迎会上，向岩首先致欢迎词。童世光操起落下多年的英语坐在史沫特莱身边为她翻译。

突然，欢迎词中一句"海内存知己，天涯若比邻"让童世光犯了难，不知道怎么翻译才好，转身询问罗叔平，罗叔平也犯了难。突然，童世光心头一动，灵光一闪，开口道："全世界革命人民团结起来！"

史沫特莱愣了一下，随即也会心地一笑，鼓起掌来，会场上跟着响起热烈的掌声，经久不绝……

欢迎会后，史沫特莱委婉地表示，想要为老县长留下一张照片纪念，向岩欣然应允。"咔嚓"一声，年近古稀的老县长正襟危坐、手捧书卷，目光平和、直视前方的形象被永久地留在了黑白照片上，也留在了史沫特莱对边区人民的记忆里。

1943 年，史沫特莱的代表作《中国的战歌》在纽约出版时，其中有一段记述了她的这一次经历：

3月中旬，我在敌后作了最后的一次旅行，穿过湖泊，在倾盆大雨中去访问年高德劭的老县长向岩。这位老人已经建立了一支非常坚强的地方武装，尽力用他自己的方式报效祖国。我在田二河见到他时，这座荒凉凄惨的集镇，反复多次被日寇"扫荡"过。老县长和他的县政府过着戎马倥偬、劳苦勤奋的生活，国民党县政府的车轮还在运转，与他坚持守土抗敌和誓死报国有很大的关系。

他们给我看了一个名叫丸山的日本军人写来的一封乖巧的劝降信，赞扬老人经世卓识、学贯古今，"皇军"佩服得五体投地，有请大驾出山，"走马上任"出掌汉川傀儡政府。……老县长是个虔诚的佛教徒，用一首古体诗，给予轻蔑傲然的回绝。复函中写道："予万不得已时，杀身成仁，义如泰山之重，非可苟安已也。"

风骨凛然，日寇虽暴，奈何以死惧之？

发展抗日武装，维系与王劲哉的合作关系

向岩在恢复、稳定汉川县政权的过程中建立了县国民自卫团，自己兼任团长。他十分重视这支部队的建设，汉川县政权稳定之后，汉川县国民自卫团也日益壮大，发展成为一支拥有500—600人枪的武装。战乱年代，兵马枪炮就是本钱。何况这还是一笔不小的本钱，自然惹来众多蝇营狗苟之徒觊觎。

汉奸晏衡甫就是一个。听说了国民自卫团的实力后，他就动了歪心思，私下找到自己的亲弟——原一中队晏玉珊，密谋如何从这民团中分一杯羹。两人暗中从县城潜回田二河，秘密策反军中的旧友，企图将装备最好的一中队带走。向岩挫败晏衡甫对自卫团的策反行动后，就联合新四军豫鄂挺进纵队第四团队对自卫团这支武装进行清理、整顿，并同意让剩下的300人枪统一参加新四军部队，由此极大地增强了新四军鄂豫挺进纵队第四团队的有生力量，为天（门）汉（川、阳）湖区抗日根据地的武装建设打下了坚实的基础。

天汉湖区，指的是以汈汊湖为中心的襄河沿线湖区，以汉川、天门为主，包括仙桃、汉阳和应城的部分区域。当地形势复杂，日伪军、国民党军队和共产党

领导的新四军犬牙交错，三角斗争激烈。日军占领天汉地区以后，在河道沿线各个重镇构筑了近30个据点，并驻屯重兵，日伪军总兵力达1万之多。国民党在当地影响较大的有王劲哉的一二八师和金亦吾的第六战区鄂中游击纵队，共近6万人。而共产党所掌握的武装部队实力最弱，经过整编后只有1000余人枪，武器弹药不足，部队中大多数人也都没有经过严格的军事训练和实战锻炼。因此，如何建立广泛的抗日民族统一战线，壮大自身实力，消灭日伪军迫在眉睫。

得知隔壁有这么大一块"肥肉"，驻守在仙桃镇的王劲哉按捺不住了。王劲哉原为西北军杨虎城部属，其时率一二八师驻扎在沔阳境内。不到一年时间，占据了鄂中六县地盘，实力迅速壮大，成为鄂中一个霸主。王劲哉坚持抗日，但常常与新四军及其地方武装搞摩擦。由于不是蒋介石嫡系，时常受到国民党蒋介石嫡系的排挤。他曾声称：你蒋委员长若抗战到底，我王劲哉誓死不做汉奸。

1940年4月，王劲哉遴选八百悍兵组成"学兵团"，装扮成土匪在天门竹桥等地抢劫商旅、杀人越货，挑起矛盾与冲突。天门商民不堪其扰，一些商民四散逃乱，还组成"跪哭团"到田二河恳请向岩县长派兵剿匪。向岩迅速与中共天汉地委顾大椿紧急联系、协商，商定由李人林团长率领新四军挺进纵队第四团队两个中队、谢威率领汉川国民兵团两个中队挺进竹桥地区剿匪。经过近六小时鏖战，新四军第四团队与汉川国民兵团联合攻占了桥头阵地，一二八师学兵团溃逃。王劲哉听闻战败，大怒，一气之下枪毙了那个提出如此馊主意的部将，并再次于5月6日向李人林第四团队下战书，叫嚣不分胜负誓不罢休。

"竹桥事件"发生后，向岩心急如焚：大敌当前，兄弟阋墙于内。如果由此造成国共两军更大的对抗、冲突，该如何处理是好？

豫鄂边区党委遵循党中央关于"第一二八师师长王劲哉与我方有过合作关系，要以忍让做团结争取工作"的复电指示，有意请向岩出面进行调停。

前述，向岩早年曾奉孙中山指示前往西安从事革命活动，与西北军杨虎城结下情谊。彼时，王劲哉还是西北军中一名普通官佐，他对向岩长驱五百里生擒管金聚的故事也早有耳闻，敬慕这位辛亥革命前辈的铁血傲骨、儒将风采。

5月12日，向岩秉承国共团结抗战、共御外辱、保卫家国的理念，手书《与王劲哉先生书》信函一封。

劲公赐鉴：

慨自卢沟桥事变至今，日本人之对于我中国，自有人类以来所不忍言，不可思之残酷，无所不用其极，尽情尽量以施于我民众，肝脑斋粉，流血成渠，而天汉尤甚。水淹六载，室如悬罄，村里丘墟，虫沙满地，我公闻之应亦同声一哭也！

前获我公嘱岩阅转一函，顷敝府一科科长转到公手示，惊叹天汉竹桥地方发生事变，致我公与此间驻军，不免意外误会。谨肃一言，以为之解释，回忆岩曩者于役关中，历有年所，故人叶香石、杨虎城、匡厚生诸先生与岩情同骨肉。其他各地父老昆仲，谊若乡人。关中即岩之第二故乡也，我公亦岩之故乡亲友也。此番误会，至祈我公垂念民众之无辜，本平时胞与为怀，有教无类之旨，不咎既往，期其将来，则抗战前途利赖无穷。

恃爱冒渎，毋任惶悚。专肃敬颂。

钧绥

岩　额手

五月十二日

向岩就任汉川县长期间，与王劲哉有过书信来往，加之前述关系，王劲哉只能算是晚辈。所以，当他接到向岩来信后，显然会有所考虑。权衡再三，他回函表示同意谅解，但要求与新四军直接谈判。于是向岩将王劲哉回函转交豫鄂边区党委处理。

同月28日，边区党委统战部部长陶铸和组织部部长杨学诚联名发出《致王劲哉师长书》。信函诚恳邀请王劲哉派代表前往田二河与新四军代表进行会谈。6月23日，向岩再次手书便函一封，连同上述书信一并转交王劲哉方面。

向岩借助个人身份威望，牵线搭桥，一二八师与新四军第五师最终达成合作抗日的"君子协定"，至此"竹桥事件"终告平息。而正当双方发生竹桥矛盾之时，日军曾两次从周围10多个据点同时出动机械化部队突袭，企图坐收渔翁之利，但都失望落空。

王劲哉一二八师从主张抗日到消极抗日，再到联共抗日的反复过程，渗透着中共豫鄂边区党委在统一战线工作中倾注的大量心血，也浸润着向岩一片拳拳护国之心，豫鄂边区党委能顺利争取王劲哉及其一二八师共同抗日，向岩功不可没。

鼎力救助天汉工委书记童世光

向岩上任才短短数月，积极支持国共合作、勤政廉政，赢得了汉川人民群众的拥护，却引起了国民党汉川县以三青团特务为主体的顽固派的不满和仇恨。他们编织种种理由，给向岩安上"年老昏庸、勾结共匪"的罪名，对向岩横加指责、诬告。国民党湖北省政府听信谣言，罢免了向岩的县长职务，准备委派反共老手王连山接任县长一职，消息传出，全县哗然一片。

关键时刻，豫鄂边区党委支持天汉地委广泛发动群众，在全县老百姓中掀起"拥向反王"群众运动、支持民主选举县长的浪潮。

1940 年 3 月，汉川县 4 万多民众和"抗十团"成员自发在田二河集会，高呼"要向岩，不要王连山！"的口号，要求民主选举县长。集会那天，向岩也来到了会场。当汉川县宪政促进会主席匡子祯宣布：经县宪政促进会研究，一致推举向岩为县长时，场下万民欢呼，长时间鼓掌祝贺。

此情此景，向岩深受感染，他健步走上主席台，多次鞠躬致谢，激动得老泪纵横。他在集会上慷慨陈词："抚今昔兮蹉跎！瞻国事而长吁！……今后惟有追随吾挺公（叶挺）、念公（李先念）及吾诸大豪杰、大名士之后，为吾中华民国最后写一页有声有色有趣有味之光荣史也。"[1] 当时情形，群情振奋，王连山吓得不敢到任。此后，汉川县政府接受共产党的领导，逐步转变成为抗日民主政权。

国民党顽固派一计不成又生一计。无法到任的王连山和天门县三青团的胡光鹿狼狈为奸，一方面连连向向岩施压，逼他交出县政府大印；另一方面利用潘尚武、潘典华父子与一二八师的交情，求助王劲哉派兵干预。王劲哉因为"竹桥事件"吃过亏，对共产党和新四军一直耿耿于怀，恰好碰上"两潘"从中挑拨，就答应派兵干预。

---

① 向虎雏：《向岩纪念集》，湖北人民出版社 2011 年版，第 176 页。

变故丛生，局势不明，陶铸指示，全边区只有三枚县印，汉川县印无论如何不能丢，要牢牢抓在手里。但党内个别基层干部片面理解边区党委关于汉川县印是全边区唯一可以掌握的合法斗争"法宝"的精神，罔顾陶铸多次强调"向岩是革命的老前辈""要尊重老人，在工作中，首先要保证他有职有权"的重要指示，错误地使计让安琳生带着战士从向岩家"取"走县印。县印被取走，向岩急忙找谢威商议，同意将县印交给童世光保管。

同年 6 月 21 日，正值农历端午节。一二八师三八四旅古鼎新部 2000 余人突袭田二河镇，发动"田二河事变"。紧急关头，正在县政府值班的童世光想到的第一件事情就是保管的县印不能丢。于是他将县印放在竹篮底层，上面再覆盖上端午吃的粽子、盐蛋，化装成送端午茶的模样，急忙向中共天汉地委驻地汈汊湖撤去。但在撤退途中被古鼎新的部下逮捕，县政府印章也被搜出。古鼎新见是县政府印章，便派人将童世光押解到田二河镇交三八四旅七六八团陈权五团长处置，同时报告师部。

童世光等人被逮捕、印章被抢走的消息传到向岩耳中，他不顾个人安危，鼎力施救。起初，他不计前嫌，赶紧修书一封具保，由于担心书信施救有误，就亲自策马驱驰从三八四旅旅部追到七六八团团部。

向岩刚一进门，就看见童世光被结结实实绑在地上，就先声夺人："端午佳节，敝县略备薄酒，着令童科长接团座过节喝酒，为团座接风洗尘。"陈权五见是和师长王劲哉有着深厚旧情的向岩来访，就命人给童世光松了绑，并奉还了县印。其时，田二河镇商救会会长陈锐夫早已布置好了酒席，宴请陈权五等一干众人。赴宴的人形形色色，皆衣着体面，身携枪械，表面上歌舞升平、言笑晏晏，私底下却暗流翻涌、一触即发。向岩见童世光仍然处境危险，便假意命令他手持自己的信令，以检查民哨为由中途退席，由此脱离险境。当晚，当陈权五接到师长王劲哉"就地正法"手谕，连忙下令全城戒严、追捕童世光时，童世光却早已借着向岩的信令，一路畅通无阻地逃出虎口。

国民党一二八师和汉川地方的一些反共顽固分子破坏国共合作、干预民选县政府的行径不得人心，受到了群众的指控和省政府的责难。古鼎新为求避祸，将事件全部责任推到一个小排长身上，以混淆视听。但国民党顽固分子并没有善罢甘休，反而变本加厉地抓捕共产党员、屠杀抗日爱国人士，制造白色恐怖，意欲控制县政府。向岩因此被迫辞去县长职务，这就是豫鄂边区历史上有名的"田二河事变"。

"田二河事变"后，原国民党汉川县政府中的一些共产党员和进步人士不得不紧急撤离田二河，转移到汈汊湖畔、新四军控制的韩家集。7月，在七七事变三周年纪念之际，聚集在韩家集的汉川县坚持抗日的爱国人士和全县65%的乡代表一起，召开汉川县参议会会议，公推向岩为县参议会议长。同时，由参议会选举产生了汉川县行政委员会，由县政府科长、共产党员童世光担任行委会主席。

1943年，已经71岁高龄的向岩被选举为豫鄂边区行政公署委员。但此时他身体有病，加之住所离边区政府驻地又远，无法到边区政府履行职务。于是，向岩主动致信郑位三、陈少敏等边区政府领导人，请辞行政公署委员的职务。

抗日战争胜利后，和全国人民一样，向岩原本盼望的和平并没有如期到来。国民党蒋介石集团冒天下之大不韪，执意打内战，调集重兵围攻李先念领导的新四军第五师部队。国民党汉川地方当局也随之进行反共活动。国民党汉川县县长杨干不仅亲自带领部队"围剿"汈汊湖，还赶到田二河镇，调查向岩在抗战时期将300多条枪送给新四军之事，扬言要缉拿向岩参加"共党"的儿子，矛头直指与新四军关系密切的向岩一家。由于多方关切，向岩才幸免于难。

1946年6月，蒋介石调集重兵进犯中原解放区，内战全面爆发。新四军第五师中原突围时，74岁高龄的向岩仍然冒着极大的风险，掩护无法随军撤离的新四军干部和家属安全脱险。

新中国成立后，向岩历任中南军政委员会参事室参事、湖北省政协委员，当选为第一、第二届湖北省人民代表大会代表。1959年1月24日，向岩在武昌逝世，享年87岁。张先难亲笔书写挽联："搀手才三月，别去九泉矣；吾侪剩几人，又弱一个焉"，沉痛悼念向岩逝世。著名辛亥革命史学家贺觉非高度评价向岩："就其一生言行看来，真如金刚化身，反清、反袁、护法、北伐，以及谴责日本军国主义，抨击蒋介石政权等，非有卓识大勇，安能如此？"

参考文献

1. 向虎雏：《向岩纪念集》，湖北人民出版社2011年版。

向岩与家人在一起（1952 年）

2. 王晓鸣、杨乃伦：《向岩对开创天汉抗日根据地的贡献》，原载于《湖北省新四军暨华中抗日根据地历史研究会会议论文集》，军事谊文出版社 1995 年版。

3. 吴诗四：《天汉湖区的抗日民族统一战线》，原载于《湖北省新四军暨华中抗日根据地历史研究会会议论文集》，长江文艺出版社 1997 年版。

4. 吴金香：《田二河事变始末及其影响》，原载于《湖北省新四军暨华中抗日根据地历史研究会会议论文集》，武汉大学出版社 1991 年版。

　　杨经曲（1884—1951），原名澧，湖北武昌县油坊岭（今武汉市江夏区流芳岭）人。1905年入武昌存古学堂求学，1909年考入湖北高等巡警学校，1911年参加辛亥革命。1914年在上海加入中华革命党。1919年和詹大悲、董必武等活动于鄂西北、川东一带。1926年底任宜昌警察局局长。1931年至1933年，先后担任恩施、来凤县县长。1938年夏，在黄陂组织抗日武装，后收编伪军第82师165旅。1940年8月，率伪军1500人反正。先后任新四军挺进纵队第四支队长、第五师第十五旅旅长、第三分区司令员、豫鄂边区行政公署副主席。1946年参加中原突围，在陕南被国民党胡宗南部所俘。1949年四川解放后出狱回武汉。1951年1月病逝。

1931 年 9 月 18 日，日本帝国主义在中国东北发动了侵华战争，拉开了中华民族长达 14 年抗日战争的序幕。在这场抗日救亡的伟大斗争中，无数中华热血儿女为了国家独立、民族解放而冲锋在前，杨经曲就是其中的一位。特别是 1940 年 8 月，在抗日战争进入艰难时期，杨经曲率 1500 余名伪军毅然反正，投奔新四军李先念部，给全国人民以很大的鼓舞，有力地打击了日寇的诱降阴谋，动摇了边区周围伪军、汉奸的投敌卖国心理，具有深远的政治意义。

时任新四军豫鄂挺进纵队李先念司令员高度评价杨经曲的这一爱国行动，称赞"这是震动豫鄂边的壮举"。

敢同军阀叫板

1932 年，杨经曲任恩施县县长。恩施位于湖北省西南部，东连荆楚，南接潇湘，西临渝黔，北靠神农架，是进出大西南的陆路咽喉，也是江南的重要物资集散地，境内绝大部分是山地，素有"八山半水半分田"之称。因其地理位置重要，国民政府在此设道存县，后改为施鹤行政区，下辖恩施、来凤、巴东等八县。

九一八事变后，中华大地抗日救亡运动风起云涌，鄂西南小县恩施同样也是如此。当时，县城里办有一份小报——《清江日报》，该报社长兼主编张阆村富有强烈的民族正义感，经常刊登县中小学校教员写的救亡图存的文章、诗歌，对传播爱国主义、激发民众抗日热情发挥了积极作用，深受当地民众喜爱。

在这些撰稿人中，胡楚藩[①]是最积极的一位。他是由杨经曲保荐、经湖北省施鹤行政委员潘正道[②]函聘来的，担任恩施湖北省立十三中学国文教员，还兼职施鹤

---

① 胡楚藩：新中国成立后担任湖北省参事室参事。

② 潘正道：又名潘孝侯，新中国成立后历任中南军政委员会委员，水利部副部长，武汉市副市长，武汉市政协第一、第二届副主席，中国国民党革命委员会武汉市第一届和第三届副主任委员等职。

公立乡村师范学校筹备员。有这样身份的教员来撰写抗战救亡文章，更容易引人注目。

这时，驻扎在恩施的国民党部队是四川军阀王陵基部的一个旅，旅长叫韩全朴。这伙军阀对潘正道、杨经曲清廉治政极为不满，总想把施鹤八县的行政实权夺到自己手里，以便控制地盘，发号施令，盘剥百姓，攫取更大利益。

一天，韩全朴带领一队卫兵，荷枪实弹来到县府，径直坐在县府公堂的座椅上。

"杨县长，兄弟来此，有两件要事相告。一是当前'共匪'在湘鄂川一带活动猖獗，贵县《清江日报》屡屡宣传抗战言论，这与上峰要求相悖，发表这些文章的人有'共党'嫌疑，必须严加惩办。二是筹备施鹤公立乡村师范学校是给这些政治有问题的人做活动基地，必须立即停办。"韩全朴气势汹汹地说。

《清江日报》上所登载的文章，都是爱国青年老师所写，他们代表着人民救亡图存的呼声，有什么写不得？筹备乡村师范学校是一件利国利民的好事，为什么不能办呢？"杨经曲见来者不善，针锋相对地回答。

韩全朴听了，气恼地拍起桌子，威胁说："杨县长，识时务者为俊杰，你的态度和行为有通共之嫌。如果不回头的话，老子会给你们好果子吃。"

杨经曲理了理长衫，泰然自若地说："国难当头，青年爱国是正义之举。筹备乡村师范学校，也是省政府定下的决策。要我抓人和停办学校，断难从命。"

交锋几个回合，韩全朴对杨经曲没有办法。因为他知道，杨是辛亥革命功臣，说杨通共，那也是万万不可能的事。

"好，杨县长既然敬酒不吃，那就吃罚酒。咱们走着瞧！"韩全朴丢下一句狠话，灰溜溜地带着随从走了。

自此，这伙军阀凭借武力，对杨经曲处处横加干涉，无理取闹，还指使随从将杨经曲打伤，使他难以在县政府开展工作。

这段时间，杨经曲对蒋介石"攘外必先安内"的妥协政策很是不满。有一次，辛亥革命时期的老友金龙章 ① 曾到恩施约杨经曲筹组"反蒋定国军"，他表示支持，

---

① 金龙章：新中国成立后任上海市政府参议室参议，加入中国共产党。

但因各种原因此事未能成功。

面对这种情形，1932年秋天，杨经曲把报社和青年教员妥善安置后，愤然向施鹤行政区委员会递交辞呈，决计不当恩施这个县官了，以表达对军阀野蛮行径的愤恨和抗议。

当县长被土匪囚居两月

1932年冬，杨经曲调来凤县任县长。来凤地处鄂、湘、渝三省市交界处，西南邻重庆市酉阳县，东南接湖南省龙山县，以凤凰飞临之传说而得名，境内武陵山绵延，酉水河纵贯，历来是三省市边区交通要冲和重要的物资集散地，史称"川湖肘腋，滇黔咽喉"，享有"小南京"美誉。

然而在民国时期，这里却是军阀混战、土匪横行之地，经济落后，民不聊生。

杨经曲上任后，来不及休整，就深入境内山区，考察民情，了解百姓疾苦。

一日，行至高洞河附近，突遇川匪张绍卿部千余人由四川酉阳（今重庆酉阳县）窜入来凤县境。杨经曲来不及逃脱，被土匪俘获，关押在龙山县麂皮坝。张匪看到捉了个县长，大喜过望，以为可以发大财了。

"杨大县长，只要你交五千大洋，张某就不为难你。否则，别想回去！"张绍卿笑眯眯地说。

杨经曲正言道："你太高看我这个县长了，国难当头，别说五千大洋，就是十块大洋都没有，放不放由你们决定。"

张绍卿说："你休想骗老子，哪个当官的不是三年县知府、十万雪花银呢？"

杨经曲说："不信，你们去调查好了。"

张匪在关押杨经曲期间，果然派人调查，得知杨到任刚两个月，是个穷官，确实逼不出钱来。

张匪心有不甘，又生一计。他要杨经曲写信回县，给他们筹军饷现洋5000元，钱送来了就放人。

杨经曲坚决拒绝，说："来凤是个偏僻穷县，老百姓苦得很，哪里筹得出这么一大笔款子？这件事我万万办不到！"

得知县长被土匪囚禁，县府的人一面赶紧向上报告，一面想方设法营救。时任来凤县教育局局长兼县府秘书的胡楚藩，通过各种渠道，三进匪窟与杨经曲见面。杨经曲对部下的到来，深感欣慰，但对自己的处境丝毫没有惧色。每次他总要问："地方秩序怎样？老百姓生活怎样？"言语中都是满满的爱民之情。

两个月后，这股土匪被湖南招安。胡楚藩经当地驻军支持，方将杨经曲营救脱险。

杨经曲一回到来凤后，深感上任以来没有对百姓做点什么，反而给上级和府内人员带来牵挂，随即打电报给国民党湖北省政府，引咎辞职。

1933 年春，杨经曲辞去来凤县县长一职，返回家乡武昌。为造福桑梓，他向亲朋好友借款，主持修筑武昌公路。路建成后，登门讨债者络绎不绝。后又筹建上海织造厂，力不从心，宣告失败，负债累累。于是，赋闲在家，住在武昌黄鹤楼下一条陋巷内。

求教董必武，指点抗战路

七七事变爆发，标志着中国进入全面抗战时期。国共两党以民族利益为重，再度携起手来，形成抗日民族统一战线，共同抗日。

1938 年 6 月，就在武汉保卫战打响之际，杨经曲辞去荆州法官的差事，只身返回武汉，找到当年参加辛亥革命的熊晋槐①、潘怡如、潘正道、金龙章等老友，共商抗击日寇更有效的方式。

这期间，杨经曲获得了一个令人欣喜的消息，那就是老同学董必武的到来。当时，董必武是中共代表团和中共中央长江局的负责人，正在八路军武汉办事处紧张忙碌着。董老以中共代表团的合法身份和在湖北广泛的社会影响，大力开展党的统一战线工作，宣传毛泽东同志提出的党的全面抗战路线和持久战的人民战争思想。

杨经曲与董必武有着不同寻常的革命友谊。杨比董大两岁，俩人志趣相投，

---

① 熊晋槐：新中国成立后任民革中央委员、湖北省政府副省长、省政协副主席等职。

受到革命思想熏陶，相约以推翻清政府为己任。1919 年，杨经曲与董必武、詹大悲、潘正道、潘怡如等在鄂西北、川东一带从事革命。1926 年底，杨经曲到宜昌担任警察局局长，这还是老同学董必武引荐的。大革命时期，杨经曲参加北伐军，而董必武则是以共产党员的身份加入国民党，为国民革命军北伐解放湖北作出了积极贡献。

而此时，武汉会战已打得难分难解，日寇步步进逼，国民党这个临时首都——武汉到底能不能守得住？如果失守该怎么办？面对这一严峻局势，杨经曲很想听听老同学董必武的意见。

8 月，江城武汉赤日炎炎。杨经曲住在汉口大智门新亚旅馆，这里距八路军武汉办事处不远，杨经曲决定去拜访一下董必武。他带着好兄弟袁罡[①]在八路军武汉办事处，与董必武晤面。

杨经曲开门见山，畅谈了前不久与熊晋槐几位老友共商的想法和面临的困难，想请董老就当前时局出点主意。

当时，武汉周围还没有共产党领导的抗日武装活动。董必武和杨经曲分析了武汉形势，认为武汉会战中如果国民党军队撤退，会丢弃一些武器弹药，还会留下一些散兵，武汉周边会有人组织地方游击队，日本人也会搞伪军为其所用。

董必武拿出毛泽东《论持久战》一书对杨经曲说，要打败日寇，必须进行抗日游击战争，坚持团结抗战、全面抗战；反对片面抗战、警惕妥协投降的危机出现。并坚定地说，一定要坚持敌后战争，坚持独立自主，实行全民皆兵，用不同名义组织各种游击队，把民众组织发动起来，使日寇陷入兵海之中，寸步难行。今天八路军在华北敌后抗战，就是明日华中敌后抗战的榜样，坚持抗战到底。

董必武这一席话，如拨云见日，杨经曲决心与好友们开展游击战，轰轰烈烈干一场。

谈话后，杨经曲和金龙章、袁罡一起，到黄陂蔡店聚集乡绅游勇，收买枪支，截击溃退蒋军，组织武装游击队，得到李宗仁国民党军第五战区的财力支持。

---

①袁罡：又名袁杰、袁四正，号岳俊，系金龙章的舅弟，1948 年加入中国共产党，新中国成立后任河南省郑州纺织学校校长。

这期间，杨经曲一度受中国共产党邀请，出面与中国共产党派出的张执一同志一起主持党的外围群众组织"湖北省抗日乡村工作促进会"的工作，动员知识分子、工人农民积极参加抗日活动，并秘密组织一批爱国进步青年赴陕北延安学习。其中有杨的侄子杨新绘、黄人来之子黄正华以及杨新源、胡海清等。

武汉沦陷前夕，杨经曲、金龙章、袁罡等人为暂避日寇锋芒，分散回各自家中。他利用两个月的间隙，先把家属安顿在长江边一个不被人注意的小镇——新河口，然后毅然投入到全民抗战的斗争中去。

帮友人代掌部队

武汉沦陷后，杨经曲的外甥黄人杰在武昌油坊岭地区拉起一支民众抗日武装。黄人杰在大革命时期参加过中国共产党，后来脱党，但仍然与中共鄂南特委保持着一定联系。在中共地下党组织的帮助下，这支队伍发展很快，有1000余人，取名为鄂南抗日游击总队，黄人杰任总队长，中共武昌县委派潘斌、舒江皋、许大鹏到该队分别任副总队长、政训员、中队长。为了解决给养和取得合法名义，黄人杰弄到了伪72旅的番号。

杨经曲得知后，便将其定为要争取的目标。杨经曲作为黄人杰的长辈，又是黄人杰的救命恩人，黄从小就听杨经曲的话，知道舅舅是一个有头脑、有革命闯劲的人。他安排副参谋长张成栋作为杨经曲的联络员，军队一些大事都及时通报。当时，黄人杰部在武昌东乡、梁子湖、鄂州一带，处于四面受敌的困境之中，万般无奈之下，只好委曲求全参加了伪军。杨经曲认为带领这支武装走正道，还是有把握的。

杨经曲要争取的另一支队伍，就是他与老友金龙章一起拉起的武装。但天有不测风云，令杨经曲万万没有料到的是，这支队伍在1938年冬被日伪军逼下水，接受了伪"中国人民自卫军"的番号。

当时，杨经曲曾找金龙章质问："为什么要带队伍投靠日本人？"

金为难地解释："这也是没有办法的事，我是被他们逼下水的，我的条件是受编不受调。"

杨气愤地说："日本人要的就是你这面降旗！竖起华中第一支伪军黄旗，这会被万人唾骂的！"

杨继续说："金兄，你是一个有骨气的人。只要你现在回头，还来得及。"

金龙章对杨推心置腹的一席话，感到字字句句砸在心头，深有失足的悔恨之意。

杨也感到金的一时失足，实属无奈之举，虽打了伪军旗号，也是同床异梦，不能一味地埋怨，应当帮老友一把。

于是两人对当前形势、军队控制权等进行了反复研究。

果然，日军对金龙章的投靠和忠诚也是不放心的。

日军决定送金到日本、上海参观访问，实际是调虎离山，欲夺兵权。

军中不可一日无帅。金龙章深感事态严重，随即求教于杨经曲、熊晋槐二位老友。

杨经曲分析了眼前形势，认为敌强我弱，策动这支队伍为时尚早，目前只有先忍辱负重，避实就虚，在日寇重兵之夹缝中求生存，寻找时机再易帜反正。

三人经过密谈，决定采取"顺水推舟""借屋躲雨""瞒天过海"计策，暂保这支队伍的领导权不落入敌手，伺机重新回到抗日阵营中去。金龙章请求杨经曲以"代座"名义掌控部队，并请熊晋槐暗中相助。

为了实现心中的抗战梦，同时也为了帮助好友渡过难关，杨经曲答应金龙章的邀请，以"代座"之名帮他掌握这支千余人的武装。日本人对金龙章委托的"代座"杨经曲，也予以认可，但提出了一个条件，要求杨经曲把家眷安在武汉，美其名曰好照顾"代座"，实则视同人质。

杨经曲一眼就识破了日寇图谋，但为了大局，他特地让胞弟杨时雨到新河口把自己家眷接回武汉，住到汉口难民区汉正街大同巷，放在日军鼻子底下，以迷惑日军。

杨经曲在日寇眼皮底下，过着"身在曹营心在汉"的苦闷日子，忍辱负重，伺机寻找易帜时机。但聊以自慰的是，杨在金部虽然没有正式名义和职务，却在官兵心目中有很高的威信。因为官兵们知道，杨经曲是一位经历过大风大浪的辛亥革命前辈，早年做过县长，也当过警察局长和法院法官，绝非等闲之辈。他们对这位"代座"报之以信任，并能言听计从。

1939 年春，金龙章手下的袁罡部已发展到 1700 余人枪，番号独立第 8 旅，袁任旅长。湖南沅江人杨瀛率部并入独 8 旅为 1 团团长。杨经曲与袁罡有多年交情，私交甚密。杨瀛同样也很敬重杨经曲，加之同宗同姓，于是杨瀛拜认杨经曲为干爹。这两人是金龙章手下的猛将，也是杨经曲开展兵运和策反的重点对象。

此时，伪 82 师汪步青部盘踞汉南，正扩充自己的势力范围。为了在夹缝中求得生存和补充枪弹军饷，黄、袁两旅接受汪步青部的收编。黄人杰部编为 165 旅，袁罡部为 164 旅。

杨经曲掌控的黄、袁两旅，与伪汪步青部所处的关系是"受编不受调"，在驻地和供应问题上、在派进和派出之中时常处于明争暗斗之中，甚至演变为直接冲突。为此，杨经曲时时小心，处处谨慎，等待时机。

震动豫鄂边的壮举

1939 年 1 月，根据中共中央中原局的指示，李先念奉命率领新四军豫鄂独立游击大队 160 余人，从河南竹沟出发，顶风冒雪南下豫鄂敌后，寻找和汇聚各地抗日武装，开展敌后游击战争，开辟抗日根据地。

杨经曲获悉李先念南下湖北的消息后，感到无比振奋。为避开与新四军发生冲突，他命令部队让出黄（陂）孝（感）边这片要冲山区。同时，加紧做黄、袁两部的兵运策反工作。

1940 年夏，华中日军大举进犯鄂西北，加紧对国民党集团进行政治诱降，同时国民党顽固派加剧反共，刚组建半年多的新四军豫鄂挺进纵队主力正在豫鄂边实施战略展开，压力重重，危机四伏。

7 月，伪军黄人杰部因受汪步青的排挤，发生火并，部队危在旦夕。杨经曲认为策反时机已经成熟，是该下决心的时候了。于是，派心腹可靠之人，给大悟山李先念司令员送去一封信。大意是，1938 年在八路军办事处和董必武商谈组织敌后游击队，现已粗具规模，条件日渐成熟，决意投奔新四军共同抗日。

新四军豫鄂挺进纵队的领导李先念、任质斌、陈少敏、刘少卿等接到此信后，立即给延安党中央、毛主席发电报，电报转到重庆八路军办事处董必武同志处，很快得到上级指示和董必武复电。

豫鄂边区党委经过缜密研究，认为隐居敌后的爱国人士杨经曲、熊晋槐既是董必武的挚友，也是中国共产党的朋友，他们长期隐身敌后，做黄人杰、袁罡两部争取工作，如能起事成功，不仅对国民党的"曲线救国"、日本侵略者的"以华制华""共同反共"是个沉重的打击，对湖北省数以万计的伪军也必将产生深远影响。决定派挺进纵队政治部联络部部长张执一以纵队参谋长名义，同杨经曲联系受编事宜。

张执一带一个警卫排，在汉阳党组织负责人王文斌、肖利三等同志帮助下，手持董必武给杨经曲的电报，到汉阳七肖大湾对面的吴家岭与杨经曲会面。杨经曲看到董老发的电文，当即表示："照董老的意见办，我做黄、袁两旅的工作。给两个旅的番号有困难，两个团也可以。"

杨经曲回到部队后，召集外甥黄人杰和义子杨瀛做反正工作，决定队伍弃暗投明、举行起义。

杨经曲做出决策后，对其亲信说："团结抗日乃吾夙愿。我和人杰先在武昌受编金龙章，后在汉阳受编汪步青，原为借屋躲雨，先养待机，迎义师以成大业，年来受尽屈辱，身心痛切。幸新四军不弃愚陋，赐我以应天命、顺人心、留取丹心照汗青之良机，吾等绝不能辜负也！"

当黄人杰顾虑自己曾经的过错而下不了决心时，杨经曲说："人杰，人非圣贤，孰能无过？当今世上，只有共产党光明正大。目前你部处境危急，人为刀俎，我为鱼肉，与其身死敌手，不若弃暗投明，把人枪带到新四军内，也可将功补过嘛。"

8月10日，杨经曲派谢副官到汉正街大同巷接夫人和两个儿女，连同黄人杰部军官的眷属共几十人，由彭怀堂、许保民等同志先行接到天汉湖区抗日根据地，以示破釜沉舟、义无反顾的决心。

8月13日晚上10点，杨经曲向军队下达了"移师襄北，领取军饷"的命令，在新四军汉阳第五中队的掩护配合下，率领黄人杰的165旅和164旅杨瀛一个团共1500余人秘密离开防区，向天汉湖区挺进。在反正途中，164旅旅长袁罡因思

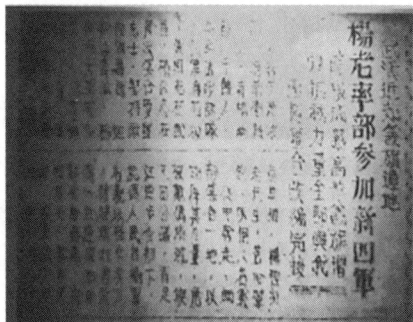

1940 年 "武汉近郊义旗启遍地
杨老率部参加新四军" 的剪报

想摇摆，听信谗言，另带一个团约 500 人中途逃跑。

杨经曲率部在丁家集见到了前来迎接的张执一，随之经老新集、芦排等地，北渡襄河。在穿越敌占区杨家集时，面对大股日伪军的尾随紧逼，杨经曲和张执一指挥一营顽强阻击，使大部队安全进入豫鄂边区抗日根据地腹地天西，受到李先念等纵队领导和边区军民的热烈欢迎。

杨经曲率 1500 余名伪军反正的义举，极大鼓舞了中国人民坚持抗战的热情，壮大了豫鄂边区抗日力量，有力打击了日寇，为伪军指明了光明出路，推动了边区的敌伪军工作和统战工作。当时中共中央在重庆的《新华日报》、国民党的中央社等知名媒体都专题报道了这一重要新闻。

8 月 21 日，豫鄂边区党委为起义部队举行了隆重的欢迎大会和授旗仪式，宣布起义部队与原纵队第四团队整编为新四军豫鄂挺进纵队第四支队，黄人杰所属部队为第十团，杨瀛团为第十一团。杨经曲任支队长，郑绍文任政治委员，张执一任政治部主任，王海山任参谋长。纵队首长亲自为新成立的第四支队授了队旗。

在隆重的命名授旗庆祝大会上，杨经曲脱下长袍，换上一身灰色军装，腰扎皮带，佩带一支小手枪，打着裹腿，脚穿一双青布鞋，年近花甲的他精神抖擞，以一位老军人的稳重形象展示在部队面前。

李先念司令员在大会上讲："最近，在爱国人士杨经曲先生的影响和推动下，伪军汪步青所属 1500 余人高举义旗，参加我新四军。这是震动豫鄂边的壮举。"这是对杨经曲率领 1500 余健儿起义反正的高度评价。

李先念的激情演讲，深深感染着全体反正官兵，大家唱起刚刚学会的《八路军进行曲》：

> 向前、向前、向前
>
> 我们的队伍向太阳
>
> 脚踏着祖国的大地
>
> 背负着民族的希望
>
> …………

这歌声唱出了杨经曲这位抗日老将的赤子情怀。

鄂豫边区为其做寿

1941 年 1 月，新四军重建军部。同年 4 月，李先念部整编为新四军第五师，杨经曲任第一游击纵队司令员，张执一任政委；1942 年 4 月，第三军分区组成，杨经曲任司令员，张执一任政委；1943 年冬，杨经曲当选为鄂豫边区行政公署副主席。

1943 年的冬天，恰逢是鄂豫边区行政公署副主席杨经曲、涂云庵 60 岁生日，鄂豫边区党委有感于杨老、涂老在抗日战争艰难时期对新四军作出的特殊贡献，成立寿仪筹备处，为他俩共同庆生。寿仪筹备处还到汉口为两位寿星采置生日礼物，计有手杖一根、象棋一副、牙筷一双、银勺一枚。考虑到杨经曲在武汉名声很大，为了安全起见，在沦陷区汉口购买时银勺上只能刻"六十寿辰"和"全体敬赠"几个字，而"贺经曲老人""贺云庵老人"等字样则是回到边区以后，另请乡下金匠篆刻的。

12 月 1 日上午，鄂豫边区暨新四军五师直属机关干部和各军分区各县代表共 140 人，聚会在黄家畈一幢高大的三合头房屋内，隆重而热烈地为辛亥革命老人、边区政府副主席杨经曲和涂云庵庆祝六十寿诞。

房屋中间悬挂着一幅朱红缎底的湘绣寿仙中堂，四周挂满了各式各样的寿联、贺幛，琳琅满目。中共中央华中局驻鄂豫边区代表郑位三在一阵震耳的掌声中，首先宣读董必武从中共中央发来的贺电。

电文写道："以六十高龄，壮志不减青年，率领桑梓健儿，为维护桑梓与敌人作英勇斗争，逖听之下，竭诚佩服。欣闻孤辰，适想边区军民热烈庆祝，盛况当属空前。弟以关山远阻，未克躬逢其辰，特此肃贺，聊申悃忱。"这是董老对两位抗日老将所作贡献的充分肯定。

郑位三宣读完董老贺电，礼堂内响起热烈掌声。随后，边区党委代表陈少敏、新四军五师代表任质斌、鄂豫边区行署代表许子威以及参议员代表相继致辞祝贺。边区行署对杨经曲的祝词是："大悟山高，汉江水长，先生之风，山高水长。"其溢美之词，让人感动。

新四军五师秘书长齐光对杨经曲的祝词是："杨老一生为人清廉，新旧学识，俱有很好根底，在旧社会浮沉了三十多年，历任省府厅科长，做过五六任县官，历次复卸，官囊如洗，此种作风，不仅在国民党内所罕见，亦为我党所钦佩。"

时值 72 岁高龄的边区行政公署委员向岩因距边区政府甚远，不能亲往祝贺，谨遵寿仪筹备处函嘱，欣然提笔为杨经曲、涂云庵二先生六十寿作序。序文中，对杨经曲以老将之年奋勇抗战赞道："出入弹雨血泊中，无惴无恐，杰魁人也！"

对于组织和各位战友的祝词，杨经曲表示衷心感激，并现场作了兴奋的答词。他在《六十抒怀》一诗中写道："渴读马翁三大卷，西去延安梦几回！"

会上会下，宾主济济一堂，促膝畅谈，献诗赋词，盛况空前。这场简朴和热烈的寿仪，让杨经曲深深感到革命大家庭的温暖。

杨经曲下定决心，一定要沿着共产党新四军指引的光明之路，坚定不移地走下去，以百倍干劲、勤奋工作，力所能及地多作贡献，以回报边区军民的关心关爱。

策动老友反正

抗战进入战略相持阶段，鄂豫边区政府处在敌顽的双重夹击下，对敌斗争更为艰苦。当时边区既要组织群众建立抗日民主政权，推进民主建政和参政议政工作；又要协调边区各抗日阶层的利益，开展减租减息，大生产运动，组织群众参加以"千塘百坝"为代表的农田水利建设，进一步发展边区抗日根据地；同时，还要组织群众参军参战，巩固和发展军政军民团结；等等。杨经曲不顾年事已高，充满激情地工作，并始终保持清廉的作风，对自己、对家人均严格要求，不搞丝毫特殊，一身正气，两袖清风。

在紧张工作的同时，杨经曲十分重视政治理论的学习。无论是马克思、恩格斯、列宁、斯大林的著作，还是毛泽东主席的书，他只要借到手上，总是勤学苦读，白天因工作忙，读书时间不够用，就在晚上挑灯夜战。通过孜孜不倦的学习，杨经曲深深感到马列主义、毛泽东思想的伟大，坚信抗战必胜、中国革命一定会成功。

1944 年，杨经曲利用与金龙章特有的关系，派人、写信和用其他方法，做金龙章的统战工作，希望他回归抗战阵营，不要再为日寇卖命。金龙章听从了杨的劝说，于当年冬天进入鄂豫边区为新四军工作。

1945 年春，杨经曲和金龙章一道，参与策反伪湖北省保安第一旅旅长袁罡起义的工作。4 月，杨经曲写信介绍边区特工人员以杨旧友的名义、风水先生的身份进入袁部。6 月，金龙章潜入袁旅驻地，策反袁旅的团营职军官，进一步促进袁的觉悟。在杨、金等人的督促勉励下，袁成功诱杀正与鄂豫边区鄂南分区司令员张体学所部激战的国民党少将先遣司令马钦武，于 7 月 7 日率部千余人起义，进入鄂豫边区。

1945 年，日本帝国主义不断遭到八路军、新四军抗战力量的沉重打击，已呈苟延残喘之势，中国抗战胜利指日可待。此时，鄂豫边区党委已更名为鄂豫皖边区党委。同年夏，为迎接抗战胜利，边区党委决定成立"武汉解放委员会"，任命杨经曲为主任，顾大椿① 为秘书长。同时成立"武汉解放军"，任命杨经曲为总司令，文建武② 为参谋长。边区政府在《七七日报》发布了以上消息，为新四军进入武汉大造声势。

1945 年 8 月 15 日，日本政府宣布无条件投降。根据鄂豫皖边区党委的决定，

---

① 顾大椿：1940 年任开汉地委书记，后任鄂豫边区党委秘书长、城工部副部长。新中国成立后，任中华全国总工会副主席、书记处书记。
② 文建武：时任新四军五师参谋长，新中国成立后任河南军区副司令员兼参谋长。

杨经曲以武汉先遣军司令的名义带领先遣队进驻汉口洞庭街原俄国领事馆，负责接洽日伪军的投降事宜。然而蒋介石要"下山摘桃子"，独吞抗战胜利果实，赶忙用美国飞机军舰将大批国民党军队运送到武汉。面对形势的急转直下，杨经曲率部奉命主动撤出，放弃接管武汉的任务。

抗战胜利时，鄂豫边抗日根据地已发展成为东起皖西宿松、太湖及赣北的彭泽，西至鄂西宜昌，南至湖南南县及鄂南通城，北至豫中叶县、舞阳等包括50多个县的广阔地区，解放了1300万人口，建立了38个县抗日民主政权，以及7个专区，同时建立了鄂豫皖赣军区，包括7个军分区，3个正规旅、3个独立旅和地方武装，总共有6万多人的部队，民兵达30万人。

正当中国人民在欢庆胜利、渴望和平之际，以蒋介石为代表的大地主大资产阶级，为了独裁统治，无视中国共产党"和平、民主、团结"的主张，内战风云一触即发。

鄂豫边区靠近武汉，地理位置特殊，战略意义重大。为应对国民党政府的"假和平、真内战"，鄂豫边区新四军五师根据党中央的战略部署，及时组建中原军区，以勇于牺牲、敢于担当的精神，顽强在中原地区进行了长达10个月的战略坚持，牢牢拖住了国民党30万大军。

1946年6月，中原军区部队兵分三路胜利突围，揭开了解放战争的序幕。此时，杨经曲已经62岁了，但他勇气不亚于青年，跋山涉水，风餐露宿，冲破国民党军的围追堵截，随大部队到达陕南。然而，就在他化装赴延安途中，被叛徒出卖，不幸被胡宗南部所俘，被押解南京，转上饶集中营，后被关押于广西及四川合江监狱，至1949年解放出狱回武汉。

晚年杨经曲

1951年1月，杨经曲病逝于武昌同仁医院，终年67岁。时任湖北军区司令员李先念亲批专款，将这位曾创立"震动豫鄂边的壮举"的抗战志士厚葬在风景

杨经曲烈士证明书

秀丽的武昌龙泉山。

参考文献

1. 晓阳、北江渊编：《辛亥志士抗日老将——纪念杨经曲诞辰130周年》，未刊本。

2.《李先念年谱》（第2卷），中央文献出版社2011年版。

3. 敖文蔚：《湖北抗日战争史》，武汉大学出版社2006年版。

杨显东（1902—1998），湖北沔阳长埫口镇人。1923年考入南京金陵大学农科，1934年到美国康奈尔大学留学，先后获得硕士和博士学位。抗战全面爆发后，他转道苏联，经考察后回国，由此对社会主义有了直接认识，对革命产生了同情。在任军委会农产调整委员会专员兼陕豫鄂三省核查主任及美国经济作战局农业顾问期间，积极为新四军培训干部，储备物资；解放战争期间，他广泛团结进步人士，为李先念领导的中原解放区军民输送了大批粮食、药品、器材、被服、罐头食品等。1949年9月，出席中国人民政治协商会议第一届全体会议。新中国成立后，他被选为第一至第三届全国人大代表，担任第五、第六届全国政协委员。1956年加入中国共产党，先后担任农业部副部长，中国农学会会长、名誉会长，中国科学技术协会副主席等职，为我国农业，尤其是棉花事业发展作出了重要贡献。1998年10月20日因病逝世。

革命战争年代，从事农学研究的人似乎与政治相去甚远，似乎与中国共产党人，尤其是共产党领导下的军队难得有交集。然而，有这样一位留美博士、棉花专家，当他接触共产党人、接受马克思主义思想之后，他便在政治上倾向共产党，在人力物力上帮助共产党及其领导下的新四军，他最终也汇入革命的洪流，接受共产党的领导，成为革命队伍中的一员，成为社会主义农业建设的领导者。他，就是农学专家杨显东。

在美国接受马克思主义

杨显东，1902 年 11 月 23 日出生于湖北沔阳（今仙桃）长埫口镇何坝村的一户贫苦农民家庭。五岁开始放牛，七岁读私塾。后来随他的大哥到汉口仁智学堂读小学，在博学书院念中学，加入基督教。在教会的资助下，1923 年他中学毕业后，以优异成绩考入南京金陵大学农科，学习棉花和蚕桑专业。

四年大学毕业后，他去河南训政学院任教。这个训政学院由冯玉祥创办。一年后，他回到湖北，担任湖北省棉业试验场技士兼代场长。在此期间，他以 300 亩试验田为基地，引进优良品种，训练技术人员，从事棉花改良工作，取得了突出成绩，得到了湖北省建设厅厅长石瑛的器重。

杨显东开始接触共产党，是 1931 年秋天的事。

这一年 7 月，蒋介石调集十万大军对湘鄂西革命根据地进行"围剿"。为赶尽杀绝湘鄂西一带的革命武装，蒋介石军队不顾人民死活，在东湾炸毁荆江大堤，致使长江洪水如脱缰野马一般，灌入堤内，江汉平原顿时成了一片泽国，人畜大量死亡，房屋财产损毁无数。当时国际联盟派出代表团来湖北考察，杨显东陪同代表团回到家乡，亲眼看到了红军撤走后的苏区情况，为代表团用英文起草了一份关于洪湖苏区的调查报告，如实地反映了洪湖农民口中的共产党，以及国民党为"围剿"沔阳而进行的大肆屠杀的情况。杨显东本人也受到了一次深刻教育。

1934 年 8 月，在湖北省建设厅厅长李范一等的支持下，杨显东漂洋过海，出国留学，考进了美国康奈尔大学研究生院，专攻棉花品种改良。在此期间，他结识了在康奈尔大学学习的美国女共产党员范尼·普莱斯，并通过她与美国共产党取得了联系。在普莱斯的辅导下，杨显东学习了英文版的《共产党宣言》等马克思主义著作。1937 年 6 月，获得农学博士学位的杨显东，经美国共产党介绍，取道欧洲回国，途中顺便访问了苏联，苏联农业部部长还热情接见了他。

助力举办汤池训练班

杨显东从苏联回到北平那天，正是卢沟桥事变爆发之日。国难当头，他以留美博士身份前往南京，向国民政府表明报国之意，被国民政府任命为军事委员会农产调查调整委员会少将级专员，兼陕豫鄂三省核查主任。南京沦陷前夕，国民政府撤到武汉，他也随之来到武汉。在武汉期间，他与董必武、周恩来等中共中央驻武汉代表团负责人接上头，从此以农业专家为掩护，一直在党的领导下开展工作。

董必武是中国共产党创始人之一，辛亥革命元老，与湖北各方面多有联系，石瑛、李范一等即是他辛亥革命时期的老朋友。

1937 年 11 月的一天晚上，石瑛登门拜访董必武，两人讨论了今后如何合作抗战，特别是如何利用建设厅这一机构做些有益抗日救亡工作的问题。石瑛反映，建设厅下面有一个农业合作委员会，由他担任主任委员，这个委员会的任务是训练农村合作干部，组织农村合作社发放农业贷款，发展农业经济，但是现在国民党政府训练出来的一批农村合作指导员只知做官，不会做事，希望在共产党的帮助下，训练一批农村合作指导员，通过组织农村合作社发放农业贷款，发动农民抗战。他的这一建议得到了董必武的支持。

几乎与此同时，杨显东与他的好友孙耀华也有了类似的想法。孙耀华是浙江绍兴人，少时随祖父来到湖北钟祥，1926 年 9 月加入中国共产党，并受党的委托进入黄埔军校第六期学习，任党支部宣传委员。大革命失败后，与党组织失去联系。1929 年至 1933 年就读于南京金陵大学农科，因而与杨显东成了前后期的同学。大学毕业后，他到中国银行总行工作，卢沟桥事变之前，中国银行总行农贷负责人张心一推荐他到中国银行汉口分行任农贷主任辅导员，负责湖北全省农贷业务。

因是南京金陵大学农科的同学，杨显东与孙耀华相识相交，建立了深厚的友情。1937年11月的一天，他俩相约拜见张心一。三人谈到当前的抗战形势时，张心一表示，中国银行在苏北皖北发放了大量农村贷款，对当地打游击起了很大作用，农贷员成了游击司令，接受农贷的农民成了游击队员。如能在湖北训练一批农村合作指导员，以便今后发放农贷，发动群众打游击，就很好了。张心一的提议深得孙耀华和杨显东的赞同。

杨显东随后把这一重要信息向董必武作了汇报，这又与石瑛和董必武的想法不谋而合。于是，经过周恩来等同志批准，党组织决定与湖北省建设厅合作举办湖北省农村合作事业指导员训练班，后又经与石瑛商议，双方确定办班地点设在汤池，主任由湖北省建设厅农村合作委员会委员兼汤池农村改进试验区负责人李范一担任，管理成员有陶铸、杨显东、孙耀华、许子威。学员的招收、训练由共产党派人负责，所需经费和学员结业后的分配问题，由建设厅解决。因开班在汤池，该班简称汤池训练班。

陶铸时任湖北省工委副书记兼宣传部部长，他深知培训班是一个难得的用来培养我党军政干部的好场所，所以立即自告奋勇地向湖北省工委提出，去创办汤池训练班。湖北省工委经过研究，决定派陶铸去领导汤池训练班工作。陶铸毕业于黄埔军校第五期，参加过南昌起义和广州起义。土地革命战争时期，他出色地组织和指挥过闻名全国的厦门劫狱斗争，并先后创建了闽南工农红军游击队和闽

1938年5月杨显东（左一）
在汤池训练班

东地区的人民武装，具有卓越的军事和组织才能。由于有陶铸等共产党员的有力组织和领导，汤池训练班很快被办成了党的培训游击干部的基地。

按照培训班的领导分工，杨显东和孙耀华负责联系、筹措经费。筹办汤池训练班的资金分为两部分，一部分是办班需要的教学费用、行政费、伙食费等，另一部分是学员毕业后分配各地向农民贷款的资金。前一部分资金的来源是多渠道的，除建设厅的拨款部分外，还包括爱国民主人士，如中国银行汉口分行行长周苍柏等人的捐款。杨显东除利用自己较为广泛的社会关系，多方筹集资金外，还从棉业改良场一次性抽出了部分款项，用于班费开支。

许子威是共产党员，也毕业于金陵大学农科，这时候在天门皂市办米厂，他也拿出了一些资金，这样就保证了开班和办班运行的需要。至于向农民贷款的资金，主要依靠中国银行的农贷款项。在这方面，汤池训练班一开班，张心一就给了农业贷款25万元。

但蒋介石很快就发现和认定，汤池训练班实际上是被共产党掌握的，是共产党利用国民党的钱为共产党办事，把合作人员训练班办成延安抗大式的干部训练基地，故强令停办。1938年3月，湖北省建设厅在国民党的压服下，停止对训练班的拨款。6月，石瑛被迫辞去湖北省建设厅厅长职务，汤池训练班再无续办的可能了。

尽管如此，仅办了四期的训练班①，却为抗日战争培养了300多名游击干部，他们中的许多人后来都参加了新四军第五师，成为新四军第五师的骨干。

在鄂北培养新四军干部

汤池训练班停办后不久，武汉会战打响，武汉及其周边地区已处在战火之中。在这种情况下，杨显东在李范一等的帮助之下，得到中共鄂西北区党委统战部长张执一的大力支持，就将工作重心转到鄂北，先在襄阳成立鄂北棉业讲习所并任所长，后在1939年5月1日成立鄂北手纺织训练所，训练所设在谷城县茨河镇下

---

①汤池训练班第四期迁到武昌开办。

街，主要培训纺纱工人，为军队提供棉纱、棉布、毛巾、被服，为军需生产棉纱100 多万斤。后又在庙滩、盛康、城关、石花街开办了织布厂、铁工厂、木工厂等分厂，生产棉纺机械等。

训练所共开办三期，培训学员 200 多人。中共鄂西北区党委在手纺织所内建立了特别党支部，一方面组织地下党员过组织生活，安排党的工作；另一方面在学员中培养优秀分子入党，发展党员 40 多人。为提高党员干部的知识水平，张执一还在他的住处举办过党员骨干分子训练班，介绍党的历史和抗战时局。1941 年初，国民党掀起第二次反共高潮，在鄂北手纺织训练所，他们逮捕了几名党员职工，随即解散了训练所。

鄂北手纺织训练所是抗日战争时期，中国共产党继汤池训练班、红安七里坪之后，又一重要的干部培训学校，有鄂北“抗大”之称。这里培训的人员，后来大部分都成为新四军第五师的干部。

训练所停办之后，杨显东又先后担任行政院农产促进委员会湖北推广专员，以及重庆美国经济作战局农业顾问等职，为新四军筹集了大量经费、医药和其他物资。

利用救济总署物资，支持中原军区

1945 年 10 月，杨显东回到光复后的武汉，任国民党行政院救济总署湖北分署副署长，因署长周苍柏事务繁杂，难以抽身，他还代理署长。

杨显东与国际友人

杨显东晚年健身照

　　在此任上，他继续与中国共产党派驻国民党统治区的代表董必武等加强联系，利用联合国善后救济总署制定的"救济不分种族，不分宗教信仰，不分政治党派，只要有困难，应一视同仁，给予救济"的原则，为抗战期间在武汉周围打击敌人作出重要贡献，抗战胜利后又为被国民党军队围困的中原解放区，送去了大宗的粮食和其他救济物资，并帮助安置伤病员。中原解放区后来能够较为顺利地突破国民党包围圈，与杨显东前期的帮助分不开。

　　1948年，解放战争转入大决战。杨显东这时由武汉转到上海工作，任上海粮食紧急购储会特别顾问。他是个相当能干的人，很快就显现出了出色的工作能力，得到南京国民政府行政院院长翁文灏和上海粮食紧急购储会负责人杨绰庵的赞赏，他们把这个购储会的大权交给了他，让他抢购、进口了大批粮食。上海解放前夕，战局混乱，人心惶惶，他巧妙地将美国进口的两万吨大米，存留在上海跑马场，未随逃亡的国民党政府运往广州，为迎接上海解放献上了一份厚礼。

　　人民没有忘记杨显东为中国革命所作出的特殊贡献，1949年5月27日，中共华中局组织部给杨显东发来函件，任命他为武汉大学农学院院长。

　　同年秋，他又被选为华中区代表，到北京参加中国人民政治协商会议第一届全体会议和中华人民共和国开国大典，并被政务院任命为农业部副部长。由此，他开始了为新中国农业发展作出新贡献的时期。

参考文献

1. 胡传章、哈经雄:《董必武传记》,湖北长江出版集团、湖北人民出版社2006年版。

2. 曾成贵主编:《红旗漫卷——湖北革命胜迹纪行》,湖北长江出版集团、湖北人民出版社2011年版。

3. 马焰主编:《英魂永存》,海洋出版社1996年版。

4. 本书编辑组编:《执一不渝,热血洗苍穹——张执一文集》,华文出版社2006年版。

5. 李少瑜、雷河清、张广立主编:《湖北抗战》,军事谊文出版社1995年版。

6. 鄂豫边区革命史编辑部编:《战斗在鄂豫边区——回忆录之一》,湖北人民出版社1981年版。

7. 鄂豫边区革命史编辑部编:《鄂豫边区抗日民主根据地史稿》,湖北人民出版社1995年版。

8.《王翰传》编写组:《王翰传》,人民出版社1999年版。

9. 吴德才、陈贤毅:《农民的儿子——杨显东传》,中国青年出版社2011年版。

於甘侯

倾心共产党的前清进士

於甘侯（1874—1950），字树棠，号东山居士，湖北黄梅人。晚清时期考中进士，任过江西宁都州知州、国史馆顾问等职。辛亥革命后，曾在北京交通大学任教。抗日战争时期，回到家乡黄梅县，积极投入抗日救亡斗争，支持新四军游击队抗战。1949 年黄梅解放前夕，他参与动员国民党县自卫队起义投诚。新中国成立后，担任黄梅县各界人民代表大会常务委员会委员，1950 年病逝。

於甘侯，生于黄梅县五祖镇多云山脚下的一个书香之家。青少年时期，他勤奋好学，饱览群书，通今博古，擅长书法。1902 年，中晚清壬寅科举人，1903 年被光绪皇帝赐为癸卯科进士，出任江西宁都州知州。

於甘侯在江西任上时，适逢宁都大旱，庄稼颗粒无收，百姓只得背井离乡，四处乞讨，甚至卖儿卖女。於甘侯心忧百姓，寝食不安。他一面向朝廷上奏灾情，争得赈款；一面多方募捐，救济灾民。特别令人感动的是，他动员随任去的欧阳夫人和大女儿于敏婉，将她们携带的所有金银首饰和值钱衣物变换成粮食，熬粥济民。同时，他还写信快马送至黄梅老家，动员父亲变卖家中田产，筹款送到宁都。其父于嘉祥非常支持儿子的善举，立即卖掉 22 亩"已业田"和 100 余担佃稞，将款兼程送往江西。此事在鄂皖赣三省边界传开，成为人们津津乐道的佳话。

辛亥革命后，於甘侯先任湖南宜章县知县，后在北京国史馆和北京交通大学等地供职。这一时期，他目睹了帝国主义列强纷纷涌入中国，逼迫腐朽的清政府签订一项项不平等条约，中华河山被践踏得支离破碎；尤为可恨的是，赶走了皇帝，却来了军阀，人民群众依然生活在水深火热之中。面对这些遭遇，他的忧国忧民思想更浓。

九一八事变后，国民党当局采取不抵抗政策，东北大好河山沦于日寇铁蹄之下，於甘侯回到北平，义无反顾地投身抗日洪流中。

为抗日奔走呼号

面对民族危亡、国将不国，於甘侯日夜为抗日事业奔忙着。

他生有两个儿子，刚刚长大成人。他对两个儿子说："吾平生最恨俄寇、倭寇，他们残暴凶狠地杀我同胞，侵我国土，吾人岂能图苟安而置国家民族危亡而不顾呢?!"他还告诫说："应当热血洒疆场，不做亡国奴!"在他的言传身教下，两个儿子先后在北平、东北为抗日捐躯。

山河破碎、爱子痛失，他默默吟咏着文天祥"山河破碎风飘絮，身世浮沉雨打萍"的诗句，心中充满着对日寇的仇恨，发誓要把日本帝国主义赶出中国去。

1937 年 7 月 7 日，抗日战争全面爆发。随着华北失守，年过半百的於甘侯从北平回到家乡黄梅。

黄梅县位于湖北省最东部，鄂、皖、赣三省交界处。县境北抵气势雄伟的大别山南麓，南临滔滔东去的万里长江，地势北高南低，由山区、丘陵依次向平原过渡。黄梅土地肥沃，物产丰富，民风淳朴，历史悠久，佛教禅宗四祖寺、五祖寺就坐落于此，"一去二三里、村村都有戏"的黄梅戏就诞生于此。

抗战时期，黄梅作为武汉保卫战的鄂东门户，国民党军在黄梅、广济（今武穴市）地域布下重兵，与日寇展开激战。

1938 年初夏，於甘侯回到故乡时，黄梅刚到任了一位新县长，叫刘鸿逵。此人是董必武的同学，思想比较进步，赞同国共合作、一致抗日的主张，承认共产党组织在黄梅县的合法地位。

刘鸿逵上任不久，听闻於甘侯是黄梅县负有名望的乡绅，也知道於甘侯有许多学生担任国民政府要职，于是亲自上门拜访，寻求他对时局的看法。

於甘侯直言建议："兄弟同心，其利断金，国共双方只有精诚团结、一致对外，才是退倭之良策。"

於甘侯一席话，让刘鸿逵频频点头赞许。原来，他不久前接到八路军驻武汉办事处董必武来信，正在与共产党员桂林栖 ① 联系抗日事宜。

桂林栖本是在武汉开展地下工作的共产党员，抗战全面爆发后，他遵照董必武的指示，从武汉回到黄梅，与在本地坚持革命斗争的党员邹一清、吴光治等人一起，开展中共党组织的恢复工作。

于是，刘鸿逵委托於甘侯作为国共双方的中间人，促成了黄梅抗日统一战线的形成。於甘侯当即表示同意。

很快，於甘侯就与桂林栖、邹一清、吴光治等人取得联系，而且意见相同、

---

① 桂林栖（1913—1971），湖北黄梅县桂畈人。1927 年加入中国社会主义青年团，1930 年参加中国工农红军，加入中国共产党。新中国成立后，历任中共安庆地委书记，安徽省委宣传部部长，安徽省第一届政协副主席、副省长，中共安徽省委书记处书记等职。

1938 年，新四军在长江两岸广泛开展游击战，从战略上配合武汉会战

看法一致，可谓志同道合。在于甘侯积极的穿针引线下，黄梅抗日救亡运动迅速发动起来。

1938 年 8 月，黄梅县城沦陷，黄梅半个县的大片平原变成了敌占区，只有北部丘陵和山区在国民党军队控制之中，县政府只得北迁。

於甘侯家地处县城北部，靠近东山五祖，这是佛教禅宗五祖弘忍大师求法悟道之地，驰名中外。日寇对佛教祖庭一直有几分忌惮，加之有国民党重兵布防，因此北部山区一带相对安全，只有日寇飞机前来袭扰。

面对山河破碎的国家、灾难深重的人民，於甘侯恨不得冲上前线，杀敌成仁。有一次，同窗挚友作中堂来看望他，於甘侯奋笔疾书，填词一首《减字木兰花·赠友人》，以表明忧国忧民之心迹。他写道：

秋风秋雨，千年故国今谁主？
策杖行吟，也为寻幽也避秦。
清溪千仞，此中会有高人隐！
西望悠悠，水绕群峰峰插天。

9 月，在中共黄梅临时县委的倡导下，国共两党联合召开了全县各界人士代表会议，成立了黄梅抗日动员委员会，国民党政府县长和县党部书记任正副主任，於甘侯作为知名乡绅，担任县动员委员会副主任委员，共产党员吴之汉任指导员、桂林栖任组织委员，共同参与县抗日动员委员会的领导工作。

在县抗日动员委员会领导下，黄梅各地农民抗日会、青年抗日会、妇女抗日会、商业抗日会等组织迅速成立，最广泛地动员全县各阶层人民群众，参加抗日斗争。

这期间，於甘侯与共产党领导人员桂林栖、邹一清等来往密切，他被共产党员全力以赴参加抗日斗争的热情深深感染，并与之建立了深厚的友谊。

在抗日宣传会上，於甘侯多次强烈呼吁："国家兴亡，匹夫有责。对抗日我们不能袖手旁观，要有钱出钱，有力出力，救我中华，保我家园。"抗日游行时，他积极地走在群众队伍的前列。抗日募捐时，他带头捐献大批钱粮和衣物。他到处奔走，联络和动员商会会员坚决抵制日货。

民众热情被调动起来，如何寻到一位有能耐的军事教官抓训练，这成为县抗日委员会的难题。於甘侯当即想到黄梅大河镇的李楚藩，此人是冯玉祥手下得力干将方振武的参谋长，因中原大战时方振武反蒋被扣，李楚藩被解甲归田回到黄梅。方振武获释后，即催李回军中相助。

为留下这一难得的军事人才，於甘侯亲自到李楚藩家中竭力劝留。李被於的诚意所感动，决定留在家乡，当了黄梅抗日总队教官，兼第五中队长。很快，黄梅地方武装训练就如火如荼地开展起来。

支持共产党建立抗日武装

抗战时期，中国共产党在黄梅的地方武装主要有抗日少年先锋队、抗日总队第四中队、新四军江北游击第八大队、黄梅独立第四营、独二团，这些编制规模从几十人到几百人不等，其中第八大队辖五个中队和一个手枪队，共 500 余人枪，是鄂东最有影响的三支抗日武装之一。这些抗日武装，像一把锋利的尖刀插入敌占区，活跃在广大的敌后村庄、江河湖泊、公路两侧、日伪据点周围，在抗击日伪顽军反共摩擦的残酷斗争中，顽强开展着广泛的游击战争，成为新四军第五师的有力助手，有效打击了日伪顽军。

但国民党顽固派坚持反共政策，在政治上排挤共产党、军事上限制打压共产党，甚至日伪顽联手企图消灭共产党。对此，於甘侯在全县会议上带头为共产党的抗日行动大声疾呼，表示全力支持。他满腔热情地支持共产党建立抗日群众组织和抗日武装组织，亲自动员他的学生张日利等人参加共产党领导的黄梅县抗日工作团和黄梅县少年抗日先锋队。

武汉失守以后，国民党消极抗日，积极反共，黄梅国民党当局千方百计地限制和排斥共产党领导的抗日活动。在共产党的领导下，蒋永孚、王占松等青年组织黄梅县青年战时服务团宣传抗日，国民党顽固势力却诬蔑他们"宣传赤化"，要取缔这个组织，逮捕服务团骨干。面对顽固派的倒行逆施，於甘侯心系县青年战时服务团的安危，凭借自己的社会关系和社会声望，与顽固派据理力争，支持服务团的行动。虽然服务团最终被解散了，但顽固派企图逮捕抗日青年、扼杀抗日力量的险恶用心却没有得逞。

日军侵占黄梅县城以后，於甘侯支持桂林栖、邹一清等共产党员向国民党县政府发出抗日公开信，劝说和督促县长刘鸿逵与共产党合作。在全县行政扩大会上，他首先表态支持桂林栖提出的建立武装、保卫家乡的主张。不仅如此，他还多次冒着风险掩护、帮助共产党员和抗日青年脱离险境。

在共产党领导的抗日武装遭到顽固派的刁难、封锁而发生困难时，於甘侯为共产党开展抗日活动做了许多有益的事，包括变卖家产来暗中帮助共产党，筹措经费和购买枪支弹药、医疗用品。

於甘侯这些爱国举动，使国民党顽固派对他产生了怀疑和忌恨，并千方百计排斥他。面对这些，於甘侯把个人的安危置之度外，说："在我有生之年为救国救民做点有益的事，死亦可慰！"

勇斗反动县长陈宗猷

1939 年 2 月，陈宗猷来黄梅当县长，刘鸿逵调至黄安任县长。

陈宗猷是一个仇视共产党的国民党顽固派代表，他的到任，给中共黄梅县组织和抗日武装带来了极大威胁。

1939 年 6 月 17 日，侵华日军第 15 师团步兵指挥官田路朝一少将等 12 人乘坐飞机从武汉飞往南京途中，在湖北黄梅塞老祖山的上空，被新四军江北游击纵队第八大队给打了下来。这位沾满中国人民鲜血的日军将领及飞机上的乘员全部毙命。

日寇得知此情，气急败坏，于 6 月中下旬投入 2000 余兵力大举进攻黄梅县，意图抢夺田路朝一的尸体，以报仇雪耻。

正当军情十万火急之时，鄂东国民党顽固派不是集中兵力抵抗来犯的日军，而是破坏抗日民族统一战线，桂军第一七二师师长程树芬伙同黄梅县县长陈宗猷，指挥 3000 余人的反动武装，对新四军江北游击纵队第八大队进行疯狂"围剿"。在顽军和日军夹攻下，第八大队遭受严重损失。

於甘侯听说此事，义愤填膺，严正痛斥顽固派说："值此全民族抗日之际，我们理当一致对外，然而你们却联日剿共，同室操戈，良心何在，天理何存？"他对一些朋友说："我们不能置民族大义于度外，应当挺身而出，即使肝脑涂地，也应在所不惜！"他连日连夜四处奔波，组织地方上的许多民主士绅联名上书陈宗猷，奉劝顽固派悬崖勒马，警告顽固派"如果倒行逆施，必将成为千古罪人"。

获悉第八大队失败，於甘侯痛心疾首，病倒在床还不忘打听消息。听说邹一清、蒋永孚等人幸免于难，才稍有所安。但一想起被俘的许多抗日勇士，其中有些是他的学生，又寝食不安。他拖着病体，设法打通关节，派人到狱中看望抗日勇士们，并设法营救这些抗日勇士出狱。

然而於甘侯的一切努力未能生效，反动县长陈宗猷竟冒天下之大不韪，密令将被俘的新四军第八大队干部战士和坚决抗日的进步群众共 28 人，押解到黄梅小溪山乌珠尖，凶残地用机枪扫射，制造了骇人听闻的"乌珠尖惨案"。同时，大肆

日本国内报纸刊登 1939 年 6 月 17 日，日军第 15 师团步兵指挥官田路朝一少将战死的消息

黄梅乌珠尖惨案纪念地

逮捕抗日家属，威逼共产党员和抗日家属写悔过书和自首书。

目睹国民党顽固派的暴行，於甘侯再也按捺不住了。他怒发冲冠，不顾个人安危，直闯龙坪山县政府，与反动县长陈宗猷进行面对面的斗争。他痛骂陈宗猷是卖国贼、是法西斯，打碎了陈宗猷给他沏茶的杯子，掀翻了陈宗猷接待室的案桌。陈宗猷理屈词穷，恼羞成怒，以"通匪""培匪""窝匪""纵匪"的莫须有罪名，将於甘侯关进了龙峻寺的临时监狱。

在狱中，国民党顽固派不顾於甘侯已染病多日的身体，不许医生给於甘侯看病治病，甚至对重病在身的他施以酷刑。

面对反动派的淫威，於甘侯威武不屈，大义凛然地说："头可断，日不可不抗；血可流，志不可不守。杀了我，我也要支持抗日！管他是共产党还是国民党。"

於甘侯被陈宗猷关押，黄梅各界群情激愤，知名人士联名呼吁，前往探监的人群络绎不绝，以此声援於甘侯爱国爱民的正义行为。

陈宗猷见社会舆论对他很不利，又变换出软的一手，一面假惺惺地前往狱中"探望""规劝"，一面造谣中伤。於甘侯不为顽固派的诡计所骗，也不怕谣言伤害，义正词严地说："我的一片爱国之心，苍天可鉴！"

陈宗猷打算置於甘侯于死地，但又碍于他在黄梅的影响太大，怕弄得局面不好收拾。于是，秘密地将他上解鄂东顽固派总指挥部，妄图借程汝怀之手除掉心头大患。

然而陈宗猷的如意算盘打错了，於甘侯并非等闲之辈。於甘侯在国民党中上层名流包括第五战区在职军官中有许多关系，有的是他的学生，有的是他的朋友，有的是同事晚辈。他们获悉於的情况后，都在想方设法组织援救。

当於甘侯被押解途经蕲春时，就被鄂东总指挥部第二纵队的军官、当年於老的学生黄近文给截留下来，使陈宗猷的美梦破灭。

不久，镇压抗日武装的陈宗猷被撤职（1951年被新生人民政权枪决于黄梅），於甘侯又回到黄梅，被推举为县参事，继续凭借着特殊身份和影响，支持共产党领导的抗日斗争。

正是有像甘侯一批民主人士的大力支持，才使得中国共产党在极其复杂、极其恶劣的环境中，坚持敌后抗战，建立了黄（梅）宿（松）边区、黄（梅）广（济）边区和黄梅北部山区等抗日游击根据地，对于打开新四军第五师与军部、与七师的联系通道，配合华中新四军正规部队作战，加速抗日战争的胜利，作出了重大贡献。

悼念美援华飞行员

1943年10月，美援华空军飞行大队派出了一个中队的飞机，轰炸九江、黄梅一带的日军阵地和军事设施，包括日军在黄梅分路乡二套口的飞机场。

在几轮轰炸中，日军阵地到处冒着浓烟，燃起烈火。日军飞机也赶来迎战，

关押於甘侯的龙峻寺遗址

激烈的空战在九江与黄梅上空展开。

美军一架战机不幸被击中，迫降在黄梅分路的一块农田里。飞行员带伤跳伞，飘落到附近的土坝边。这个飞行员是美国空军的小队长，名叫恩斯林，时年28岁。他身负重伤，左大腿被日军高射机枪击中，血管被打断，骨头外露，但他神志非常清楚，对伤口做了紧急的自行救护。接着，他被附近村民发现，辗转送到民众武装部队处，后来送到相对安全的黄梅县政府驻地停前镇。县长田江昌赶忙安置，想法给予治疗。

恩斯林受到黄梅人民如此精心的照料，很受感动。伤情稍稍缓解后，恩斯林当即请求向上峰发报，内容是：八日空战，击毁日机三架，我负伤严重，降落鄂东黄梅，得上帝保佑，黄梅各方尽力治疗，伤势渐稳，唯缺药物器械，愿速支援黄梅，以济急需。

半月后，国民党第五战区派来一名军医官，督促县政府将伤员送往重庆进一步治疗。黄梅负责将伤员送到战区李宗仁司令长官辖地立煌县（今安徽金寨县）。临行前，县政府设宴款待，组织欢送。当送到黄梅与宿松交界处，恩斯林的伤口突然复发，血流不止，路上无法救治，只好抬回。次日，恩斯林不幸牺牲，这位国际友人把生命献给了世界人民反法西斯伟大事业，也把最后一滴鲜血洒在鄂东黄梅大地上。

为了告慰英灵，黄梅民众和县政府举行了隆重的祭奠仪式，将恩斯林遗体安放在上好的黑漆棺木中，由县长田江昌亲自带领一个中队士兵和社会各界代表200余人，护送灵柩，将这位国际友人埋葬在五祖寺长春庵旁的绿树丛中，立碑为记。当时哀悼的挽联较多，分排摆放。

其中最引人注目的是黄梅民主人士於甘侯撰写的挽联。挽联这样写道：

或凌空死，或陷阵亡，取义成仁，舍身不顾，拼教公理伸张，世界都夸平等域；

是烈丈夫，是奇男子，忠魂义魄，浩气长存，赢得精神贯注，人寰争放自由花。

全联以排比句式，一气呵成，高度概括了恩斯林的功绩和为自由而献身的高尚品德，热情讴歌了国际人道主义精神，表达了中国人民誓死抗击日本帝国主义的坚定决心，以及"人寰争放自由花"的必胜信念。

抗日战争胜利后，1946 年 4 月，美国派以卡那斯为首的五人代表团，来黄梅五祖寺收取恩斯林的遗骸和遗物。当时，黄梅县政府开了一个座谈会。会上，人们朗读了於甘侯撰写的挽联，颂扬了恩斯林为抗击法西斯而勇于献身的精神，向代表团移交了烈士遗骸和三件遗物：一只夜光手表、一支左轮手枪、一张恩斯林与妻子和两岁女儿的合照。卡那斯代表美国政府和空军，真诚向黄梅各界道谢。

1949 年，黄梅解放前夕，於甘侯积极参与动员国民党县自卫队起义投诚。

新中国成立后，於甘侯担任黄梅县各界人民代表大会常务委员会委员。1950 年病逝于黄梅，享年 76 岁，其墓安厝在五祖镇多云山东南绿树成荫、涧水潺潺的梨树园中。如今，名扬天下的五祖寺，还存有一幅於甘侯的书法墨宝——"正法眼藏"。这四个苍劲的大字嵌在五祖寺真身殿的悬匾上，让后人永远怀念这位一心向党的前清进士。

参考文献

1. 石雪峰：《黄梅抗日诗词楹联辑录》，2012 年。

2. 黄梅县党史办编：《黄梅八年抗战》，武汉工业大学出版社 1996 年版。

张难先（1874—1968），谱名辉澧，字难先，号义痴，湖北省沔阳东乡（今仙桃市张沟镇接阳村）人。早年参加辛亥革命，后任国民政府铨叙部部长、浙江省主席。1928年，任国民党湖北省政府委员兼财政厅厅长。九一八事变后，积极主张抗战，曾致电蒋介石，痛斥其不抵抗政策。抗日战争后期，在中国共产党统一战线政策的影响下，逐渐转向支持民主运动。解放战争时期，与李书城等发起"和平运动"。1949年出席中国人民政治协商会议第一届全体会议。新中国成立后，历任中南军政委员会副主席，全国人民代表大会第一至第三届常务委员会委员等职。1968年9月在北京病逝。2009年当选新中国成立60年之"功勋湖北100人"，同年9月被评为荆楚英模人物。

张难先是辛亥革命首义先驱，著名爱国民主人士。他的一生经历晚清、民国和新中国三个时期，饱经沧桑，充满传奇。作为辛亥革命的元老，张难先长期在国民政府中担任公职，因其为人刚正、不畏权势、行事独特、愤世嫉俗的鲜明个性，与严重、石瑛一起，被称为民国时期湖北政坛"三怪"，受人敬仰。

力谏蒋介石联合抗日

1931 年，日本帝国主义发动九一八事变，侵华野心昭然若揭。就在当天，时任国民党浙江省政府主席的张难先电告蒋介石，力主抗日，指出：抗日有理，哪有不抵抗之由！如果对侵略不抵抗，就等于是引狼入室，助桀为虐。他强烈要求蒋介石通电全国，实行抗日全国总动员。

但事与愿违，此时的蒋介石正忙于"剿共"，根本听不进张难先等爱国人士的建议主张，而是采取"攘外必先安内"的不抵抗政策，短短三个多月，东北全境便沦陷于日军铁蹄之下。

张难先对蒋介石的不抵抗政策非常愤恨，那段时间，他经常找他的老乡、时任浙江省政府秘书长刘南如商谈。张难先认为九一八事变是日本帝国主义进攻中国、灭亡中国的开始，中国人绝不当亡国奴，作为蒋主席故里的浙江省要率先行动，以示抗战之决心。张难先决定，在浙江省开展抗战总动员，组织省城各机关职员进行军事训练，未雨绸缪，积极备战。他委派浙江省政府委员方策为军训大队长、保安处处长竺鸣涛为副队长，负责军训事务，教官由保安处人员担任。

不久，省政府杭州城内各机关公务人员，上至省主席、厅长，下到勤杂人员，很快行动起来，接受军事训练。是年，张难先已经 57 岁，他身体力行，每天到湖滨民众教育馆体育场，参加军训。"与各厅长

辛亥革命时期的张难先

俱编入士兵中学习兵操，晨起下操，八时收操，办公时间如故。"身教重于言教，张难先如此认真出操，以身示范，一时军训秩序井然，缺席者甚少。

紧接着，张难先下令在省政府部分学校中也开展军事训练。1931年10月，张难先到浙江省地方自治专修学校和警官学校督查学生军训，并发表讲话。演讲中，他对中日两国历史进行了回顾，特别是对日军当前的侵略行径进行了强烈谴责。他要求学生们要理性爱国，不要因简单的冲动而引起内部纷争，倡导举国谋求一致的行动。张难先特别提醒学生，要克服过去国人表现出来的爱国行动一阵风的毛病，对这种毛病，他称之为"五分钟热度"。他语重心长地说："爱国不是一件容易的事，我们是要持续不断地照这种精神去做，千万不要事情一过心就冷了，要不达雪耻目的誓不罢休。"张难先极富感染力的讲话，深深激发了学生们的爱国热情。"打倒日本帝国主义""还我辽东""不做亡国奴"的口号在军训场上空响起。

军事训练持续三个月，浙江省政府上下呈现一片备战抗战的感奋之象。1931年12月，张难先却被无故免职了。关于免职，事出有因：一是张难先积极主张抗日，违背了蒋介石"攘外必先安内"的不抵抗政策；二是张难先刚正廉洁、孤傲清高，不附和国民党政治集团而遭排斥。

原来，张难先有一个鲜明的个性，就是不畏权势、不贪图富贵。1930年底，张难先出任蒋介石家乡浙江省的省政府主席兼民政厅厅长，按理说是得到了蒋介石的信任和器重。但在任期间，蒋介石电令他委任蒋伯诚为保安处长、周象贤为杭州市市长，因为这两个人跟随蒋介石多年。张难先了解到二人的一些情况后，竟回电蒋介石，予以拒绝。蒋介石连电坚持，他跑到南京，当面向蒋报告这两人的种种劣迹，并说："如主席必用此二人，予则挂冠而逃耳。"这让蒋介石不得不收回提名。不久，蒋介石又连电张难先，提名二人当浙江下面的县长，又遭张难先拒绝。这让蒋介石很失面子，认为张太憨太傲，难以担当他家乡的行政大员。

还值得一提的是，张难先主政浙江时，上海滩帮会头目黄金荣、杜月笙多次派人联络，欲与之结交亲近。一次，杜月笙祠堂落成，前来祝贺者络绎不绝，连蒋介石也派人送来"孝思不匮"的匾额。省政府财政厅厅长和一些人士请示张难先，以个人或以省政府名义送点匾额等礼物，他却坚决拒绝，并说："吾为省政府主席，省政府名义犹之本主席名义。君等私人有交情者，可径送之，省政府未便贸然也。"张难先不与帮会大佬结交，自然也就得罪了他们，离开浙江也是迟早的事了。

1932 年一·二八事变爆发，日军进攻上海。此时张难先虽已卸职回到湖北老家，但获悉蒋介石在洛阳避险的消息后，他急奔洛阳，向蒋介石建言。在郑州，他面见蒋介石，严正指出：一不抵抗，丢了东北；二不抵抗，丧失了上海；再不抵抗，就要丢全中国，将会成为历史罪人。他要求蒋介石纠正"攘外必先安内"的不抵抗政策，在国难当头之际，团结各党派一致抗日，同时向全国人民"通电罪己，与民更新，并亲统大军驻平津，与日军以迎头痛击"。

为争取更多的国民党要人联合抗日，张难先还拜会国民政府主席林森等人，宣传抗日主张。2 月下旬，他又赴西安会见陕西省政府主席杨虎城，出席杨虎城主持的西安欢迎会。张难先发表抗日演说，痛言党、政、军、学诸方面利弊，极言应全国总动员，起而抗日，以后当以此为唯一任务。张难先的激情演讲，在西安民众中反响很大。

义救段德昌家眷

1932 年 6 月，蒋介石对洪湖苏区发动第四次"围剿"。面对国民党军队的疯狂进攻，红三军主力被迫撤出根据地。10 月，从左翼进攻洪湖苏区的国民党军徐源泉部，在监利、石首等地逮捕了段德昌妻子洪菊珍、子女亲属等 12 人。身为湘鄂西边区"清乡"督办公署督办、鄂湘川"剿共"总司令的徐源泉将段德昌家眷当作贺龙的妻儿，认为这是一个难得的邀功之机，立即电告蒋介石，说他们逮住了"共匪"头目贺龙的妻儿家眷，并迅速押送到武汉。蒋介石接到徐源泉的报告后，如获至宝，将此案交付时任国民党豫鄂皖三省"剿匪"总司令部党政委员会委员兼监察处主任的张难先审理，并下令迅速处决。

段德昌是湘鄂西苏区（洪湖苏区是湘鄂西苏区首府所在地）主要创建人之一，也是一位智勇双全的红军高级将领。段德昌的家眷被捕后，中共地下党积极设法营救，并给张难先打招呼，希望他保护段德昌家眷安全。

张难先接到中共地下党组织来信后，回忆起自己在第一次国共合作时期与中共同志携手革命的愉快往事，一幕幕重新展现在眼前。北伐战争为什么获得成功？是因为得到了中国共产党这"一支生力军"的全力支持。北伐战争成功后不久，为什么中国又出现军阀割据、战火连天呢？"是由于蒋介石排斥共产党，以致国共分家，并屠杀共产党人"所造成的。第一次国共合作破裂后，张难先虽在国民政府担任公职，但正如他自己所说的，"毕非吾心之所欲，聊复尔尔而已"。一想到这些，张难先决心设法营救段德昌家眷脱险。

张难先初审案件后，向蒋介石报告："这是大大的怪事，徐源泉说捕获的都是贺龙家属，可这些人无一个承认姓贺，都承认姓段。"蒋介石听了张难先的报告，非常惊讶，很认真地对张难先说："徐源泉、杨永泰都是极端负责的，说他们是贺龙的家属，你不要随便！"张难先很肯定地回答说："这么重要的案件交我审办，我万不敢随便，尤其不敢随声附和，以欺瞒总司令，这是该犯等的口供，都是他们亲笔画了押的，请总司令赐览。"蒋介石一脸狐疑，仍令张难先加强突击审理。张难先继续用明审暗拖的办法对付蒋介石。

为防备心狠手辣的徐源泉、杨永泰一伙的暗算，他把段德昌的孩子从狱中接出来，安排在自己的办公室，派专人保护。一天，张难先外出归来，看见小孩在哭，赶忙询问随从人员是怎么一回事，原来是孩子在办公室里唱革命歌曲，遭到看护人员的斥骂。张难先怕发生意外，又把孩子带到自己家里，托妻照管。同时，张难先还以提审"犯人"名义带孩子探监，让孩子去看望母亲和亲人。

过了几个月，蒋介石找张难先再报案件审理情况。张难先又照以前的报告重复一遍。蒋介石当面质问张难先："你搞了几个月，怎么还没有审清楚？那个小孩真的不是贺龙的儿子吗？你要负责的！"张难先肯定地回答："小孩绝不是贺龙的孩子，我完全可以负责。"蒋介石见张难先镇定自若，知道张难先不是一个撒谎之人，也就无话可说，问张难先："你看这案子该怎样办呢？"张难先趁机说："都是平民百姓，杀之何益？不如解回原籍，交地方约束，以体现总司令爱民情怀嘛。"蒋介石只好同意张难先的建议。

案件审理结束，为防万一，张难先亲自到汉阳监狱释放段德昌全家。同时，还资助段德昌妻子生活费100元，派亲信卫兵护送回籍，帮段德昌家眷12人逃出了虎口。徐源泉、杨永泰见张难先如此了结此案，深怀不满，对张难先不断进行排斥和打击。1932年底，张难先因反对杨永泰要把湖北钱粮附加堤防款提交中央，而愤然辞职，赋闲在家。

这一时期，张难先还释放了其他一些被捕的红军战士和人民群众。1933年，中共地下党组织联系张难先，请他出面保释被捕关押在南京宪兵监狱的中共创始人之一陈潭秋妻子徐全直，可惜经多方周旋未果。1934年2月，徐全直在南京雨花台英勇就义。

支持创办汤池训练班

1937年7月7日，日军挑起卢沟桥事变，发动了全面侵华战争。在民族危亡的紧急关头，国共两党再度合作，抗日民族统一战线正式形成。

为了拯救灾难深重的国家和民族，张难先结束了将近五年不愿为官的隐居生活。1937年11月，湖北省政府改组，张难先被任命为省政府委员兼财政厅厅长，是九名省政府委员之一。

上任伊始，张难先以民族大义为重，大声疾呼："团结一致，共同对外"，积极投身于全民族抗战的壮阔洪流之中。其中积极支持中国共产党倡议开办汤池训练班，就有张难先的一份功劳。

1937年12月，中共中央委派项英、周恩来、博古、董必武等到武汉，与国民党联系国共合作具体事宜，开展民族统一战线工作，同时秘密成立中共中央长江局，统一领导南方党的工作。董必武先期抵汉，着手八路军驻武汉办事处的筹建工作。此时，随着南京陷落，国民党中央和国民政府临时西迁武汉，大批国民党上层人士云集这里。董必武充分利用他在湖北的社会关系，广泛接触各方人士，开展统一战线工作。

张难先与董必武都是辛亥志士，辛亥革命时期都在武汉从事革命，以前的经历和思想轨迹很相近。董必武到武汉后，张难先与石瑛、严重、李书城、李范一、周苍柏、孔庚等湖北知名人士纷纷前来拜访。董必武动情地说："十年天地干戈老，四海苍生吊哭深。我在由西安到潼关的途中，忆及这两句诗，觉得非常的可感。"并代表中国共产党阐明抗战立场，摒弃政见不一，求同存异，以民族国家利益为重，为抗战大业多作贡献。一番肺腑之言，让张难先等爱国人士深受启迪，为共产党人以民族大义为重、捐弃前嫌的博大胸襟所感动，纷纷表示全力支持，推动抗日民族统一战线向纵深发展。

领导抗日战争这场伟大的民族革命运动，需要成千上万的干部来组织、来发动。刚刚从十年内战中苦苦坚持过来的中国共产党，把培训干部作为领导抗日战争的一项重要和急迫任务。在这一历史条件下，汤池训练班应运而生。

对于筹办汤池训练班，张难先是积极支持、态度鲜明的，他十分清楚汤池训练班的性质，是帮中共培训抗日干部。但为了全民族抗战事业，他坚定地站在抗日民族统一战线的行列。当时，培训班工作人员有陶铸、曾霞（曾志）、潘怡如、刘季平、雍文涛、许子威等共产党员，还有许多进步的流亡学生。时任湖北省政府主席的陈诚，对开办这个培训班、为中共培养干部十分不满。电告省政府，说李范一去过延安，是共产党员，要求进行逮捕。张难先联合严立三（严重）、石瑛一起，共同抵制陈诚。他们说李范一是省府议员，不能随便逮捕。张难先还讲，现在国共两党建立统一战线，联合抗日还嫌力量不足，不能闹分裂。如果一定要抓李范一，长官司令部可自己出面。陈诚怕事情闹大、违反民意，也就无可奈何了。

在支持中共创办汤池训练班的同时，张难先十分关注民生。1937年12月，他主动巡视通城、崇阳、通山、咸宁等四个鄂南偏僻县，这一年春节，他在咸宁福临旅馆度过。次年1—3月，张难先继续巡视蒲圻、嘉鱼，接着又马不停蹄对汉川、潜江、监利、宜昌等江汉平原上的10个县进行巡视，撰写《巡视各县之感想》，递交国民党当局研究。1940年4月，张难先开始第二次巡视，对象是咸丰、来凤等鄂西七县，他调查了各地在战争中的受损情况，重点是民众生活状况。他还在民众中发表演讲，鼓励军民坚持抗战，坚定必胜信心。此外，张难先还采取了加强防空设施建设、平抑粮食价格等措施，为湖北抗战作出了力所能及的贡献。

拒扣"八办"钱款

1938年8月，武汉会战败象已定，日军飞机天天轰炸武汉，国民政府西迁重庆，湖北省政府机关也受命西迁宜昌。10 月，武汉失陷。11 月初，国民政府湖北省政府机关迁到恩施。次年 6 月，国民政府湖北省政府改组，实行联共抗日，张难先任湖北省政府委员兼民政厅厅长，同时还担任省银行董事长。为推动抗日民族统一战线，国民党同意共产党的提议，在恩施设立八路军办事处，以便于加强双方联系。

1939 年底的一天，湖北省政府主席陈诚获悉重庆八路军办事处给恩施八路军办事处汇了一笔巨款，立即电令张难先，要把恩施八路军办事处的银行巨款停兑并扣押提款人。张难先认为，现在是联共抗日时期，一切为了抗战大局，八路军已划归国军编制系列，本来经费就十分紧张，如果扣押了这笔巨款，必定会影响统一战线，进而破坏抗战大局。张难先思考再三，决定不停兑，也未按陈诚的要求抓人。

拖延几日后，他派人查知此款动向，得知巨款已转汇巴东分行被提走。于是，他电告陈诚。陈诚听后大怒，责令张难先立即逮捕巴东分行行长王禹九，进行究办。同时还叮嘱张难先，说王禹九的孙女是共产党员，八路军的巨款就是由这位女"共党"转走的，也要一并逮捕严惩。

张难先对陈诚这种破坏统一战线、搞分裂的做派很反感。七七事变以来，张难先与陈诚就国共合作这个大政方针问题存在严重分歧。陈诚每次在会上，总是宣扬"一个党，一个领袖""政令统一，军令统一"等反共独裁论调。而张难先则讲大敌当前，一切为了抗日，这是攸关国家和民族存亡的大事，国共两党应当摒弃前嫌，团结起来一致对外。

这次，陈诚又要抓人，更激起了张难先的抵触情绪。张难先先是派人紧急传递消息，纵其逃避。随后给陈诚回电："敌机空袭频繁，（银行）为安全计，规定夜间营业，汇款随到随取。王是执行规定，不宜究办。"

陈诚见人去钱空，心中虽万分恼怒，但也只好作罢。

居"耻庐"不忘国难

1938 年 10 月，张难先随湖北省政府迁到恩施。他在省政府附近租了一间民房居住，取名"耻庐"，意寓"不忘国耻"。

因与省政府主席陈诚关系不和，张难先于1940年辞去国民党湖北省政府民政厅厅长职务。

无官一身轻。1941年4月，张难先到宣恩县长潭河隐居。为了唤醒民众，他在女儿坝王家堂屋内办起了"耻庐成人识字班"，宣传抗日救国，做了许多有益于人民的事，深受当地民众爱戴。

识字班为什么叫"耻庐"？张难先做过这样的解释："耻者乃耻辱也！庐者茅屋也！我们这些国民党的上层人物，几度革命，不仅没有治理好中国，反而遭日本侵略，国威坠地，实为羞耻也！我虽年已古稀，不能报仇雪恨，匿居深山，故为'耻庐'，不忘国难也！"

识字班开学，张难先不叫"开学典礼"，而叫"恳亲会"。他说，为人最重要的是诚恳。我们是同胞兄弟，炎黄子孙，要相亲相爱，团结互助，故名"恳亲会"。恳亲会上，张难先还拟订了两项议程：一是"耻庐舞剑"，再是参观"耻庐卧室"，真是别出心裁。

识字班有22名学生，大多来自附近的贫苦农民。因为要劳作，这些成人学生们的学习时断时续，张难先总是不厌其烦，来一个教一个，白天来白天教，晚上来晚上教。讲解时，张难先经常旁征博引，教育大家增强爱国意识，激发爱国热情。比如讲"中"字，张难先就联系中华民族的历史，愤怒地讲日军侵犯中华，教育学生要做一个知大仁晓大义、爱憎分明的人，爱民族、爱国家，仇恨日本侵略者，仇恨民族败类。

"耻庐成人识字班"开办一年后，张难先离开宣恩，迁居重庆歌乐山，担任国民政府参政会参议员，直到抗战胜利。

在担任国民政府参政会参议员期间，张难先承担了一项主要工作，就是编撰《中国国民党史稿》湖北部分，以及《湖北革命知之录》《丙午湖北党狱汇纪》。因为张难先饱读史书，通经史、善著述，且熟知国民党的发展历史。承担这一任务后，张难先开始了艰辛的史料收集工作，他以平实的作风对待史实，严格勤奋考证，不作"夸大之词"，特别是对辛亥革命的诸多重要问题作出客观解释。他在《湖北革命知之录》自序中这样写道："本录命名'知之'者，即取'知之为知之，

张难先和人民群众在一起

不知为不知'之意。知之义亦有二：一、见而知之；二、闻而知之。见而知之者，当史实记载；闻而知之者，亦当审慎采择，不也苟也。"可见他的治学作风严谨，确实难能可贵。

《湖北革命知之录》历时两年，先后四易其稿。1945 年 11 月，《湖北革命知之录》由商务印书馆在重庆出版，1946 年又在上海再版。这本著作成为许多学者研究辛亥革命的教科书之一，有专家撰文评价这本书是"新中国成立以前湖北辛亥志士称得上有分量的首义史学著作"，侧重于褒扬辛亥革命精神之优长；又有史学专家评价作者"叙事平实严谨，长于考证，不作夸大之词，对武昌起义诸多重要问题作出释解"。张难先在《后序》中说："武昌首义，实系国魂，不有表示，将何以扬国威而消隐患哉？"这些史实记载，为后人了解辛亥革命武昌首义历史，提供了珍贵的史料参考。

毅然回到人民阵营

1942 年 5 月，张难先当选为第三届国民参政会参政员，从此以在野身份，在国民政府中扮演着"议政"角色，没有担任实职。同年 10 月，他出席国民参政会第三届一次会议，被推举致开幕词。在这次大会上张难先递交了两个提案，提案中对政府抗战多有表扬，同时提醒政府在施政中应改善士兵、学生生活，调动其积极性。

在重庆参政议政期间，张难先与同为参政员的中共代表董必武接触密切。在董必武的影响下，张难先逐渐看清了国民党反共反人民的本质，对自己进行了深刻反省。他在自传中写道，"悔悟他过去所走过的道路"，"有悖真理，也违拂潮流"。当时的见证人认为，"张难先尔后在政治上的大转变，是与董老在重庆对他的启发、争取分不开的"。

1944 年 10 月，张难先在纪念双十节（辛亥革命纪念日）时写下诗句："辛亥以前理想奢，政权到手乐无涯。卅年好梦今才醒，往后莫将革命夸。"这首打油诗，反映了此时张难先心中的苦恼迷惘，以及对国民党当局腐败无能的痛心和失望。

1945 年 7 月，国民参政会第四届第一次大会上，张难先递交了四个提案，在提案中对政府颇有微词，要求政府惩戒贪墨、广开言路、改善官风，督促官员奉公守法。

1945 年 8 月，艰苦卓绝的抗日战争终于以中国胜利而结束。国人一片欢腾，张难先从重庆回到武汉。他满心希望国家能劫后复兴，团结建国，对蒋介石反共的内战政策深感不满。1947 年 5 月，张难先在国民参政会上提出"要以调解中共问题为中心"，制定一个国共双方都能接受的和平方案。结果被国民党高层讽刺为"秦桧"，视为替共产党张目。

自此，张难先进一步看透了国民党当局逆时代潮流的反动本性，坚定了对中国共产党为国为民政策的认同，思想行动发生了质的变化。

1948 年 7 月，张难先断然拒绝蒋介石国策顾问的聘请，不与国民党政府同流合污。

1948 年初，武汉爆发人民反内战的和平运动，张难先积极支持，邀约李书城等社会名流与白崇禧进行公开斗争，配合中共地下党组织，阻止了白崇禧逃跑前拟炸毁电厂及其他重要设施的行动。

武汉解放前夕，为维护武汉秩序，保护人民生命财产安全，张难先出面主持武汉市民临时救济委员会工作，同时还兼任武昌、汉阳分会主任。在张难先等人的领导下，救济会有条不紊地进行，为武汉和平解放做了大量富有成效的工作。

1949 年 9 月，张难先以特邀代表身份参加了中国人民政治协商会议第一届全体会议，被选为中央人民政府委员兼中南军政委员会副主席。10 月 1 日，随毛主席等党和国家领导人一起登上天安门，出席了开国大典。

在湖北从政的张难先（右一）

张难先在自述中有这样一段深情记述："大革命我未参加，二万五千里长征我未受过，今人民政府成立，我受优待，实愧汗无地，只有不辞衰朽，在毛主席领导之下，尽心为人民服务而已。"并由衷地感慨："过去走了弯路，今天才看到光明。只有马列主义，才是治世大道，只有中国共产党，才是救中国的唯一政党。""只有用马列主义武装起来的中国共产党才能救中国。"

基于这些认识，张难先发自内心地拥护中国共产党的领导，不断追求进步，更加勤奋地学习马列主义和毛泽东思想，成为中国共产党的肝胆挚友。

共和国创建伊始，年逾八旬的张难先老骥伏枥、青春再发，受到党和国家领导人的尊重和重用，身兼中央人民政府委员、中央监察委员会委员、中南军政委员会副主席、中南禁烟委员会主任等数职，为新生的人民政权出谋献策、鞠躬尽瘁，用生命的余晖书写着深厚的报国爱民情怀。

参考文献

1. 张铭歌编：《张难先纪念文集》，湖北长江出版集团、湖北人民出版社2010年版。

2.《近代史学刊》第6辑，武汉华中师范大学出版社2009年版。

周苍柏（1888—1970），湖北武汉人，出身工商世家。1917 年毕业于美国纽约大学经济系，回国后历任上海银行总行会计、上海商业储蓄银行汉口分行行长、重庆华中化工厂和汉中制革厂董事长、湖北省银行行长等职。抗日战争和解放战争期间，他利用自己的实力和社会影响，为共产党、新四军和中原军区提供了大量的财力和物力支持。新中国成立后，历任中央财经委员会委员、中南军政委员会委员、中南行政委员会委员兼轻工业部副部长，第二届全国政协委员，第三、第四届全国政协常委，全国工商联常委，湖北省第一至第三届政协副主席，湖北省工商联主任委员。

周苍柏

『红色资本家』与共产党、新四军的情缘

现代中国，由于经济落后、工商业不发达，银行业并不兴盛，号为银行家的并不多；号为银行家、助力革命的，更不多；而助力共产党人革命的，更是微乎其微，周苍柏就是这微乎其微的银行家中的一员。

富家子弟的实业救国梦

周苍柏 1888 年出生于武昌。其祖父是湖北近代工商界的发轫之人，早年在武昌大堤口开设锅炉房，后又迁到汉阳双街弹夹巷经营"周恒顺"机器制造厂。那时正值清末张之洞主政湖北时期，张之洞虽秉持旧学，却力倡洋务，思想开明。因而周家的经营顺风顺水，规模日渐扩大。祖父去世后，周家分为两脉，其叔叔管理制造厂，其父亲周韵宣则开设鼎孚行，涉足商界，地点在汉口龙王庙，同时还与人合伙经营广茂煤炭公司，销售山西白煤。周韵宣后来还因杰出的经销才能而被张之洞任命为汉口电器公司董事长。

有着这样优越的家庭背景，周苍柏早年所受的教育自然也非同一般。

武昌县华林的文华书院是基督教美国圣公会在华创建的教育机构，周苍柏早

青年时期的周苍柏

年即在此接受西方现代知识及基督教博爱精神的启蒙。民国初年，他转入上海南洋公学（上海交通大学的前身）学习商科，毕业后赴美留学，在纽约大学攻读金融专业。那时，周家已经衰落。周苍柏只能边读书边打工，而此时的国家贫穷落后，没有国际地位，中国人在海外备受歧视。周苍柏亲身感受到了在外备受欺侮的滋味，内心产生了一种强烈愿望：走实业救国的道路，让中国强盛起来，超过外国！在纽约大学获得商学学士学位后，1917 年他回到国内，受著名银行家陈光甫的邀请，主持上海商业储蓄银行的职员培训工作。在此期间，他运用现代西方银行管理理念和知识，成功地培训了一批银行人才，得到了陈光甫的赏识和重用，他也开始在银行界崭露头角，几年后被提升为上海商业储蓄银行汉口分行的副行长。

八年后，也就是 1926 年，周苍柏升任上海商业储蓄银行汉口分行行长。这一年国民革命军誓师北伐，并以破竹之势很快打到了武昌城下，北洋军阀军队见败局已定，遂从各家银行强行提取大量现洋北逃，市面现款一时几近绝迹。为此，武汉国民政府不得不靠发放代金券以维持流通，市内各家银行也因此出现挤兑风潮，大多数银行只得关门歇业。当此之时，周苍柏挺身而出，代表上海商业储蓄银行汉口分行宣布保护储户利益，对以往的储蓄存款一律按照现洋兑付。此举在金融危机的当口确实冒了很大的风险，通告一出，储户如同吃了定心丸，停止了挤兑。上海商业储蓄银行汉口分行因此信用大增，不仅挤兑停止，而且存款骤增，其在武汉各界的地位大为提高，周苍柏也因此成为金融界的风云人物。

为中共中央处理一笔巨款

20 世纪 20 年代中期，共产国际拟汇给中国共产党一笔巨款（一说 40 万美元，一说 400 万美元），以支持中国革命，但在北洋军阀的恐怖统治下，没有一家银行敢于承接这笔业务，因而这笔钱迟迟无法直接汇到中共中央手里。于是，在汉口活动的董必武找到上海商业储蓄银行汉口分行，请求周苍柏帮助。

周苍柏了解到事情原委后，一口应承了下来，他设计先请共产国际把巨款汇到美国设在上海的银行，然后由这家银行化整为零，采取商业汇款的方式，分几

周苍柏与夫人董燕梁

个户头汇入上海商业储蓄银行汉口分行，这样几经转手，这笔巨款终于汇到了共产党人手中。

这件事最终还是被北洋军阀政府知晓。一天，吴佩孚派了两名便衣闯入周家，准备逮捕周苍柏。那天，他的妻子董燕梁正在客厅忙活，两个陌生人大摇大摆地闯进来，问道："周行长在家吗？"

董燕梁不明所以，她看着两个陌生人，问道："哪个周行长？"

来人道："周苍柏呀！"

董燕梁心里一惊，知道来者不善，正想着如何应对时，突然周苍柏从楼梯上下来。她便急中生智，冲着周苍柏故意问道："他们两位来找周苍柏，他在不在家？"

周苍柏听出这话中有话，遂大声应道："他早就出去了。"两个便衣待了一会儿之后，便无趣地离开了周家。

周苍柏见情况危急，也急忙离开武汉，潜往上海了。

资助汤池训练班

1937年11月，中共中央代表董必武利用统战关系，与辛亥革命时期的老朋友、国民党湖北省建设厅厅长兼湖北省农村合作委员会主任石瑛商定, 为推进国共合作, 促进抗战期间湖北农村经济的发展, 湖北省农村合作委员会拟在鄂中应城的汤池, 开办湖北省农村合作事业指导员训练班, 简称汤池训练班。这个训练班准备由爱国民主人士、省农村合作委员会委员、汤池农村改进试验区负责人李范一出面主持, 共产党派人具体领导。

湖北省工委副书记兼宣传部部长陶铸认为, 这是一个难得的可以用来培养我党军政干部的好场所, 遂立即自告奋勇地向省工委提出了去创办汤池训练班的要求, 随后经过省工委研究, 陶铸以共产党员的公开身份领导了汤池训练班的工作。这样一来, 汤池训练班就成了通过国民党政府的机构, 用其合法的名义, 训练有独立工作能力的共产党人的干部培训基地, 它为恢复和建立各县区党的组织, 宣传、动员、组织和武装群众, 建立抗日游击根据地做了准备。

训练班的开办经费一部分是由湖北省建设厅资助的, 另一部分是由湖北省建设厅棉业改良场场长杨显东及中国银行汉口分行农村贷款主任辅导员孙耀华等联系各界爱国人士、沟通各方关系募集来的。遵照石瑛的安排, 他俩负责筹集开办资金及指导员结业后发放的贷款资金。杨显东、孙耀华与周苍柏都是老朋友, 训练班开办之时, 他们找到周苍柏, 希望得到资金的支持。周苍柏毫不犹豫地捐款3000元, 并且让自己的次子周德佑参加了训练班的培训。

蒋介石发现这个培训班的"白皮红心"特质后, 强令湖北省建设厅停办培训班。因而到1938年3月, 训练班仅办了三期, 湖北省建设厅便停拨了经费。尽管如此, 这个训练班却为抗日战争培养了几百名青年骨干, 他们中不少人后来都加入了新四军第五师。

训练班停办之后, 有一天, 陶铸来到周苍柏家里, 兴奋地对周苍柏夫妇讲: 将来我们要把红旗插到你们汉口银行的大楼上! 周苍柏的"红色资本家"的称号也由此而来。

次子参加了抗日演剧队

周德佑是周苍柏的次子, 1920年12月24日出生于武昌。受家庭环境的影响,他从小就受到良好的教育，擅长文学、绘画、戏剧、音乐，会拉小提琴，他还与姐姐周小燕一起自编自导过戏剧节目，很受观众欢迎。

1934年，他离开就读的武昌文华中学，到上海沪江中学学习，在此期间，他阅读了大量鲁迅的作品，受鲁迅先生的民族主义思想影响，他立下了为民族觉醒和民族抗争而奋斗的志愿。1936年夏，他回到武汉，参加了中共地下党员光未然（本名张光年，湖北光化人，著名词作家）组织的"大光"读书会，开展抗日救国宣传工作，并加入中国共产党。卢沟桥事变爆发后，周德佑又在汉口组织、创办了《天明》抗战期刊。8月，他与光未然一起组织了拓荒剧团。这个剧团后来改名为中华全国戏剧界抗敌协会话剧移动第七队，周德佑是演剧队的实际负责人。

1937年底，上海、南京相继沦陷，武汉汇集了国民政府党、军、文、教方面的重要人物，各界知识分子也齐集于此，这里一时成为全国的抗战中心，街头抗战宣传活动十分活跃。周德佑和演剧队的同伴们一道，忙碌于游行示威、献金捐款、慰问军烈属等活动现场。1938年初，周德佑给父母留下一封信，表示要带领演剧队去晋陕地区宣传抗日。不料，在随后湖北应城的一次演出活动中，他不幸染上猩红热。虽经抢救，还是献出了年轻的生命。

周德佑牺牲后，时任中共中央长江局负责人的周恩来和邓颖超前往周家慰问周氏夫妇；在周德佑的追悼会上，邓颖超题写了"模范青年"的悼词；《新华日报》还专门为周德佑出版了悼念特辑，周苍柏夫妇十分感激。

儿子的牺牲也使周苍柏的心灵深受震撼，他把原本打算留给儿子出国留学的学费，捐给了演剧七队，并对演剧七队的队员们说：你们以后如果在外地遇到经济困难，可到当地的上海商业储蓄银行借钱，借账就记在我的名下；如有别的麻烦，我也会尽力帮助你们的。

武汉会战后期，周苍柏转移到重庆，任中美合资的复兴公司协理，并自办华中化工厂、汉中制革厂，任董事长，为前后方生产各类军需民用物资。不久，光未然也来到了重庆。这时候，国民党已掀起了反共高潮，在重庆等地公开追捕共产党人。光未然先从重庆逃到云南，那时他身无分文，转了一圈又回到了重庆。周苍柏知道后，用上海商业储蓄银行的运输车把他带出了重庆。其他不少的共产党员、新四军指战员、地下党员等也是用这种办法被带着出去的。有些新四军和地下党的人则住到周家，短则一个半月，长则一年，反正只要是儿子周德佑的朋友，他们夫妇都管吃、管穿。

张曙是新四军著名音乐家。有一年冬天，他去红岩村八路军办事处办事，出来时被特务盯梢了，他将脖子上的一条围巾解下来扔掉——换装，跟着闪进周苍柏的家里。特务不敢进去，张曙就从特务的眼皮底下脱险了。他后来对周苍柏讲：周老，你的身份就是我们最好的护身符啊！

40年代初，演剧七队到山西活动时，赵寻、彭后嵘等13人被阎锡山拘捕入狱，随时都有被杀的危险，他们托人写信向周苍柏求救。周苍柏这时任湖北银行总经理，得到第六战区司令长官兼湖北省主席陈诚的器重。他知道这些青年与共产党亲近，但不一定都是共产党员，遂向陈诚说项，说这些全是进步青年，因宣传抗日而遭逮捕。陈诚将信将疑，周苍柏保证说："我敢拿脑袋担保，他们都是一群爱国的青年学生，绝不是共产党！"这样，陈诚终于打电报给阎锡山，保释这些青年。阎锡山起先并不领情，仍扣留不放。陈诚见阎锡山不给面子，就打电话冲阎锡山发了脾气，阎锡山最终不得不放了演剧七队的队员。

为叶挺提供生活帮助

1941年1月皖南事变发生后，国民党倒行逆施，诬称新四军是叛军，宣布取消新四军番号，军长叶挺也被国民党扣押，蒋介石先后将他秘密囚禁于江西上饶、广西桂林和四川重庆。对于这位北伐名将和抗日先锋，蒋介石既不敢审讯，更不敢杀害，一直想用威逼利诱和生活折磨来迫使他弃明投暗，归附国民党，但叶挺像是一粒蒸不熟、煮不烂、捶不扁的铜豌豆，油盐不进，不屈不降，这反倒弄得蒋介石一筹莫展，十分窝火。

1942年底，时任第六战区司令长官的陈诚，在重庆参加全国战区工作会议。会议期间，陈诚向蒋介石献言说："委座，叶挺这个人性格倔强、刚硬，但人非草木，孰能无情，他既是有情之物，我就有办法软化他。我与他同庚，同在保定军校读书，又同在粤军邓铿部一起干事，于公虽道不同，于私则有过交情。如果您同意把他交给我们第六战区管束，我想我们慢慢规劝他，相信他总有回心转意的

叶挺在恩施的软禁地

一天。"蒋介石一听，认为这倒不失为一种办法，当即允准了陈诚的提议。

陈诚得准后，便去安抚叶挺。首先，他邀请叶挺出任第六战区高参，到恩施去做事。不想叶挺一口回绝了他，他不想当国民党的官。陈诚碰了壁后，转而邀请叶挺到恩施疗养身体，妻儿同行，行动自由。叶挺当然明白陈诚的用心所在，但他自忖后认为，照目前情形，蒋介石在短期内是不会释放自己的，果真如此，不如远离重庆为宜，且久困重庆，军统特务如影随形，让人十分生厌，山城恩施的情况或许好些。这样想来，他便答应了陈诚，前往恩施，但也郑重地提出两项条件：一、不挂任何官衔；二、恩施期间的生活费用不劳当局供给，概由老友周苍柏代为垫支，以后再如数偿还。

全面抗战初期，叶挺在武汉组建新四军军部，与周苍柏有过多次接触，也结下了很深的友谊，所以才有了现在的提议。

这样，叶挺来到了恩施，被安排住进了薛家巷饶家大屋。这是一栋两层木石结构的、带有欧式风格的建筑，共有房屋十来间。它本是清朝新疆巡抚饶应祺的遗业，湖北省政府迁址恩施后，饶家后人卖给了湖北省银行，省银行对它稍加改造，这房子于是就成了"民享社"招待所。得知叶挺要来，周苍柏让人更换了这里的摆设，楼梯间也铺了红地毯，这里便腾出来做了叶挺的临时住处。

叶挺来后，因一个人开伙不方便，周苍柏便让隔壁的民享食堂按照叶挺的要求，每餐将饭菜做好送来。为此，叶挺曾对周苍柏做了交代，要求他的生活严格按照第六战区民享食堂的规定，每餐四菜一汤，吃不完减分量，再吃不完减数量。只是几天过后，他发现每餐的伙食不仅分量在增加，而且菜品也越来越高级。开始时，叶挺以为是厨师自作主张，便托送菜的将多余的菜带回去，并要求每餐少做些。后来见所说的话没起作用，他就把民享食堂的经理李达可找来，对李达可说，我是个新四军，我的生活要与我的身份相配。

此后一个多星期，叶挺的餐桌上，除了少许的肉片之外，其他两三个盘子，要么是清炒小白菜、扁豆，要么是清炒刀豆、土豆之类。可这种日子不久又被打乱了。一天午饭时，叶挺的面前摆着一碗鱼翅鸡汤、一碟烧海参、一碟炒鱿鱼。他的火气一下子蹿了上来，不吃了。

周苍柏满头大汗地赶了过来解释，原来叶挺的伙食是陈诚特别交代的，这次购回的海鲜，是陈诚从他的省长特支费中拿出七两黄金，专门让李达可找人到宜昌买回的。

叶挺愤然道："这个辞修（陈诚字），他让我吃了这些海鲜，我就跟他一起跃龙门了？不吃！"

周苍柏无奈地摇摇头，赶紧让人撤下海味，重新炒了几个素菜端来，叶挺这才停止了绝食。

时光如白驹过隙，转眼就到了旧历年关。叶挺的妻子李秀文和小女儿扬眉也来到了叶挺的身边。叶挺对周苍柏表示，他一家人住一栋房子没必要，他想住小一点的，最好到乡间去住。经过陈诚同意，叶挺一家三口就搬到了恩施城西朱家河的一处农舍，住了下来。在这期间，周苍柏依旧给他们提供一些日常开支的费用。

1943 年 3 月，为打通滇缅公路，配合中国驻印军反攻缅甸，根据中美两国政府的商定，中方决定组建远征军，准备从滇西进军，支援驻印军队的行动。陈诚被蒋介石任命为中国远征军司令长官，离开了恩施，叶挺自然也失去了恩施的"屏障"。8 月 2 日，叶挺与夫人李秀文、女儿扬眉一起从恩施启程，被国民党转押到桂林，周苍柏这才停止了对叶挺一家的资助。

以救灾名义接济中原军区

抗日战争胜利后，周苍柏出任联合国救济总署湖北分署署长，好友杨显东任副署长。当时，由新四军第五师主力组建的中原军区部队处在敌人的四面包围之中，粮秣给养十分困难，董必武和王震先后找到周苍柏，希望他给予中原军区部队以援助。于是，周苍柏以救灾的名义，打着救济总署的旗帜，亲自押送大批救济物资，穿过国民党的两道封锁线，把联合国十几卡车的救援物资，送到了中原军区所在地的宣化店。中原军区的部队因此得以坚守中原，与敌人周旋。

不过，此事仍引起了联合国驻上海善后救济总署美国人的注意，他们向周苍柏质询道："你们湖北的救济物资怎么都接济给了共产党呢？"周苍柏胸有成竹地说："按照联合国的救济条文规定，救济物资是应发给战时中国的困难人员的，并没有党派之分。共产党和国民党一样，只要有困难就应接济。"美国人被问得无话可说，此事也就作罢。

在支援中原军区期间，周苍柏与中原军区驻汉办事处的处长郑绍文建立了很好的关系。当时中原军区孤悬敌后，其他解放区为支持中原军区，送来了不下几百万的钱款。这些钱款原本是要通过中原军区驻汉办事处来采购物资，再转送中原军区的，但因一时用不了那么多，郑绍文便将这些钱打捆装进麻袋，一袋一袋地，藏在自己睡觉的床底下。

中原军区驻汉办事处设在汉口德明饭店。有一天，周苍柏到那里去拜访郑绍文。周苍柏是多么精明的人，他很快就发现了郑绍文的秘密。此时国统区的物价飞涨，通货膨胀日渐严重，周苍柏关切地对郑绍文讲："你们共产党啊，只会打仗，不会做生意。"

郑绍文吃惊地看着周苍柏说："此话怎讲？"

周苍柏笑着说："革命不只会搞钱，还要会生钱才是。你把这些有用的钱放在床下无用武之地，眼睁睁地看着它变成一捆废纸，多么可惜！何不将它存进银行，取息保值呢，那可够你办事处二十多个人的开支，还有多的。"

郑绍文一听这话有道理，马上照周苍柏说的去办了，果然取息不少。后来郑绍文到北平（北京）中共和谈代表处报账时，财会人员在对账中竟然发现收款大于付款，不禁追问起缘由来。当郑绍文道出其中的原委时，财会人员笑道："你呀，让钱生钱了，如果全党的经费都像你这样去做，那我们的开支就能确保无虞了。"

郑绍文连忙解释说:"这哪里是我的发明啊,这是党外高人周苍柏指点的功劳。"

正因为周苍柏与共产党的这种深厚关系,所以1949年后,党给了周苍柏以极高的荣誉。周苍柏出席了中国人民政治协商会议第一届全体会议,并当选为委员。开国大典时,周氏夫妇作为烈士家属应邀登上了天安门观礼台。此后,周苍柏回到武汉,出任湖北省工商联主任委员、中南区轻工业部副部长,第三、第四届全国政协常委等职务,董燕梁则担任了湖北省妇联副主任及国务院参事等职务。是在"文革"的年代里,周家也因为有了周恩来总理的关照而避免了厄运。周家长女周小燕后来更是成为上海音乐学院的教授、副院长、名誉院长,成为有着国际影响的著名女花腔高音歌唱家。

参考文献

1. 政协武汉市委员会文史学习委员会编:《武汉文史资料文库》(第七卷),武汉出版社1988年版。

2. 曾成贵主编:《红旗漫卷——湖北革命胜迹纪行》,湖北长江出版集团、湖北人民出版社2011年版。

3. 马焰主编:《英魂永存》,海洋出版社1996年版。

4. 李少瑜、雷河清、张广立主编:《湖北抗战》,军事谊文出版社1995年版。

周苍柏之女周小燕(高音歌唱家)

5. 湖北省新四军暨华中抗日根据地历史研究会、鄂豫边区革命史编辑部编：《雄师奇观》，武汉大学出版社 1992 年版。

6. 鄂豫边区革命史编辑部编：《战斗在鄂豫边区——回忆录之一》，湖北人民出版社 1981 年版。

7. 鄂豫边区革命史编辑部编：《鄂豫边区抗日民主根据地史稿》，湖北人民出版社 1995 年版。

8. 李长荣、姚正雄主编：《第六战区暨湖北省会恩施纪实》，湖北人民出版社 2009 年版。

9. 陈方主编：《恩施抗战文史资料选编》，湖北人民出版社 2009 年版。

10. 段雨生、赵酬、李杞华：《叶挺将军传》，辽宁人民出版社 2009 年版。

11. 郑绍文：《郑绍文回忆录》，顾大椿主编，国防大学出版社 2000 年版。

　　周叔屏（1901—1941），湖北省安陆市烟墩店人，1901年生，自幼读书，成年后以经商、务农和教书为生。

　　1938年10月任安陆县第三区第五联保主任兼联保武装队长，后被委任为安陆县国民兵团第三大队队长。1939年7月，率部反正参加新四军，同年10月加入中国共产党。历任新四军豫鄂独立游击支队第一团队第三大队队长，新四军豫鄂独立游击支队青龙潭留守处主任，新四军第五师安（陆）随（县）应（城）游击队支队长等职。1941年7月，为掩护部队突围与日军作战时被捕，壮烈牺牲，时年40岁。

为抗日弃教从戎　寻找抗日报国路

　　周叔屏1901年出生于湖北省安陆市烟墩店周家香铺的一户书香门第。父亲周春轩是前清秀才，终生开馆授徒，也有些田产，向以"读书为乐，躬耕为本"。那时地方上出一个秀才是件了不得的事，加上周春轩与人为善，因而在当地颇有威望。周叔屏排行第三，大哥周伯英追随孙中山参加民主革命，被国民党右派害死；二哥周仲怀，曾任湖北省财政厅秘书、科长，后因不得志而回乡，任安陆县第四区第五联保主任兼武装队队长。

　　周叔屏则自幼从父读书，对岳飞的《满江红》、文天祥的《正气歌》等诗文特别喜欢，多次向父亲表示要做一个像岳飞、文天祥一样的人报效祖国。父亲年老闭馆后，他师从当地秀才攻读了两年经史，1922年考上安陆湖北省立汉东中学，一年后因与同学打架、顶撞校长遭毒打，一气之下，辍学回家。1925年父亲病故后，他独立生活，开始以种田为生，后租房开了一家杂货铺，做了三年生意，由于本小利微加上屡遭土匪抢劫和欺凌，杂货铺关了门，遂于1932年回家边种田边教书。周叔屏为人正直、爱憎分明，有很强的爱国民主意识。当地群众很敬重他，称他为"三老爷"或"三先生"。

　　1937年7月7日，日军制造卢沟桥事变后，接着又进攻上海，中国共产党倡导和领导的抗日民族统一战线，很快得到全国人民的响应。面对日寇横行、国土沦丧、生灵涂炭的情景，周叔屏非常气愤，经常邀集好友李日新、黄仙斋和教师丁鼎三在一起议论国事，觉得七尺男儿应"去疆场上与敌人拼杀一场"，抗敌救国，保土安民。投笔从戎的意愿在他的心底越来越强烈。他还写下诗文：

　　　　日寇铁蹄入中华，山河破碎哪有家？
　　　　国人须知亡国恨，血战沙场保国家。

　　1938年10月，日本侵略者进攻安陆，不久安陆沦陷，国民党县长王襄及众

日军进攻安陆，安陆沦陷

官员随着国民党溃军西逃，地方秩序混乱，人民如蹈水火。这时鄂中地区许多头面人物趁机收拾溃军丢下的枪支弹药，招兵买马，拉起各自的"山头"武装，仅安陆就有 20 余支队伍，真可谓土匪蜂起，"司令"如毛，安陆四区抗日自卫队就是其中一支。

周叔屏的二哥周仲怀此时正担任第四区第五联保主任兼武装队队长，只是面对混乱局势，他不想干了，便串通一些地方绅商耆老，想动员其弟周叔屏接替他。周叔屏平时见惯了这些乡保长的腐败，本不想接这个挑子，便找自己的朋友商量如何是好，几个朋友都鼓励他干。

丁鼎三说："三先生素来不负众望，你出来干，大家一定拥护。"李日新等也说："你不是想投笔从戎参加抗战吗？不如将计就计，抗日救国，保土安民。"于是周叔屏接受了大家的建议，将第五联保所属的烟墩店、青龙潭、李家畈地区的头面人物，请到烟墩店开会，宣布就任第五联保主任兼武装队队长，动员大家有枪出枪、有钱出钱，共同抗日。在周叔屏努力下，武装队不久发展成40多人30余支枪的队伍，之后，又迅速地发展到 100 余人枪。

刚就任安陆国民党县长的彭炳文，这时为扩大自己的势力，正收编各路武装，周叔屏的武装队也在其中。11 月，彭炳文派人将委任状送到周叔屏手中，邀他出任安陆国民兵团第三大队大队长，周叔屏开始不从，彭炳文便派人活动他二哥周仲怀，敦促其入编。

周仲怀对弟弟说："老三哪！这一阵你保卫了地方，又扩大了队伍，但毕竟起初只有 30 来人枪，要干一番还得从长计议啊！"

"我行得正，坐得稳，不抢，不烧，不杀，一心保土安民，还有什么从长计议呀？"周叔屏不屑地说。

但周仲怀死缠不放，反复做工作，不得已，周叔屏便答应"先去试试，如果彭炳文真心抗日就和他一起干，假抗日就各奔前程"。这样周叔屏就带着100多人枪到三里店参编。

没多久，周叔屏就觉得路子不对，很不放心，便派人将丁鼎三请到三里店来，做大队秘书，以防不测时有个帮手。一段时间后，周叔屏的队伍越拉越大，已是三个中队了。一天，彭炳文称日军要"扫荡"三里店，命三大队守护，自己则逃往京山坪坝。周叔屏的三大队守了一天一夜，未见日寇的影子。彭炳文返回后，因害怕日寇来袭，又命周叔屏到金家畈驻防，作为前卫。自己则在三里店摆宴席吃喝，这使周叔屏感到彭炳文与前任县长是一路货色，便气愤地责骂彭炳文。

彭炳文认为周叔屏对他不再信服，便大耍手段，企图吞并周叔屏的武装，安置自己的亲信，还暗地收买了其中的一个中队长。

周叔屏也早有警惕，便找丁鼎三、黄仙斋商议，认为部队驻扎三里店凶多吉少，迟走不如早走。为了加强自身力量，他派丁鼎三找当时已是独立中队长的好友李日新一起走，摆脱彭炳文，独立自主地干一场。李日新是横山庙人，教书出身，也是出于不当亡国奴的一片爱国之心才拉队伍的，有一个100多人的中队。他了解周叔屏的情况后，决心一起行动，把队伍位到了距离县政府20里外李家畈附近的王大义炮楼。

率部参加新四军

1939年，安陆的春天较往年寒冷得多，这时的周叔屏，处境十分艰难。为摆脱彭炳文对他的围攻，他利用彭炳文的恐日心理，通过青龙潭维持会会长汪伯俊的私人关系，打出伪军旗号，假称"协助皇军维持地方治安"，迫使彭炳文不敢接近他。但青龙潭的日伪政权想控制周叔屏，任命周叔屏为"皇效保安组组长"。彭炳文怎甘罢休？他多次派军队偷袭周部，险些打垮了周叔屏的部队。

5月10日，李先念率部抵达安陆赵家棚，以新四军豫鄂独立游击支队司令李

新四军报纸刊登揭露日军在安陆罪行的文章

威的署名，张贴布告，宣传共产党关于抗战的有关政策，扩大共产党和新四军的政治影响。

李先念还同国民党安陆县第二区区长杨弼卿会晤，建议以杨的名义邀请赵家棚周围的安陆、应山、孝感等县的国民党军政官员以及地方知名人士、开明士绅到赵家棚开会，周叔屏也受邀与会。会上，李先念宣传了我党抗日民族统一战线的政策，指出新四军进入赵家棚是为了团结抗日、赶走日本侵略者。他的讲话得到了参会者的广泛认同。

这次会议给周叔屏以极大鼓舞。会后，他找来丁鼎三和李日新商议，认定国民党不可能领导抗日，只有投奔共产党，跟着共产党干，才有希望。议毕，他便派人去找新四军。

6月底，周叔屏得到情报，日伪军要来进行"扫荡"，他和李日新分工，由李带一个中队迂回到敌来的路上，截住日伪军退路，自己则带部队进行伏击。当日伪军进入埋伏圈时，周部突然开火，打得敌人仓皇撤退。敌撤退时又遭到李日新部的阻击。日伪军丢下死伤者和武器，仓皇逃命，周叔屏部取得大胜。

周叔屏打日军取胜的消息不胫而走，李先念了解到周叔屏的情况后，即派关旭东与周叔屏联系。关旭东一身农民打扮，深入青龙潭，文书丁鼎三接待了他。当看到关旭东的衣着打扮时，丁鼎三不免生出几分疑惑。

丁旭东自我介绍说："我叫丁旭东，是新四军豫鄂挺进支队一团的，我们团政委周志坚派我来看望周大队长。"说着,当即拿出一封信来。

丁鼎三接信后,赶忙到后院向周叔屏报告。周看完信后,非常高兴,急忙出门,迎接客人:"欢迎,欢迎!早闻贵军来到我地,我们派人找不着,今日相见,真是三生有幸。"

关旭东说:"我军欣闻先生为人正直,抗日救国,令人钦佩。现我军正奉命在贵地建立根据地,如先生确愿抗日,赞成我党抗日民族统一战线政策,我们愿与先生携手共事,并肩战斗。"

周叔屏一听,这不是我们早有的心愿吗?马上表示:"愿意!愿意加入贵军,在贵党领导下,将抗战进行到底。"

关旭东看到周叔屏一片至诚,就和周叔屏谈及了具体事宜,商定周志坚政委7月22日与其见面,以及见面地点和其他细节。

7月22日,周志坚带着关旭东准时在白兆山朱家洼见了面。周志坚紧紧握着周叔屏的手:"欢迎,欢迎!周大队长参加我军,真是有胆有识啊!"

经过协商,周部被编入挺进支队第一团队第三大队,周叔屏仍任大队长,并补充一个中队,共辖三个中队,装备给养由支队后勤部供给。

7月23日,周叔屏终于高举义旗,率部300余人参加新四军。

24日,第一团队全体官兵和当地群众在青龙潭江氏祠堂召开大会,欢迎周叔屏的爱国行动。李先念热情地对周叔屏说:"你要求抗日,我们非常欢迎。一个正直的中国人是最热爱自己的民族的。大敌当前,我们就应该团结起来,一致对敌,打败日本侵略军,保卫自己民族的尊严。"

挺进支队第三大队在行军中

这是李先念在鄂中最早争取到的一支伪军。

从此，周叔屏彻底挣脱了伪顽的羁绊，走上了抗日救国的革命道路，开始实现他的报国之志。

新四军第一团的到达以及周叔屏的起义，使我军顺利开辟了安（陆）随（县）接壤区。不久，中共在这里建立了安随工委。

驰骋鄂中杀敌顽

周叔屏编入第一团队的当晚就随团出征，急行百里，奔袭孝感白沙铺伪军胡翼武部。根据团队统一部署，周叔屏带领第三大队担任正面攻击。在兄弟大队的配合下，周叔屏一举攻入寨内，只用40多分钟便结束战斗，部队无一伤亡，胡部一个中队被歼灭，胡翼武侥幸脱逃。

8月4日，日军集中1000余人的兵力，对新四军驻地赵家棚、大鹤山一带进行报复性"扫荡"，第一团奉命与日军展开"捉迷藏"战斗，使敌人摸不清方向，处处挨打。经过三昼夜的顽强作战，打死打伤日伪军几十人，迫使日寇缩回安陆县城，这次战斗，第三大队发挥了很大作用。

9月，周叔屏受命率第三大队参加进击叛军李又唐的战斗。李又唐原系国民党应城县保安大队队长，后经中共鄂中党组织的争取，率部参加"应抗"，被授为第二支队支队长，但他却不听总队指挥，制造分裂，并加紧和伪军的勾结，大肆招收土匪，扩充势力，迅速扩大到2000多人枪。他们在京安应一带打家劫舍，奸淫掳掠，极大地损害了"应抗"的声誉，广大群众非常痛恨，称其为"黑匪"。李又唐已成为"应抗"内部一个危害抗日的"毒瘤"。

中共中央中原局和李先念等决心首先拔掉这块"毒瘤"。9月21日，独立支队第一、第三两团队及"应抗"第一支队在李先念、陈少敏、陶铸的领导下，向李又唐部发起进攻。周叔屏在团长张文津的指挥下，率第三大队直奔龙王庙，活捉哨兵，弄清了庙内的情况，继而以迅雷不及掩耳之势突入庙内，将尚在睡梦中的匪徒全部俘虏。仅用一天多的时间，就解决了李又唐的主力，缴获了许多枪支弹药，收编了溃散部队千余人，使鄂中新四军游击队的装备得到改善，应城地方抗日武装得到壮大。

在随后的新街之战中，周叔屏更是率部勇打头阵。京山新街一带是中共鄂中区和新四军豫鄂独立游击支队的休整地，周叔屏所在的第一团团部和第三大队就驻在新街，其时，驻应城的日军第 26 旅团旅团长奈良晃少将得知新四军已集中到大头山一带，决定偷袭。

10 月 13 日，奈良晃带领宋河、罗店等据点的日军 200 余人和伪军 400 余人，连夜出动，偷袭新四军。13 日拂晓，当日伪军悄悄逼近新街时，第一团队游动哨兵发现敌情，在时间紧迫、来不及向领导报告的情况下，立即鸣枪报警。张文津团长、周志坚政委立即组织部队应战。命令第二大队担任阻击，第一、三两大队从两侧向敌人发起攻击。周志坚把周叔屏所在的第三大队放在重要部位抗敌。战斗打响后，周叔屏正面迎敌，带领第八、九两个中队向敌人发起冲锋。在周叔屏的指挥下，部队英勇顽强，连续打退日军两次冲锋。这时，周志坚又率第一大队的两个中队，从侧翼迂回，周叔屏在第一、二大队的支援下，首先把两翼的伪军击溃，直取中路的日军。敌人为挽救败势，竟施放毒气。周部指战员被毒气熏得淌泪流涕，但他们毫不退让，用毛巾浸上小便掩鼻，又打垮敌两次进攻。日寇一计不成又来一计，改变战术，将向前冲改为匍匐前进。当敌离阵地 40 多米的一刹那，第三大队战士的机枪、步枪、手榴弹一齐开火，瞬间打死几十个日本兵，其余的则全部败下阵去。这时，第一大队的两个中队已迂回到敌左翼，准备进攻。中午，李先念赶来，亲自指挥，令二团参谋长胡林带第二大队接应，配合周志坚行动。根据李先念的指示，将兵力部署一下，便发出了攻击命令，至傍晚敌伤亡惨重。因害怕被新四军全歼，用汽油焚烧了 100 多具尸体，仓皇夺路而逃。新街战斗，毙伤日伪军 180 多人，缴获重机枪等枪械一批，取得重大胜利。这一仗，第三大队打得最顽强，表现出非凡的战斗意志，周叔屏因表现突出，受到支队表彰。

新街战斗是李先念率新四军挺进鄂中以后，在敌人的近后方给日军的一次重击，使新四军威名远扬，就连国民党第五战区的报纸也以特大号字体，登载了这一捷报。

开辟地方工作新局面

1939 年 11 月中旬，新的中共豫鄂边区委员会建立，统一管理豫南、鄂中、鄂东地区党的工作，同时决定将这三个地区的抗日武装力量统一整编为新四军豫鄂挺进纵队。由于部队不断扩大，并奉命向西发展，开辟根据地，军需保障比较困难，豫鄂挺进纵队决定成立留守处。考虑到周叔屏对这一地区熟悉，威望高，便任命周叔屏为留守处主任。

周叔屏将第三大队交给周志坚，回到青龙潭，干起了地方工作。

筹粮筹款保障主力部队供给 保证新四军豫鄂挺进纵队的供应，是留守处的重要任务。当时筹集粮款的主要形式是税收。周叔屏组织税收队伍，颁发征税告示，建立税收法规，组织税收工作。以前在地方交税，是对富户采取交税，这个一百，那个一千，上到谁的头上，谁就得交，并无什么规矩，致使税收上不来。周叔屏听取群众意见，将过去那种无异于土匪绑票的做法，改为按田亩收取，特穷者可免。由于合情合理，大家都能接受，不仅筹集了可观的抗战粮款，还促进了统战工作。

办被服厂 新四军豫鄂挺进纵队人员逐步增多，军需是个难题，要求留守处设法解决。1939 年 10 月，周叔屏以其地谙人熟的条件，"派护兵方正斗找到在安陆开裁缝店铺的仰以海等 40 余人，自带缝纫机，在安陆三里店办起了（军用）被服厂"。不久，他又在安陆、孝感的其他地方办起了分厂，使部队的被服困难得到很大缓解。

为部队搜集情报 他派出人员深入敌占区，了解、掌握敌人动态，及时为豫鄂挺进纵队送去情报。次年 6 月，纵队平汉支队的第一、二两个团队及第八团队向白兆山发展，开辟白兆山根据地。周叔屏给这一战略行动提供了准确情报，平汉支队顺利拿下三里店，为创建白兆山根据地创造了条件。

扩充部队 周叔屏回到青龙潭时，安随工委仅有一个排的部队。在工委的领导和支持下，通过一段时间的工作，很快将部队扩展到 200 多人，建立起安随大队，周叔屏任大队长。同时，他还不忘为挺进纵队提供兵源，在他的宣传鼓动下，

新四军鄂豫挺进纵队一团队攻击日军　　新四军战士向敌人开火

当地报名参军的人非常踊跃，留守处先后向主力部队共输送新战士 1200 多名。

随周志坚参加作战　1940 年春，国民党发动反共高潮，当地驻军多次派重兵进犯白兆山，与我军发生摩擦。区委书记王明时、区长程子文等领导先后被偷袭杀害。为了实施战略展开、打退国民党反共高潮，李先念奉中原局指示，率主力西进，决心消灭白兆山顽匪。此时，周叔屏仍在青龙潭任留守处主任并兼第三区区长，为了豫鄂挺进纵队西进顺利，他除做好留守处工作外，还率安陆随县大队随周志坚参加作战。

6 月 14 日，挺进纵队在三里店、洛阳店一带部署兵力，向彭炳文、杨弼卿部实行分割包围，周叔屏带安随大队参与作战。这次作战，挺进纵队给伪军以沉重打击，俘顽匪杨弼卿以下 800 余人，缴获轻机枪 18 挺，步枪 450 余支。21 日攻克坪坝，俘"黑色伪匪"丁巨川以下 370 余人，缴获机枪 7 挺、步枪 300 多支，使白兆山根据地更加巩固。

周叔屏参加新四军后，为了党的事业和民族解放，随支队一团转战府河两侧，东到孝感白沙铺，打击了地主武装胡翼武部；西到两河口，严惩了应城李又唐部，为抗日民主根据地东征西伐，用战斗和碧血，给自己的历史写下了崭新的篇章。

光荣加入中国共产党

周叔屏率部反正后，通过接受共产党的教育和连续参加作战的生死考验，清楚地看到，在中国，军阀土匪横行，地方官员腐败透顶，要消灭日本侵略者，建立新的中国，只能靠共产党。他服从组织安排，努力工作，积极向党组织靠拢，递交了入党申请书。1939 年 10 月豫鄂独立游击支队根据他的表现，批准他加入中国共产党，他光荣地成为党的一员。

工作中，他始终以共产党员的标准要求自己。他当留守处主任，经手的钱财不少，却从不为私事多花一分。他参加革命后，为解除后顾之忧，把爱人和孩子寄居在乡下的亲戚家，改名换姓，免遭敌人伤害，但时间一长，亲戚难以负担，需要寄些钱去，可他从不挪用公款解决家中困难。他说："公是公，私是私，泾渭分明，不能混淆。"后来，支队首长知道了这件事，当即让第一团队政委周志坚给他家送去了 500 元生活费，周叔屏也从中感受到了共产党一心为人民群众的情怀。

周叔屏过去有抽大烟的恶习，到革命队伍后，他决心戒烟，可是戒起来颇不容易，后来发生的一件事，促使他终于戒掉烟瘾。原来他有一位老部下，作战勇敢，枪法好，就是不大遵守纪律。周叔屏多次批评他，他总听不进去，有次批评他时，老部下强调"成了习惯，难得改呀"。说者无心，听者有意，周叔屏联想到自己戒烟的情景，突然变了脸色，猛一拳砸在桌子上说："有志者，事竟成，如果连这个坏毛病都改不了，还当什么共产党员，还干什么革命！"接着他又对老部下说："从今以后，你再见我抽大烟，就当面骂我是孬种。"从此，老部下改正了缺点，周叔屏戒掉了大烟。

1941 年 4 月，新四军第五师成立。5 月，根据工作需要，调周叔屏任新四军第五师安（陆）随（县）应（山）游击支队（又称安北游击支队）支队长，征求他意见时，他说："我是共产党员，一切听从党的安排。"他治军严明，爱兵如亲兄弟，行军中，他时常把马让给伤员骑，宿营时又常深入到战士中间了解情况，做思想工作。有一次，他发现一个小战士远离大家，坐在一旁闷声不响，就忙去问他，一搭话，才知是个刚参军的哑巴，身上的衣服被雨淋湿了，没有换的，心中闷闷不乐。周叔屏赶紧叫警卫员把自己的衣服取来一套给他换上，又给他烘干衣服，使这个哑巴小战士深深感受到革命大家庭的温暖。

碧血洒战场

周叔屏担任安北游击支队支队长后，控制着安（陆）随（县）应（山）边界地区，把守着豫鄂边区抗日根据地的重要通道。因而敌人和国民党顽固派对他恨之入骨。与敌伪勾结的晏永宽用卑鄙手段，给周叔屏写恐吓信说："你如果不悬崖勒马，脱离共产党，就叫你脑壳开花。"周叔屏看信后，一笑置之，他朗诵起明代于谦的《石灰吟》以明志：

> 千锤万凿出深山，烈火焚烧若等闲。
>
> 粉骨碎身全不怕，要留清白在人间。

1941年7月28日，伪军暗探发现周叔屏与周志坚在青龙潭，马上报告了日军，日军决定"扫荡"青龙潭。周叔屏率部队掩护周志坚率领的十三旅三十七团官兵安全通过青龙潭、府河敌封锁线后，返回白兆山下的万家寨。日军尾随而至，呈半圆形向村子包抄过来。村后是一座小山，当时如果大家都往后山转移，就会被数倍于己的敌人困在小山上，如果强行突围，势必造成很大伤亡，甚至有全军覆灭的危险。

周叔屏决定将日军吸引到自己身上，让同志们脱险。他命令警卫员带领部队迅速向后山转移，自己一个人冲向村口。战士们要与他生死一起，他含泪劝说并下了死命令，让他们快速撤离，大家深知周叔屏的性格，只得执行命令撤出。周叔屏看到部队消失在后山脚下的树林中，便端着机枪冲向村口，在撂倒了几个敌人后，被一颗子弹射中小腿，扑倒在地上，敌人蜂拥而上，把他捉住。当敌人进村搜查时，战士们早已转移。

第二天清晨，烟雨茫茫，按照安陆据点头目宇岛"抓活的"命令，敌人将周叔屏五花大绑向安陆城押去。在押解的路上，敌人百般折磨负伤的周叔屏。走到烟墩店时，平林的日伪军也赶来了，押送周叔屏的日伪军以为是新四军来了，慌乱射击，双方打了近半小时，互有伤亡。烟墩店的群众在敌军混乱时，几次设法营救周叔屏，终因敌人看守太严，无法救出。两股敌军会合后，见各自阵地上横七竖八倒下的同类就互相指责。

周叔屏看到狗咬狗的场面，仰天大笑。敌人恼羞成怒，号叫着一枪托砸在他的脸上，顿时打得他鲜血直流。周叔屏大义凛然，毫无惧色，轻蔑地对敌人说："我被你们捉住了，杀我很容易，但是，中国的几万万抗日人民，你们捉得尽，杀得绝吗？你们的日子长不了！"敌人被周叔屏的浩然正气所震慑，气急败坏，狂叫："死了死了的。"将他乱刀捅死，回城后又向宇岛谎称是因新四军救兵来劫才将他就地处决的。这一年，周叔屏仅40岁。

周叔屏被害后，烟墩店的乡亲们哭泣着将遗体用白布裹好，簇拥着护送回他的家乡周家香铺安葬。在从烟墩店通往周家香铺长达数里的山路上，满是哀悼的人群。

噩耗传到第五师指挥机关，指战员无不义愤填膺，怒斥敌人暴行，决心为烈士报仇。

8月3日，豫鄂边区和新四军第五师党政军领导机关、部队和各界代表上千人，在白兆山钟家嘴为周叔屏举行追悼会。追悼会由新四军第五师第十三旅旅长周志坚主持，五师师长兼政委李先念为周叔屏写了一副宽三尺、长两丈的挽联，高悬在追悼会的两旁。挽联上写着：

渡府河思君功绩，望碧山壮我军心。

事后，五师领导人李先念、任质斌、王翰联名向中央军委、军部电告了周叔屏牺牲的消息。

周叔屏的牺牲，激励了五师指战员英勇奋斗。

他的精神，将永远鼓舞着我们在革命的征途上英勇前进。

参考文献

1. 朱玉主编：《李先念传》(1909—1949)，中央文献社1999年版。

2. 鄂豫边区革命史编辑部《李先念传》编写组编：《李先念年谱》(第1卷)，

中央文献出版社 2011 年版。

   3. 安陆县革命史编写室编:《革命回忆录》(第 2 辑), 1981 年 12 月内部资料。

   4. 鄂豫边区革命史编辑部编:《中原英烈》(下), 湖北人民出版社 1995 年版。

助力新四军立足鄂中的辛亥元老

　　左南屏（1882—1945），字国栋，又名良翰，湖北省应山县（今广水市）人。1900年入湖北新军第二十一混成协第四十一标第三营当兵。1911年加入同盟会，追随孙中山先后参加武昌首义、二次革命、护国运动和护法运动等，屡立战功。全面抗战爆发后，回乡参加抗日救亡运动。1942年3月，当选为豫鄂边区第一届抗日人民代表大会参议员。1943年任安应县临时参议会参议长。后任新四军第五师招抚专员，为新四军立足鄂中发挥了积极作用。1945年11月病逝。

左南屏，出生在湖北广水太平乡灯柱子湾的一个农民家庭。幼年读过私塾，18 岁离家到武汉，参加了湖北新军，几年后当上了第二十一混成协第四十一标第七营管带（营长）。1911 年武昌起义时，左南屏率七营响应，参加了攻打藩署的战斗。在随后的武汉保卫战中，左南屏率部冲锋陷阵，屡建奇功，后升至旅长。辛亥革命胜利果实被袁世凯窃取后，左南屏参加了孙中山领导的"二次革命"、护国运动和护法运动等系列革命，均遭失利。

在追求民主共和的革命生涯中，左南屏看到了国民党内部新旧军阀之间的尔虞我诈、明争暗斗，深感痛心失望，开始寻找新的革命出路。北伐战争后，经过流离颠沛的左南屏寄居武昌，穷困潦倒，饱尝人间苦辣酸甜。

全国抗战时期，左南屏回到家乡，以辛亥革命元老的声望，积极组织和动员社会各阶层力量，支持李先念所领导的抗日武装斗争，为新四军立足鄂中做了大量工作，成为鄂豫边区抗日民族统一战线的积极参加者和组织者。

出良谋力助许金彪

1937 年七七事变后，抗日战争全面爆发。左南屏深知国家兴亡、匹夫有责，决心报效祖国。此时友人推荐左南屏去筹建一支国民党部队，由于他对蒋介石"攘外必先安内"的消极抗日政策极为反感，遂坚决拒绝。1938 年 7 月，日军飞机轰炸武汉，闲居武昌的左南屏携家眷返回故乡。

左南屏少小离家投身革命，南征北战几十年，传奇人生使其早已在家乡声名远扬，成为安陆、应山、孝感一带最知名的乡绅。

这次他回到故里，已是 55 岁的人了。回到家乡，左南屏做的第一件事，就是稳定民心。他将政府发给他的镶嵌着孙中山的证件镜框，悬挂在家里中堂的正墙上，昭示自己继承革命精神、誓死抗战到底的坚定决心。他把当地国民党军政官员和富有声望的乡绅请到家中，阐明坚持抗战的立场，积极支持国共合作的民族统一战线。

　　乡亲们见左南屏爱国爱民、为人正直、乐善好施、主持公道，对他倍加敬重，尊称他为"辛亥革命老人"。此刻，抗日救亡运动在湖北各地如火如荼。左南屏的家乡正活跃着一支宣传队伍——应山县抗日救亡宣传队第二队。这支队伍在共产党员邹亚农的领导下，深入太平乡宣传发动群众，呼吁乡亲们自卫起来，抵抗日寇入侵。左南屏追随孙中山革命多年，对中国共产党的主张早有了解。特别是全面抗战开始后，他对中国共产党提出的建立抗日民族统一战线主张非常关注，且非常敬佩。他结合多年的革命实践，深刻认识到：中国只有依靠共产党，才能取得抗战的胜利，国家才有希望。

　　为此，他积极支持第二队在应山城乡开展抗日救亡宣传活动，有时还亲自参加动员工作，阐述自己的抗战主张。一时间，应山抗日救亡运动迅猛发展。

　　这年夏天，左南屏的部下谢金安带领一队国民党兵溃逃至应山，特地赶到左南屏家，向老上级讨教下一步打算。左南屏劝导谢留下来，联合群众抗日，伺机弃暗投明。谢金安当即表示，决不当逃兵，要为抗战出力。

　　1939 年初，离左南屏家太平乡不远的孝感县中和乡有一支远近闻名的抗日游击队，领头的叫许金彪，外号"许大人"。这位"许大人"大有来头，他原名叫许世猛，曾是红四方面军的一名干部。抗战全面爆发后，他和几个战友以平型关战役伤员的名义返回家乡，联系群众，拉人搞枪，成立"湖北抗日游击大队"。

　　许金彪久闻左南屏大名，随即向左南屏求教，如何消灭土匪武装，发展壮大抗日武装。原来，当地的土匪王寻兰部自恃人多枪多，为非作歹，无恶不作，老百姓敢怒不敢言。

许金彪领导的湖北抗日游击大队

许金彪所在的抗日游击大队只有 30 多人枪，王部却有 300 多人枪，土匪武装是游击队的 10 倍之多。

左南屏对许金彪说："现在不是国共合作嘛，你们共产党的武装可以联合国民党的武装，消灭这支土匪。国民党应山县二区中队长谢金安是我的老部下，我可以说服他，助你一臂之力。"

许金彪听左南屏这一席话，心中豁然开朗，一个合力攻打土匪的计划迅速制订。

很快，左南屏就做通了谢金安工作，谢部作为内应，配合游击队行动。

几天后，许金彪指挥游击队在高店打了一个里应外合的大胜仗，一举缴获土匪 100 多条长枪和 1 挺机枪。这一仗，狠狠教训了土匪头子王寻兰，使他认识到了共产党武装的正义性和战斗力，所部鱼肉百姓的行径大为收敛。

同时，这一仗，使游击队声名大振，队伍快速扩大，发展为一个营的兵力，建立了以中和乡为中心的平汉路东抗日根据地。

支持新四军立足鄂中

1939 年 5 月初，李先念率领新四军豫鄂独立游击大队进驻小悟山。许金彪获悉李先念部来鄂中的消息，喜出望外。因为许金彪当红军时，就对同在红四方面军的李先念比较熟悉，深知老首长能征善战、足智多谋。于是，他派人四处打听，很快就把李先念的独立游击大队接到中和乡。这样，两支部队会合，人枪 800 多，力量大增，士气高昂。

鄂豫独立游击支队在赵泉河旧址

李先念率领的新四军豫鄂挺进纵队拿下鄂中

当时，平汉路西有一支胡翼武的土匪武装，不仅横行乡里，而且与日寇勾结，充当汉奸卖国贼。李先念、周志坚、许金彪等商议，决定打掉这支反动武装，一来扩大新四军影响，以壮军威；二来为新四军立足鄂中奠定基础。

5月7日，李先念指挥部队越过平汉路，向胡部发起攻击，直捣胡翼武的司令部，经过四个小时激战，胡部被打垮，四处溃散。此役使得李先念所领导的新四军豫鄂独立游击大队声名大噪。

见此情形，中和乡附近的国民党安陆县第二区（赵家棚）区长兼支队长杨弼卿主动派人，邀请李先念进驻赵家棚。

赵家棚地处桐柏山南麓，东连大别山，西接大洪山，南临武汉近郊，战略位置十分重要。李先念等人商量后，认为此地较中和乡更适合于部队的聚集与分散，是理想的游击根据地，遂将主力移师赵家棚。

为迅速打开工作局面，李先念以"新四军豫鄂独立游击支队李威"的署名，发布公告，安抚民心，同时积极开展当地统战工作。

5月15日，李先念在赵家棚召集安陆、应山、孝感等三县交界地区的国民党地方武装头目和开明乡绅开会。

参加这次会议的有：国民党部队团长熊源泉，国民党应山县第一区区长兼国民党应山抗敌自卫团第三支队长王寻兰，第二区区长兼第二支队长李仲珩，国民党李店联保主任卢耀寰、祝亚东，开明士绅左南屏、朱左汉，安陆县有第二区区长兼支队长杨弼卿、第一大队长梁叔和、第二大队长杨雄欧、赵家棚联保主任樊筱亭、崔新街联保主任叶德余、两鹤联保主任杨明曾、会家寨和接官厅联保主任杨润生、知名士绅周遗直等。

会上，李先念分析了抗战形势，宣传了中国共产党关于建立抗日民族统一战线、开展敌后游击战争的方针政策，号召与会人员认清大局，共同抗日，共商合作抗战的有关事项，谋求抗战一致行动。

左南屏听了李先念的讲话，深受鼓舞，非常认同。他在会上率先发言：坚决拥护抗日民族统一战线，坚决支持新四军在这里发展壮大，愿为抗日救国不遗余力。左南屏一番肺腑之言，对在场的其他国民党军政官员和地方乡绅起到了示范带动作用。他们见左老这样坚定坚决的表态，也纷纷表示支持。

这次会议，稳定了人心，缓和了内部矛盾，团结了抗日力量，扩大了党的影响。

会后，李先念多次找左南屏等人交谈，积极开展统一战线工作，协调应山县王寻兰、安陆县杨弼卿以及一些国民党联保主任，帮助新四军筹集抗日经费和粮食给养，为新四军立足鄂中做了大量工作。

不久，李先念将新四军独立游击大队、湖北省抗日游击大队和鄂中区党委候补委员杨焕民在应山发展的两个中队武装合编组建为豫鄂边地区第一个主力团——新四军独立支队挺进团。

同年 6 月，陈少敏奉中共中央和中原局之命，率部队和干部 200 余人来到赵家棚与李先念会师，其部队亦编入挺进团，开创了以赵家棚为中心的安陆、应山、孝感三县接壤区的敌后抗日民主根据地，成为连接平汉铁路东西向的枢纽，也是豫鄂边区的重要战略指挥基地和后勤保障基地。

左家成了新四军稳固的联络点

抗战进入相持阶段，鄂中地区的安陆、应山、孝感处于日伪顽夹击的复杂态势，新四军要在鄂中求生存、谋发展谈何容易？为打开抗战局面，李先念等依据中国共产党确立的抗战民族统一战线政策，主动联系左南屏这样的开明绅士，坦诚相待，视其为真诚可信的好朋友。左南屏认定只有中国共产党，才能救中国，才能赢得抗日战争的全面胜利。他以辛亥革命老人的身份，利用各派对他很是敬重的优势，积极为党领导新四军开辟根据地创造了许多便利条件，发挥了非同寻常的作用。

当地老百姓曾说：左南屏的声望真大，连"小日本"、伪军、国民党二区土顽都买他的账。当时，伪11师及国民党军队慑于他的威望，都不敢到他家里来。

这一时期，左家成为共产党、新四军最为稳固的联络站、疗养点和供给处。左南屏对待新四军干部战士如同亲人，为他们安排食宿，及时通报敌情社情，协助开展统战工作，力所能及地提供安全保障。新四军第五师和安应县的领导同志经常出入左南屏家，文敏生、刘子厚、唐亥、汪立波、邹亚农、方略、胡山等都是左家的常客。他们常和左南屏促膝谈心，商量工作，征求意见，称他是值得信赖的开明绅士、知心朋友。

新四军干部战士在左南屏湾里及其家里停留，大家一致认为："在左先生家里最保险。"新四军战士每次住在他家，他都像接待亲人一样地欢迎，提供各种便利条件。左家三间厅屋是新四军干部研究工作的场所，一个大院经常是堆放新四军小分队武器、粮食、军鞋的地方。

区自卫队员也经常来这里休息学习。同志们擦武器时，他总是微笑地告诫："小心别走火！"他经常与战士们一起说笑，讲述辛亥革命的峥嵘岁月，指导他们学习文化知识。战士们视他为良师益友。

左南屏不仅对统战工作热心支持，还动员全家参加统一战线工作，举家为抗战出力。

左南屏的老伴黄慧华是中国共产党领导的汉中乡妇女联合会积极分子。她带头制作军鞋，并且动员各村妇女为抗日民主政府工作。军鞋做好后，她亲自收集上交。战士们住在她家，她总是不声不响地到门外望风。有一次，日军突然窜到湾里，她急忙发出信号，让大家从后门阳沟撤退。紧接着，她进屋机智地将未收拾干净的文件塞进鸡笼里，将战士们睡地铺使用过的卷稻草送到楼上。日本兵看到她家稻草卷得多，且有余温，顿时生疑，说她家住过新四军。黄慧华坚决否认，被日寇抓走。后几经周折，才被释放回家。

有一次，区自卫队领导交给黄慧华一封重要信件，要求她及时送达四望山新四军驻地。她与侄女左培芳打扮成走亲戚的样子，步行100多里，越过日伪顽重重岗哨，摸黑走了整整一夜，终于完成了任务，受到新四军领导干部和战士的称赞。

左南屏 10 岁的小儿子和 20 岁左右的侄女，在他的教育影响下，积极上进，做了大量有益于抗日的工作。

战士们夸左家是"革命家庭""战士们的家庭"，是新四军值得敬佩和信赖的"堡垒户"。

当选为边区首届参议员

随着鄂豫边区敌后抗日游击战争的全面展开，根据地得到不断扩大，给左南屏以极大鼓舞。他深切感到抗日民族统一战线的极端重要性，团结就是力量，团结就能打败日寇，还我河山。为此，他更加积极地投入到边区统战工作的组织筹建工作中。

1942 年 3 月，鄂豫边区第一届抗日人民代表大会在京山县向家冲召开。左南屏不顾年老体弱，拄着拐杖出席了这次盛会，并当选为参议员。在会上，他主动为边区政府出谋划策，会议颁布了《豫鄂边区施政纲领》，其中许多内容就吸收了左南屏的建议。

1942 年 8 月，安应县临时参议会在东岳庙召开成立大会，左南屏被选为参议长。

接此重任后，左南屏更加热心抗日救亡事业，积极参加共产党、新四军组织的抗日民族统一战线活动。他多次到大悟山、京山县八字门等地去参加有关会议，无论路程多远、风险多大也不缺席。每次会后，他都不顾旅途劳顿，及时将会议精神向各界人士和农民群众进行传达，大力宣传共产党的抗日主张和统战政策，

新四军豫鄂挺进纵队行进在
京山八字门至大山头途中

动员各方团结起来，实行全民抗战，共同驱除日寇。

带头开展减租减息

1943 年，国民党发动第三次反共高潮，鄂豫边区抗战进入更加艰难的时期。为维护抗日民族统一战线，左南屏以鄂豫边区参议员的名义，发出"呼吁团结，反对内战"的通电，呼吁全国工农团结在中国共产党周围，抗战救国，夺取最后胜利。同年秋，左南屏领导安应县参议会通过了关于彻底减租减息、取消向佃农索取麦租和反对逼租逼佃的决议案。

为推动减租减息，左南屏深入乡村宣传决议案，动员地主绅士以抗战救国为重，主动向农民减租。应南绅士马慎武、毛仁山反对废除麦租，说应山收麦租是历来习惯，不能废除，并将收麦租一事上告边区安应县抗日民主政府，进行百般狡辩。县政府司法科科长唐质民旗帜鲜明地指出，要以抗战救国为重，应当减租减息，他还以应山抢寡妇陋习为例，把收麦租比喻为抢寡妇，违反公共道德和善良风俗，应当取消。左南屏当即支持县政府裁决，说明取消麦租有利于发展生产和全民抗战。与此同时，左南屏甚至冒着生命危险，深入到敌伪统治区劝说群众认购救国公债，为解决安应县的经济困难作出了贡献。

新四军第五师招抚专员

1942 年左南屏当选为安应县临时参议会参议长不久，新四军第五师司令部任

中共鄂豫边区委员会旧址

命左南屏为五师招抚专员，还颁发了师长李先念签发的任命书。为完成新四军赋予的使命，左南屏不顾个人安危，积极开展伪军的策反工作。日伪第 11 师 42 团团长刘文光，积极反共，危害地方，影响新四军活动。左南屏多次深入到刘文光据点，找他晓以大义，向他宣传抗日救国的道理，对伪军起到了一定的瓦解作用。

1943 年 4 月，边区安应县汉中乡乡公所文书左培仁，提着放有红布包着的乡公所公章和一些粮券，被伪军第 11 师官兵捕捉。新四军区乡武装 100 余人，闻讯后立即展开营救，与刘文光部激战，因敌众我寡，没有成功。左南屏获悉此情况后，及时向刘文光写信，很快就把左培仁救了出来，公章和粮券也未受损。

5 月，安应县参议会召开扩大会议。鄂豫边区对此高度重视，李先念亲自到会作了报告。会后，李先念专门把左南屏等人留下，请左老出面做鄂东第八纵队第九支队李仲衡的争取工作。左南屏愉快接受了这一任务。

李仲衡是应山县李店人，在 1939 年曾与我党有过短暂的统战关系，后来与我党分裂。左南屏会同新四军五师侦察科长唐亥一起，冒着生命危险，跋山涉水，到大悟县阳平口。左老向李仲衡陈述历代爱国名将精忠报国的事迹，启发李的爱国良知，可谓用心良苦，情真意切。然而李顽固不化，不仅不听劝告，反而把左南屏和唐亥二人扣押，幸亏同乡左如章暗中将二人放走。

左南屏回家后，痛骂李仲衡不识好歹，觉得对不起共产党，无颜再见江东父老，一气之下竟病倒了。李先念闻讯后，亲自到左家探望，坐在病榻前对左南屏说："您辛苦了！干统战工作也是打仗，胜败乃兵家常事。党和政府相信您，人民需要您继续为抗日救国工作。"一席话说得左南屏热泪盈眶，披衣坐起，表示要振作精神，不遗余力为抗日工作。

左南屏身先士卒地开展统战工作，对社会各阶层起到很大的号召作用，极大地调动了当地知名乡绅和人民群众的抗日积极性。在他的影响和带动下，樊筱亭、艾福阳、卢耀寰、熊吟生、杨润生等一批民主人士被团结在我党周围，为抗日救国出力献策。

抗日战争胜利后，左南屏虽年老体衰，仍以极大的革命热情投入反内战、要和平的斗争中去，呼吁各界人民制止国民党抢夺人民胜利果实。

由于长期操劳，积劳成疾，1945 年 11 月 16 日，左南屏不幸病逝，享年 63

岁。为深切缅怀左南屏对革命事业，特别是对抗日民族统一战线所作的卓著贡献，鄂豫边区和安应县政府代表、新四军五师代表和地方部队、当地群众在赵家棚举行了隆重的追悼会。大会由安应县县长李雨膏主持，中原局、中原军区首长李先念、许子威等赠送挽联，到会群众 1000 多人。

新中国成立后，由李先念主席亲自撰写序言的《中原英烈》还将左南屏的事迹收入第一辑，以永远怀念这位卓越的抗日爱国民主人士。

参考文献

1.《李先念年谱》(第 2 卷)，中央文献出版社 2011 年版。

2. 李国庆：《著名抗日爱国民主人士左南屏》，原载于《湖北文史资料》2002 年第 12 期。

后 记

湖北省新四军研究会第八届理事会成立后，一直在谋求学术视野的拓展和学术成果的创新。应该说，组建40年来，在当年尚在世的新四军第五师老同志的参与、支持下，在历届领导和研究者的共同努力下，尤其是在省委党史研究室的指导、帮助下，研究会整理了一系列基础性的资料，推出了一批有影响的学术成果，沃土肥田都已耕种，金山富矿都已开采，如何深化、细化学术研究，便成为我们这一届研究会思考的一个重点问题。

有鉴于此，我们本着"辨章学术，考镜源流"的原则，决定这次把研究的关注点，放在"民主人士与鄂豫边区"上。这既是我们拓展新的研究领域的需要，也是为了了却李先念、任质斌等新四军第五师老领导夙愿的需要，同时还是弘扬红色文化、传承红色基因、资政育人的需要，更是建设新时代中国特色社会主义事业的需要。就此而言，这项成果的推出，当是一件十分有意义的事。

本书由曾求腾、文道贵、张军、张友斌分篇写作，共同完成。由于时隔已久，当时的民主人士当事人全都谢世，而不少当事人囿于历史原因，又没有多少存世资料，因而要比较全面地展现他们与鄂豫边区共产党人之间的交往情况，并不容易。尽管我们撰写的是一本通俗历史读物，但写作态度是严谨的，尊重的是史实，历史不可戏说。这样，资料的缺乏就成了我们写作中面临的最大问题。

新四军有"铁军"基因，止步于困难并不是新四军的作风，战胜任何艰难险阻，既是新四军的斗争精神，也是共产党人的光荣传统，我们耳濡目染于新四军的英勇事迹，在前辈精神的感召之下，我们克服困难，在文山书海里爬梳，在边角余料中拾掇，穷尽方法，最大可能地搜集到一切能搜集到的资料，才终于有了呈现在读者诸君面前的这项成果。

当然，我们相信，这不是最后的，也不是唯一的一项成果。为什么？因为将来或许还有新的资料被发现，还有新的资料能充实、完善，甚至更正我们现有的成果，如是这样，则这项成果就有修正的必要，而不是最后的呈现了。况且鄂豫边区在长达七年的艰苦斗争中，涉及的统战对象，远不止我们选取的这二十二位民主人士。

因此，随着研究的深入，今后或有更多的人物成为我们的研究对象，有更多的新的成果不断推出，当非不可期待的。

至于这项成果中尚有的不足，那是我们学力不到的地方，在此祈愿方家指教，以利我们改进。

编者

2020 年 4 月 10 日